氐族　淝水之战

桓温北伐

吕光西征

苻坚政变

周伟洲 丛书主编 十六国史新编 二

前秦史

蒋福亚 著

社会科学文献出版社
SOCIAL SCIENCES ACADEMIC PRESS (CHINA)

总　序

中国的史学传统可谓源远流长，几乎每一个在中国历史上存在过的政权，都有人为之撰写历史。中国历史上的十六国时期（316～439）[1]，虽然仅是中国几千年历史长河中的一小段，但却有其丰富的内容和鲜明的时代特点。早在一千多年前，封建史学家就撰写过十六国时期各个政权的专史（国别史），如在唐代魏徵等撰的《隋书》卷三三《经籍志二》所列遗存的"霸史"共二十七部三百三十五卷中，就有二十六部十六国国别史。其中，最著名、对后世影响最大的当推北魏崔鸿撰《十六国春秋》一百卷。可惜以上诸书均先后散佚，只是在唐宋时期编纂的各种类书及其他史书中，有上述霸史的一些辑文。[2]

由于过去的封建史家囿于民族偏见，受传统的封建正统

1　大致相当于西晋灭亡至北魏灭北凉，统一整个北方的时期，即公元316年至439年。

2　参见［日］五胡之会编《五胡十六国霸史辑佚》，燎原书店，2012。

史学观点的束缚，视十六国为僭伪，贬之过甚。特别是隋唐以后的历代史家，认为十六国是"五胡乱华"的黑暗时期，十六国政权是"僭伪"之国，不值得为它们撰写历史；即便是撰写中国历史，对十六国也着墨不多。加之十六国时史官所撰的各国史书及隋以前有关十六国的史书，均先后散佚，后世撰写十六国国别史极为困难。

1949 年中华人民共和国成立后，中国广大的史学工作者以马克思主义唯物史观为指导，开创了中国史学繁荣的新局面。特别是 1978 年改革开放以来，国内史学研究进入一个新的繁荣时期，魏晋南北朝史研究更加深入，十六国史论著也不断问世。加之全国各地相继发掘了大批十六国时期的珍贵文物和古籍，重新撰写十六国国别史成为可能。因此，20 世纪 80 年代以来，国内相继出版了一系列十六国的国别史。

我们这套"十六国史新编"丛书，就是从 20 世纪 80 年代以来国内出版的或正在撰写的一批十六国国别史中，选出其中学术水平较高、大致符合国别史体例的著作编辑而成。主要包括下列著作：

1.《成汉国史》，高然、范双双著；2.《汉赵国史》，周伟洲著；3.《后赵史》，李圳著；4.《五燕史》，赵红梅著；5.《前秦史》，蒋福亚著；6.《后秦史》，尹波涛著；7.《赫连夏国史》，吴洪琳著；8.《南凉与西秦》，周伟洲著；9.《五凉史》，赵向群著。

以上九部著作大致涵盖了所谓"五胡十六国"的十六个国家（政权）。之所以称之为"新编"，则主要有如下原因。

　　第一，以上九部著作均是在尽可能收集整理有关史料及参考古今有关研究论著的基础上，完全摒弃了过去封建史家的正统论及民族歧视和不平等等观点，以马克思主义唯物史观为指导重新审视和评述十六国历史。

　　第二，从前封建史家所撰十六国史，仅注重该国的政治、军事及与邻近各族所建政权的关系史，而"十六国史新编"还加强了对十六国的政治制度、社会经济、文化风俗（包括宗教信仰）及民族的认同、迁徙及融合等方面的论述。

　　第三，"十六国史新编"还特别注意汲取文物考古的新资料，以及中外最新的相关研究成果。

　　第四，"十六国史新编"采取现代通行的专著体例和形式，用章节目的体例撰写并详加引文注释，最后附有大事年表、索引等。

　　关于"十六国史新编"有几点说明。

　　首先，由于"十六国史新编"有的撰写出版于 20 世纪80 年代至 90 年代初（如《汉赵国史》《南凉与西秦》《前秦史》），距今已过去三十多年，在此期间国内外有关十六国史的研究又取得了长足的进步，有众多的新成果问世。如日本学者川本芳昭撰《魏晋南北朝时代的民族问题》（汲古书院，1998）、三崎良章撰《五胡十六国的基础研究》（汲古书院，2006）及氏撰《五胡十六国——中国史上的民族大迁徙》（东方书店，2015 年第三版）、日本学者编纂的《五胡十六国霸史辑佚》（燎原书店，2012）等等。中国学者赵丕承编著《五胡史纲》（艺轩图书出版社，2000）、刘学铫撰《五胡史纲》（南天书局，2001）、陈勇撰《汉赵史论稿——匈奴屠各建国

政治史考察》（商务印书馆，2009）、贾小军撰《魏晋十六国河西史稿》（天津古籍出版社，2009）及氏撰《魏晋十六国河西社会生活史》（甘肃人民出版社，2011）、陈琳国撰《中古北方民族史探》（商务印书馆，2010）及咸阳市文物考古研究所编《咸阳十六国墓》（文物出版社，2006）、郭永利撰《河西魏晋十六国壁画墓》（民族出版社，2012）等。而这些研究成果，上述十六国国别史则已不能参考引用，只能保持其在一定历史时期中的成果及特征了。

其次，新编的九部十六国国别史，是由近十位作者撰写的，因此各书在体例、文字、着重点上，均与各个作者的专业、学养、经历等有关，故各书体例、内容的取舍、文字等各方面不尽相同，各具特色。

再次，有关十六国的历史，近二十余年来，中外学者的研究更加广泛和深入，也出现了一些不同的观点和看法，有一些与"十六国史新编"相左，甚至有相反的观点。[1]这应是学术界"百家争鸣"的正常现象。我们保留"十六国史新编"中的观点和结论，以期引起中外学者的讨论和争鸣。

最后，感谢"十六国史新编"的各位作者，感谢社会科学文献出版社欣然决定出版此套丛书。

周伟洲

陕西师范大学中国西部边疆研究院

2019 年 1 月 30 日

1　比如仅关于最基本的"五胡""屠各""羯胡""拓跋""护军制""汉化""胡化"等概念，学界均有不同的解析。

前　言

氏族是一个古老的少数民族，在魏晋南北朝时期，曾相继建立过前仇池国、前秦、后凉、后仇池国等政权，后来逐渐和汉族融合在一起了。前秦的建立及北方的统一，无疑是氏族历史上最辉煌的阶段。

与汉族相比，魏晋南北朝时内徙的诸少数民族，在生产和社会制度方面虽然较为落后，但他们同汉族一样，都各有自己的优点，勤劳勇敢并富于进取精神，所以当他们内徙并接受了先进的汉文化时，统治者的治绩有了很大进步，有的甚至不比一些汉族政权明君圣主的统治逊色多少，以至于后世史学家赞叹说："古之为国，曷以加诸！"尤其是前秦，这个在十六国时期唯一统一了北方的政权，前期的几个统治者，特别是苻坚，更是其中的佼佼者。苻坚统治前期，"政理称举，学校渐兴。关陇清晏，百姓丰乐，自长安至于

诸州，皆夹路树槐柳，二十里亭，四十里驿，旅行者取给于途，工商贸贩于道"，"人思劝励，号称多士，盗贼止息，请托路绝，田畴修辟，帑藏充盈，典章法物靡不悉备"，呈现出东汉后期以来少有的兴旺发达景象。保存至今的苻坚时关陇民谣，以欢快的情调歌颂了当时的盛景："长安大街，夹树杨槐。下走朱轮，上有鸾栖。英彦云集，诲我萌黎。"苻坚是内迁少数民族统治者中倡导汉化、促进民族融合的先行者之一。他使前秦成为当时中国境内经济文化恢复发展最迅速、政治较清明、行政效率最高、最有规模气度、最富生气的政权。前秦的文物礼仪，甚至连以正统自居的东晋也望尘莫及。他的举措不仅对十六国后期许多少数民族政权有巨大的影响，即使在北魏孝文帝改革中，也能见到某些影子。

氐族苻氏集团怎样由偏居西北一隅的小部落，历经迁徙，建立前秦，发展壮大，进而统一北方的？前秦在这一时期民族融合进程中所起的作用及所处的地位如何？庞大的前秦帝国何以淝水惨败并顷刻瓦解？诸多疑问，是本书在叙述前秦兴衰存亡全过程中重点探讨的问题。本书"汉晋之际的氐族""道安本无宗"的介绍，主要归纳了目前史学界的学术成果，自己的心得体会甚少，只是在个别地方进行了一些浅尝辄止的探讨，或者稍做补充而已。书中在汉魏之际氐族内迁对关陇经济恢复所起的作用、对苻生的评价特别是目前史学界争议颇大的前秦政权及淝水之战的性质诸问题上，我都大胆地提出了自己的看法。也许，我的观点很难站住脚，但我希望本着百家争鸣的精神，和同人交换意见。

　　本书是在师友们的一再鼓励下写就的，限于功力和水平，挂一漏万，错误之处想必很多，在此，我恳切地希望得到历史工作者和历史爱好者们的教正。

1989 年 12 月

目录

汉晋之际的氏族

〖第一章〗

第一节　氐族

一、汉代氐族活动地域

氐族是一个古老的民族，自殷商时期就活跃于中国的历史舞台。《诗经·商颂》曰："昔有成汤，自彼氐羌，莫敢不来享，莫敢不来王。"其他先秦史籍，诸如《竹书纪年》《逸周书》《山海经》等也曾提及。其中个别史籍还涉及氐人的个别民族特征，《荀子·大略》可谓其中一例："氐、羌之虏也，不忧其系垒也，而忧其不焚也。"《吕氏春秋·义赏》的意思相同，措辞更明确："氐、羌之民，其虏也，不忧其系垒，而忧其死不焚也。"那么较原始的氐人和羌人一样，有火葬的习俗。

最早指出氐人活动地域的无疑是《史记·西南夷列传》："自冉駹以东北，君长以什数，白马最大，皆氐类也。"[1] 汉武帝元鼎六年（前 111）开通西南夷，在居住区设置了许多郡县："南越破后，及汉诛且兰、邛君，并杀筰侯，冉駹皆振恐，请臣置吏。乃以邛都为越巂郡（治今四川西昌东南），

1　有些学者认为氐是西南夷的总称，我同意马长寿及黄烈先生的意见：氐是西南夷中的一支。

筰都为沈犂郡（治今四川汉源东北），冉駹为汶山郡（治今四川茂汶羌族自治县北），广汉西白马为武都郡（治今甘肃西和西南）。"越巂、沈犂、汶山等郡的设置，都与西南夷中各支有关，武都郡当无例外。因此，"广汉西白马为武都郡"的正确诠释应为：以居住在广汉西部的白马氐设置武都郡。《通典·边防·氐》中有关氐人原始居地的记载就更直截了当："氐者，西戎之别种。在冉駹东北，广汉之西。君长数十而白马最大。汉武帝元鼎六年，开，分广汉西部合为武都郡。"按当时的政区建置，武都郡东接汉中（治今陕西汉中东），南连广汉（治今四川金堂东），西接汶山，北邻陇西（治今甘肃临洮南）和天水（治今甘肃通渭西北）。

白马氐名称的由来与白马水密切相关。《水经·漾水注》曰："白水又东南径阴平〔道〕（甘肃汶县西北）故城南，王莽更名摧虏矣，即广汉之北部也，广汉属国都尉治。汉安帝永初三年（109）分广汉蛮夷置。有白马水，出长松县西南而白马溪。"生活在这里的氐人因水得名，曰白马氐。此时这里仍属广汉郡，直到安帝时才设置广汉属国。东汉建安年间，曹操西征张鲁，在此建阴平郡。这里应是白马氐人最早的活动场所。随着氐族的繁衍生息，其活动地域有所扩大，这里仍是白马氐人较集中的地方。

既然如此，汉武帝又是怎样以白马氐人为主开置武都郡的呢？《三国志·魏志·乌丸鲜卑东夷传》注引《魏略》为解此疑点提供了线索："自汉开益州，置武都郡，排其种人，分窜山谷间，或在福禄，或在汧、陇左右。"《北史·氐传》则曰："汉武帝遣中郎将郭昌、卫广灭之，以其地为武

都郡。"和越巂郡、沈犁郡的设置一样，武都郡的设置也经历了一场惨烈的征服战争，迫使氐人奔窜四周，其中一部分进入冉駹夷的区域。《后汉书·西南夷列传》记载冉駹生息的山区情况："其山有六夷、七羌、九氐。"继残酷的征战杀伐而来的是强制性逼迁，被迁者不仅有白马氐人，还有其他各支氐人。因此，武都郡的设置应是见诸史籍的氐人的第一次大规模逼迁。此举导致氐人的强烈反抗，"元封三年（前108），氐人反叛，遣兵破之，分徙酒泉郡（治今甘肃酒泉）"[1]。《魏略》所说的福禄，实际上是酒泉的禄福。这里距氐人最早的活动地域足有千里之遥了，较近的则被逼迁至汧水和陇山之间。也就是说在汉武帝开置武都郡不久，氐人又遭到了第二次逼迁。由于这两次逼迁的时间极近，《魏略》便误以为是一次了。

《史记》说氐人有十余支，《通典》说有数十支，究竟有多少支，今天已无从考辨。氐人部落较多，白马氐是其中最大、最著名的一支，大体上不会有什么疑问。除白马氐人外，其余各支的情况又如何呢？

西汉县级建置有县、道、国、邑的区分。《汉书·百官公卿表上》："列侯所食县曰国，皇太后、皇后、公主所食曰邑，有蛮夷曰道。"颜师古注释《汉书·地理志》陇西郡的"氐道"曰："氐，夷种名也。氐人所居，故曰氐道。"可见，凡该志中冠有"氐"字的道，都是氐人生息活动的场所。据此，西汉时期的氐道，计有广汉郡的刚氐道（四川武平东）和甸氐道（甘肃文县西）、蜀郡的湔氐道（四川松潘）、陇西郡的

---

1 《后汉书》卷86《氐传》。

氏道（甘肃清水）等。武都郡是氏人较集中的地方，但其下辖武都（甘肃西和西南）、上禄（甘肃西和东南）、故道（陕西凤县东北）、河池（甘肃成县）、嘉陵道（甘肃成县西北）、平乐道（甘肃武都东北）、循成道（陕西略阳西北）、下辩道（甘肃成县西）等几个县道，均无冠有"氏"字者，这又何解？马长寿先生据《汉书补注》指出，武都郡的故道，实际上是"故氏道"的简称。[1] 此说可信。至于其他县道，根据史实，亦可断定是氏人较集中的地方。如河池又名仇池，有氏人万余落，为氏人聚居的一大据点，其后杨氏据此建立仇池国，是氏人所建的第一个政权。曹操平定张鲁时，命苏则"绥定下辩诸氏"[2]。《三国志·魏志·杨阜传》载，下辩亦有氏人"万余落"。此外，天水郡的略阳（甘肃秦安东南）及兴国（甘肃秦安东北）也是值得注意的地方，兴国在汉魏之际有氏人万余落[3]，西晋初年，略阳氏、羌"聚结"[4]。这些地方昔日应有氏人生息，因此才能发展到如此规模。

总体来看，两汉时期广汉郡和蜀郡的北部，汶山郡的东南部，以及武都郡、陇西郡、天水郡、酒泉郡等地，都是氏人生息活动的地区，无怪乎江统在其《徙戎论》里提出了这样的建议："徙扶风（治今陕西泾阳西北）、始平（治今陕西兴平东南）、京兆（治今陕西西安西北）之氏，出还陇右，著阴平、武都之界。"[5]

---

1 《氏与羌》，上海人民出版社，1984。
2 《三国志·魏志》卷16《苏则传》。
3 《三国志·魏志》卷30注引《魏略·西戎传》。
4 《晋书》卷57《马隆传》。
5 《晋书》卷56《江统传》。

二、氐族的经济生活及若干特征

《史记》谈及西南夷时，对其较大各支大都夹叙相关经济生活及特征，唯独氐人例外，除记载其地外，别无他言。最早涉及氐人经济生活及若干特征的史籍首推《魏略·西戎传》：

> 氐人有王，所从来久矣。……其种非一，称盘瓠之后，或号青氐、或号白氐，或号蚺氐，此盖虫之类而处中国，人即其服色而名之也。其自号曰盍稚，各有王侯，多受中国封拜。……其俗，语不与中国同，及羌、杂胡同。各自有姓，姓如中国之姓矣。其衣服尚青、绛。俗能织布，善田种，畜养豕、牛、马、驴、骡。其妇人嫁时著衽露，其缘饰之制有似羌，衽露有似中国袍。皆编发。多知中国语，由与中国错居故也。其自还种落间，则自氐语。其嫁娶有似于羌……今虽都统于郡国，然故自有王侯在其虚落间。

氐人何时开始农业定居生活的，现在不清楚[1]。秦汉时氐人已是农业民族，这应该没有什么疑问。《风俗通义》曰氐人"乐在田溪"，"乐"倒不见得，在汉族统治阶级的排抑下，氐人在自然条件优越的平原地区难以生存，只有选择山溪两岸居住。山溪多水，证明他们已在从事农业。如前所述，白马氐人最初活跃在白马河两岸，下面再看看《汉书·地理志》有关氐道的文字，可以发现情况大体类似：甸氐道，"白水

---

[1] 指1993年第1版出版时，还不清楚氐人何时开始农业定居。

出徼外，东至葭萌入汉"；刚氐道，"涪水出徼外，南至垫江入汉"；湔氐道，"涪山在西徼外，江水所出，东南至江都入海"；武都，"东汉水受氐道水，一名沔"；氐道，"禹贡养水所出，至武都为汉"；等等。总之，氐人所选择的定居场所，正是西汉水、白龙江、涪江上游的河谷地带。在山区，也只有这种河谷台地，才最利于当时生产力水平的农耕生活。氐人被逼迁酒泉后，能在禄福定居，也是由于这里水源充足，利于农耕："呼蚕水出南羌中，东北至会水入羌谷。"在日后数百年的历史中，仇池虽历经变迁，但始终是氐人的一大据点，这与仇池水源充足、有足够的土地可以开垦、地产盐土、是战乱时期避难的理想桃源密不可分。"仇池山上有百顷地，平如砥，其南北有山路，东西绝壁百仞……一人守道，万夫莫向。山势自然有楼橹却敌之状……上有岗阜泉源。"[1]

氐人农业生产的水平相当高。《南史·西戎传》曰氐人"地植九谷……种桑麻，出䌷绢布漆蜡椒等，山出铜铁"，大体当时北方种植的各种谷物，氐人都有生产。

氐人积累了大家畜饲养的丰富经验。牛马驴骡除用于运输外，更多的是用于农业生产。"善田种"的"善"字，含义相当广泛，农耕使用畜力，应为其内容之一。在大家畜饲养中，氐人更善养马，因而《后汉书·西南夷列传》说氐人"出名马"。

直到魏晋之际，南方汉族人民仅止"饭稻羹鱼"，粮食品种单一，而且较长时间内停留在"火耕水耨"的低水平上。两相比较，氐人农业生产的水平甚至高于南方汉族人民。汉魏之际，粮荒严重，曹操的屯田制解决了一些问题，

---

1 《太平御览》卷44引《三秦记》。

但关中屯田较晚，先经李傕、郭汜之乱，又遭韩遂、马超之害，破坏之残酷，前所未见。粮荒极难解决。于是，掠夺氐人的粮食就成了曹操大军西出的经常之举。建安二十年（215），曹操亲征张鲁，派遣张既"别从散关（陕西宝鸡西南）入讨叛氐，收其麦以给军食"[1]。次年，夏侯渊进击下辩，又收"氐谷十余万斛"[2]。下辩氐人只有万余落，平均每户被掠十余斛，由此可见氐人农业生产的水平。

与所有农耕民族一样，家庭手工业是氐人手工业中首先发展起来的部门。《说文》曰："緋，氐人殊缕布也。""纰，氐人罽也。"这类纺织品为汉人所知，并保留氐人对其的称谓，当时有部分产品行销汉人地区，并以质量见佳为前提。《魏略》说氐人"俗能织布"，估计氐人也以男耕女织为经济生活的主体。

氐人衣服的颜色有白、青、绛多种，它表明，随着家庭纺织业的发展，氐人已掌握了染色技术。

氐人是一个善于进取并吸收其他各族优秀文明的民族。《后汉书·西南夷列传》就说氐人"有麻田"。估计至迟在南朝初年，氐人已种植桑麻，出产绅绢等丝织品了。冶铜铸铁这时也有所发展。

氐人的副业生产丰富多彩，除养猪外，还养蜂取蜜、割漆、刮蜡、种椒等，有的可以调味，有的用于建筑，有的为了照明。[3]

氐人很早就和外界保持着商业往来。《后汉书·西南夷

---

1 《三国志·魏志》卷15《张既传》。
2 《三国志·魏志》卷9《夏侯渊传》。
3 参见黄烈先生《中国古代民族史研究》，人民出版社，1987。

列传》曰："氐人勇戆抵冒，贪货死利。"氐人相当精明，除了换取其经济生活的必需品外，更多的是为了谋利。《华阳国志·大同志》记载，西晋时，"（武都氐王杨茂搜）子难敌遣养子适贾梁州，私买良人子一人。（张）光怒，鞭杀之"。《资治通鉴》卷88说得更清楚："难敌遣养子贩易于梁州。"看来只要有利可图，什么都可以成为商品。氐人豪贵参与战争，也往往以夺取财货为目的。如梁州刺史张光在镇压汉沔流民起义时，亟盼杨难敌助战，杨难敌乘机提出了财货的要求。当流民领袖杨武给予大量财货，声言流民的珍宝均为张光所掠时，杨难敌立刻倒戈，导致张光惨败。

上述情况虽极难判断氐人的社会发展阶段，但私有制观念早已植根于氐人社会生活中，氐人贫富分化及阶级对立已相当明显，当无任何疑问。氐人中已不乏家富"千金"[1]的大财主了。

氐人服色尚白、青、绛，妇女皆编发。"妇人嫁时著袿露，其缘饰之制有似羌，袿露有似中国袍……其嫁娶有似于羌。"氐人平时的穿戴也很有特色："著乌皂突骑帽，长身小袖袍，小口裤、皮靴。"[2]服式、仪制、习俗虽然承袭传统，但往往因历史条件的变化而变化。就丧葬而言，过去氐人火葬，魏晋时转向土葬。婚嫁过去类似羌，南朝初年"婚姻备六礼"，[3]更类似于汉。尽管如此，《魏略》的记载毕竟说明氐人有共同的爱好，这在一定程度上，反映了他们的共同心理状态。《华阳国志·大同志》载，杨难敌抱怨张光鞭杀其养子时说："使君初来，大荒之后，兵民之命，仰我氐活……"

1　《晋书》卷112《苻洪载记》。

2　《南史》卷79《西戎传》。

3　《南史》卷79《西戎传》。

寥寥数语，强烈的民族意识已溢于言表。

"氐人有王，所从来久矣。"氐人政治首领出现得较早。这些首领大都得到了中原王朝的认可，并享有一定的特权："武都氐人背公孙述来降者，（马）援皆上复其侯王君长，赐印绶。（光武）帝悉从之。"[1] 从苻洪祖先"世为西戎酋长"[2]、吕光祖先"世为酋豪"[3] 等来看，氐人政治首领的世袭制早已确立。由于自汉武帝开通西南夷以来，氐人就"都统于郡国"，和汉族人民交错杂居，成为封建政府的编户，所以氐人始终没有统一的"王"。这类情况既说明氐人有较强的凝聚力，也说明其氏族制度的残余较严重，汉魏之际，称王的氐族豪酋之多是其他各族望尘莫及的。如此，当时的统治者便力图利用酋长们的威望，加强对氐人的控制，造成氏族制残余的逆转。

氐人相互间称"盍稚"，在部落内说氐语。但《魏略·西戎传》却说其语言"及羌、杂胡同"。氐人有无自己的语言便有疑问，《通典·边防·氐》中"语不与中国及羌胡同"的记载解决了这一争议。尽管在唐代氐人已不多见，但唐代所存有关氐人的资料及见闻远比今日丰富，杜佑治史历来以严谨著称，他这样的记叙当有所本。他证明《魏略》"语不与中国同，及羌、杂胡同"的前一个"同"字是衍文。大多数学者指氐人有独立的语言，我是同意的。

总之，历经先秦以来数百年的发展，氐人已形成了一个较为固定的居住区域，长期过着农业定居生活，有自己

---

1 《后汉书》卷24《马援传》。
2 《晋书》卷112《苻洪载记》。
3 《晋书》卷122《吕光载记》。

独立的语言、习俗和爱好，有较强的凝聚力和民族感情，凡此，都说明至迟在秦汉时期，氐人就以一个独立民族的姿态出现在中国历史舞台上了。

最后，有必要说明一下氐羌和氐汉之间的关系。

氐族和羌族自古以来就十分密切，因而史籍中往往将氐、羌并称，直到魏晋时还是如此，原因在于他们同属"西戎"系统。在氐人的生活区，几乎都有羌人混杂其间。武都、阴平是较原始的氐人发源地，《汉书·地理志》："武都地杂氐、羌。"《华阳国志·汉中志》谈及武都时并无变更，而是说该地"多羌戎之民"。汉代统治者逼迁氐人至酒泉，同样"分徙其羌远至酒泉、敦煌"。阴平"多氐傁"，可又是黑羌、白水羌和紫羌生育繁息地所在，因此"胡虏风俗、所出，与武都略同"。既然如此，氐族深受羌族影响乃是势所必然，但这两族毕竟有明显的区别。相关论述很多，概而言之，有如下几点。

第一，有各自独立的语言。

第二，经济生活不同。氐族早就是农业民族，羌族则是游牧民族。直到魏晋时，转向农耕的羌族数量仍然有限。经济生活的差异，决定了彼此居住状况。《南齐书·氐传》曰："氐于上平地立宫室、果园、仓库，无贵贱皆为板屋土墙。"《北史·宕昌羌传》曰："俗皆土著，居有屋宇。其屋，织牦牛尾及羖羊毛覆之。"党项羌的屋室同于宕昌羌："织牦牛尾及粘羪毛为屋。"据《南齐书·河南传》，以游牧为生的羌人，则大都"以毡庐百子帐为行屋"。

第三，习俗爱好不同。氐人服色尚青、绛、白。史籍中不见羌人崇尚什么颜色，氐羌关系密切，如羌人服色和氐人所尚一致，文中该当氐羌并提，所以虽不知羌人服饰崇尚何

色，但和氐人崇尚的服色不同，则是无疑问的。氐人服式已如前述，氐人大都“衣裘褐”[1]。氐族妇女编发，出嫁时穿衽露；羌人妇女“被发覆面”[2]，出嫁时披“大华毡为盛饰”[3]。羌人有烝母报嫂的风习，“父没则妻后母，兄亡则纳釐嫂，故国无鳏寡”[4]，北朝后期还是如此：“父子、伯叔、兄弟死者，即以继母、世叔母及嫂、弟妇等为妻。”[5]史籍未见氐人有此类记载。人伦是汉族极为重视的内容，史籍只字未及，可以断定氐族没有。

氐汉两族都是农耕民族，自汉武帝开置武都郡后，氐族便都置于郡县之下，和汉族杂居。汉族是经济文化较为先进的民族，落后者向先进者看齐，又是历史发展的必然规律。因此，氐族受汉族的影响更甚于羌族。氐人“姓如中国（即汉族）之姓”，是一个很突出的表现。

史籍所见氐人的姓有齐、苻、蒲、杨、雷、窦、吕、毛、王、鱼、苟、樊、隗、啖、屠、单等，都是单音节汉字，确实和汉族相同。《魏略》说氐人“各自有姓”，恐怕未必尽然。魏晋时拥众万余落的兴国氐王阿贵姓什么，史籍中就较难寻觅。在上述姓氏中，齐、杨、苻、吕等较早见，其余大都为后出之姓。至于蒲氏，在苻洪改“浦”为“苻”后，就消失了。氐族中最常见的姓有苻、姜、梁、杨、齐、吕、强、樊等，这些可以说是氐族中的大姓。

---

1 《南齐书》卷49《宕昌羌传》。
2 《后汉书》卷87《西羌传》。
3 《通典》卷189《边防·西戎·总叙》。
4 《后汉书》卷87《西羌传》。
5 《北史》卷96《宕昌羌传》。

第 一 章

汉晋之际的氏族

氏族姓氏的由来，大体有从羌、汉两族移植和以名号为姓或自取等多种。

雷、鄄、窦等姓可能与羌族有更密切的关系。齐、杨、吕、王等姓大体上从汉族移植。《晋书·吕光载记》："其先吕文和，汉文帝初，自沛（今属江苏）避难徙矣。"吕光绝非汉人，汉代沛县没有氏人，均无须论证。沛县吕氏在汉初名望极大，吕光生拉硬扯，说自己的祖先源出沛县吕氏，无非是说自己的姓氏源远流长，是名门望族，有称王称帝的缘分。虽然荒唐，却证明吕姓是从汉姓中移植过来的。

以名号为姓的事例见于《晋书·刘渊载记》和《晋书·刘聪载记》。刘渊起兵平阳后，"上郡四部鲜卑陆逐延、氏酋大单于征、东莱王弥及石勒等并相次降之"。这里，征没有姓，名位是大单于。他的女儿后来是刘渊的皇后，史称"单后"。那么征应该姓单了。所以《资治通鉴》卷86记作"氏酋单征"。胡三省特意诠释曰："时戎狄酋长皆谓之'大'，征即光文（刘渊谥光文皇帝）单后之父。'于'衍字也。"但假如氏族早有"单"姓的话，史籍中不可能仅此一见。最大的可能是征自称大单于或归刘渊后被封为单于，其女贵为皇后，便取单于之意，以单为姓了。

自己起姓，以蒲洪最典型。《晋书·苻洪载记》曰："始其家池中蒲生，长五丈，五节，如竹形，时咸谓之蒲家，因以为氏焉。父怀归，部落小帅。"永和六年（350），蒲洪"以谶文有'艸付应王'，又其孙坚背有'艸付'字，遂改姓苻氏……"

历史上的各族都很重视姓氏，何况汉魏之际俗尚姓氏，氏人当然也无例外。他们之所以那样随意频繁地变动自己的

姓氏，着眼点无非是以姓汉族之大姓为荣，以及更有利于自己家族和部落的发展。这只是重视姓氏的一个曲折的反映，由此也可以看到氐人受汉族的影响有多大了。此外，氐人"多知中国语""袒露有似中国袍"等，均反映了此类现象。即便其土屋板墙，也为西部汉人的风格。《汉书·地理志》曰："天水、陇西山多林木，民以板为室屋……故《秦诗》曰：'在其板屋'。"

总之，氐族是此时内迁各族中受汉族影响最深的一个，其发展变化都与汉文化密不可分。

第二节　氐族的迁徙

一、汉魏之际氐族的迁徙

在前秦建立以前，氐族的迁徙虽远不如游牧民族，但亦较为频繁，原因有两点。其一，因人口增殖及经济发展的需要，不得不开拓新的地区，这类迁徙一般距离较近。两汉时期，武都（治今甘肃西和西南）及阴平（甘肃文县西北）两郡周围诸郡逐步成为氐人的聚居区，这固然有汉族统治阶级排抑的因素，但更重要的是人口和经济原因。其二，被征服后的强制性迁徙。这类迁徙往往较远，而且给氐族带来极大的损害。从后者来说，以汉武帝统治时期、汉魏之际、十六国前期这三个阶段的规模为大。此外，西晋后期亦有少量的迁徙。汉武帝时期前已叙述，这里主要谈后者。

汉魏之际氐族迁徙的次数较多、时间较长，现分次述之。

曹操在赤壁之战失败后，无力南下，乃倾全力于北方，经营关陇，由此激起关陇军阀的强烈反抗。建安十六年（211），韩遂、马超联合关陇军阀起兵，本来置身事外的氐族豪酋在军阀们的唆使下，卷进了军阀混战的旋涡："近去建安中，兴国（今甘肃秦安东北）氐王阿贵、白项（应为百顷，笔者注，今甘肃成县境内）氐王（杨）千万各有部落万余，至十六年（211），从马超为乱。"[1] 这一次，与曹操为敌的还有汧县（陕西陇县南）和陯靡（陕西千阳东）等地的氐人。

氐人支持马超是有历史渊源的。马超先祖马援和氐族豪酋关系不错，氐族豪酋受封为王，享受蠲免租税的特权，皆出自马援的奏请，马氏在氐人中有相当大的号召力。马超之父马腾又是羌女所生。灵帝末年，在黄巾起义的激荡下，凉州爆发了王国领导的起义，得到氐、羌各族人民的支持，况马腾镇压这次起义后，便以镇西将军衔长期屯驻汧、陇（甘肃张家川），直到初平年间才因饥荒而就谷池阳（陕西泾阳西北），所以在较长一段时间内，汧、陇等氐族聚居区实质上是马腾的割据区，这就使马氏和氐羌两族结下了不解之缘。

马超兵败，退据陇上，建安十八年（213）再起，所部基本由氐羌两族丁壮组成，史称"超率诸戎渠帅以击陇上郡县"，对陇右构成巨大的威胁。曹操方面有人惊呼："超有信、布之勇，甚得羌、胡心，西州畏之。若大军还，不严为之备，陇上诸郡非国家之有也。"[2] 在杨阜等人的打击下，马

---

1 《三国志·魏志》卷30《乌丸鲜卑东夷列传》注引《魏略·西戎传》。
2 《三国志·魏志》卷25《杨阜传》。

超又败。不久，马超再度纠集"氐、羌数千"[1]兵出陇上，在夏侯渊和张郃的阻击下退归汉中。杨千万转而支持韩遂，失败后只身投奔马超，随马超入蜀，其部投降了曹操。阿贵则在建安十九年（214）为夏侯渊击杀。曹操"分徙其前后两端者，置扶风（陕西泾阳西北）、美阳（陕西武功西北），今之安夷、抚夷二部抚军所典是也。其（太）[本]守善，分留天水（郡治今甘肃通渭西北）、南安（郡治今甘肃陇西渭水东岸）界，今之（广平魏郡）[广魏郡]所守是也"[2]。也就是说反抗较激烈者被逼迁关中，归降的则迁于天水、南安一带。从日后杨茂搜统部自略阳打回仇池来看，迁到天水、南安的是杨千万这一支。

建安二十年（215），曹操兵进汉中（郡治今陕西汉中东），割据汉中的张鲁投降。汉中是益州的门户，曹操据有汉中，刘备方面将其比作"家门之祸"，势在必争。但汉中在曹操心目中不过是食之无味、弃之可惜的鸡肋，因此，刘备兵发汉中，曹操便展开了大规模的逼迁。建安二十二年（217），"及刘备取汉中以逼下辩（甘肃成县西北），太祖以武都孤远，欲移之，恐吏民恋土。（杨）阜威信素著，前后徙民、氐使居京兆（今陕西西安）扶风、天水界者万余户，徙郡小槐里（陕西武功东北），百姓襁负而随之"[3]。"徙郡小槐里"指的是在小槐里侨置武都郡，可见主要集中在今武功一带。曹刘在汉中鏖战一年有余。建安二十四年（219），黄忠击杀曹操骁将夏侯渊，曹操亲临南郑（陕西南郑东），拨出汉中曹军，退

1 《三国志·魏志》卷9《夏侯渊传》。
2 《三国志·魏志》卷30注引《魏略·西戎传》。
3 《三国志·魏志》卷25《杨阜传》。

守长安、陈仓（陕西宝鸡东）一线。撤退前，曹操命张既"之武都，徙氐五万余落出居扶风、天水界"[1]。

表面上看，建安二十二年（217）的逼迁是利用杨阜在氐人中的威望，建安二十四年（219）则是按张既的计谋："劝使北出就谷以避贼，前至者厚其宠赏，则先者知利，后必慕之"[2]，似乎相当平和。其实，这两次逼迁都十分残酷。曹操兵进汉中，就大肆屠杀抢掠。这几年中，氐族聚居区并无天灾，氐人陷入饥荒，完全是曹军抢掠的结果。张既由散关（陕西宝鸡西南）打入氐人居住区后，到处"收其麦以给军食"。夏侯渊仅在下辩一地就抢得粟十余万斛。正是这种野蛮的屠杀和抢光政策，才使两次逼迁得以成功。

经过上述大规模逼迁后，武都、阴平等地的氐人仍很多。《魏略·西戎传》曰："汉故武都阴平街左右，亦有万余落。"延康元年（220），武都氐王杨仆在曹魏的引诱下，"率种人内附，居汉阳郡（即天水郡）"[3]。这次迁居天水的人数不明，留居武都阴平的氐人依然可观。所以蜀汉建兴七年（229）诸葛亮第三次北伐，夺取武都和阴平后，刘禅颂扬诸葛亮的策文曰："降集氐、羌，兴复二郡。"[4]相当数量的氐人被逼迁巴、蜀，此后，魏、蜀间展开了激烈的逼迁氐人的斗争。建兴十四年（236），蜀汉好不容易争取到武都氐王苻健的归附，曹魏镇守关陇的统帅司马懿立刻采取对策，"与

---

1 《三国志·魏志》卷15《张既传》。
2 《三国志·魏志》卷15《张既传》。
3 《三国志·魏志》卷2《文帝纪》。
4 《三国志·蜀志》卷5《诸葛亮传》。

氏、羌破铁券，约不役使"[1]。在司马懿的分化下，该部内讧，苻健只统四百余户奔蜀，被安置于广都（四川成都东南），有六千余人，也就是说该部的绝大部分在苻双和强端的统领下奔魏，被安置于略阳一带。

一些学者认为，苻健只身奔蜀，所部四百余户降魏。这一事件史籍中有四处记载。

其一，《三国志·蜀志·后主传》："（建兴）十四年，夏……徙武都氏王苻健及氐民四百余户于广都。"

其二，同书《张嶷传》："十四年，武都氏王苻健请降，遣将军张尉往迎，过期不到，大将军蒋琬深以为念。嶷平之曰：'苻健求附款至，必无他变。素闻健弟狡黠，又夷狄不能同功，将有乖离，是以稽留耳。'数日，问至，健弟果将四百户就魏，独健来从。"

其三，《华阳国志·后主志》的前半部分同于《张嶷传》，最后一句则曰："健弟果叛，就魏。健率四百家随尉，居广都县。"

其四，《晋书·宣帝纪》："（青龙）三年（应为四年，笔者注）……武都氏王苻双、强端帅其属六千余人来降。"

"蒲"即"苻"，前秦建立以前，此姓并不多见，《太平御览》卷121引《十六国春秋·前秦录》载有苻洪生子健时命名的一段故事，说明居住略阳的苻氏就是在这次由武都迁徙而来，因此《晋书》所载与《三国志》及《华阳国志》所载虽然误差一年，实为同一事件。该部绝非四百户，所谓

---

1 《北堂书钞》卷104引《晋中兴书》。《御览·铁券》亦有此记载，但误为晋愍帝时事。

"四百户者"，只是指奔蜀者，奔魏者则有六千余人。再说，苻健果系一人奔蜀，蜀汉也没必要辟出广都予以安置。

正始元年（240），蜀将姜维兵出陇右，在郭淮的阻击下退走，郭淮"遂讨羌迷当等，按抚柔氐三千余落，拨徙以实关中"[1]。史籍所见汉魏之际大规模的掠徙于此而止，但蜀、魏争夺氐人的活动并未就此终止，在日后的战争中，可能还有小规模的掠徙。

汉魏之际，被曹操及其后继者掠徙的氐人，大都安置在扶风、京兆（治今陕西西安西北）、始平（治今陕西兴平东南）三郡。江统曰："关中之人，百余万口，率其多少，戎狄居半。"所谓"戎狄"，主要是指氐、羌两族。可见关中至少有1/4是氐族人。江统还说："魏武皇帝令将军夏侯妙才讨叛氐阿贵、千万等，后因拔弃汉中，遂徙武都之种于秦川，欲以弱寇强国，扞御蜀虏。"[2]这一议论符合当时的实际情况，道出了曹魏掠徙氐人的根由。

东汉末年以来的军阀混战使黄河中下游人口骤减，十不存一。此时，士族地主阶层形成，依附人口激增，封建政府户口大减，土地有余、劳动力不足的矛盾十分突出，各军阀间、封建政府和地主阶级间对人口的争夺相当激烈，大量少数民族被逼迁内地，就是由此造成。氐族的内迁不过是其中一环。李傕、郭汜之乱使昔日繁华的长安"死者狼籍"，男女老少被"杀之略尽"，战乱造成的饥荒又使三辅"人民……相啖食略尽"[3]。关中地区人口问题已十分严重。乱事

---

1 《三国志·魏志》卷26《郭淮传》。
2 《晋书》卷56《江统传》。
3 《三国志·魏志》卷6《李傕、郭汜传》。

平息后，流入荆州的十余万户回返关中，历经艰难曲折，方始安居，又遭韩遂、马超之乱，再度大量死亡流散。曹操占有关中，首先考虑的不是恢复关中经济，而是将关中人民逼迁河北，充实邺城（河北临漳西南）周围的劳动人手，此举引起了关陇一带不大不小的骚乱。当曹操决定放弃汉中，退据陈仓、长安一线时，关中就成了他对付蜀汉的后方基地。关中经济决定了对蜀防御能否成功，仅仅逼迁汉中人民于关中，依然不能解决关中空虚的现实问题。曹操绝对不能把逼迁河北的人再迁回来，掠徙氐人由此被提上日程。

　　曹操之所以要掠迁氐人，还因为氐族豪酋在大规模逼迁以前，始终没有归附和支持过曹操，而且成了曹操的敌对势力。马超、韩遂起兵时，氐酋们支持韩、马二人。建安二十年（215）曹操进军汉中，真正的战争并非发生在他和张鲁间，而是和氐族残酷地展开。"公西征张鲁，至陈仓，将自武都入氐；氐人塞道，先遣张郃、朱灵等攻破之。夏四月，公自陈仓以出散关，至河池。氐王窦茂众万余人，恃险不服。五月，公攻屠之。"[1]同时，徐晃等将领又另统一军攻杀枹楝及仇夷山区的氐人，直到次年，夏侯渊和武都、下辩氐人的战争还继续进行着。

　　此外，还因为蜀汉方面早在《隆中对》中就把"西和诸戎，南抚夷越"定为基本国策之一。所谓"西和诸戎"，基本含义是尽量结好和利用西北地区以氐、羌为主的各少数民族，煽动他们与曹操为敌。马超备受刘备重视，蜀汉建国后一直坐镇汉中，个中原因就在于刘备要利用他在氐、羌中的影响和号

---

1 《三国志·魏志》卷1《武帝纪》。

召力,此举确有成效。建安二十二年(217),蜀军由沮道进逼下辩,氐酋雷定等即统七部万余落响应。其后,无论诸葛亮还是姜维,当他们用兵曹魏时,都寄希望于陇右的氐羌。

很显然,让氐人留居原地对曹操是很不利的。反之,逼迁氐人,既充实了关中的劳动人口,有利于关中经济的恢复,又削弱了蜀汉可以利用的力量。

西晋时,阮种谈及少数民族内迁后的状况:"自魏氏以来,夷虏内附,鲜有桀悍侵渔之患。"[1]内迁各族和汉族人民交错杂居、和睦相处,对北方经济的恢复和发展做出了贡献。谈及关中经济的恢复,就更离不开氐人了。

《晋书·食货志》曰:"京兆自马超之乱,百姓不专农植,乃无车牛。"仅仅数年,在曹丕统治的黄初年间(220-226),关中面貌大变:"编户皆有牛,于田役省赡。"这固然是京兆太守颜斐重视农桑、督课有方的结果,更与大量善于田耕的氐人的迁入密不可分。《三国志·魏志·郭淮传》载:"(太和)五年(231),蜀出卤城(甘肃天水境内)。是时,陇右无谷,议欲关中大运……"证明关中确实复苏起来,至少封建政府已有较多的粮食储备,可以吹嘘关中"军国有余"[2]了。曹魏之所以能顶住蜀汉的频频进攻,关键在于有关中丰足的粮草做后盾。自曹魏中后期起,长安之所以成为全国三大粮站和兵站之一,关键也在于有粮草做后盾,其中,有一大半的功劳应该归氐人。

《三国志·魏书·曹爽传》载,正始五年(244),曹爽

---

1 《晋书》卷25《阮种传》。
2 《晋书》卷37《安平献王孚传》。

发兵六七万攻蜀，"是时关中及氐羌转输不能供，牛马骡驴多死，民夷号泣道路"。同传注引《汉晋春秋》更曰："所发牛马运转者，死失略尽，羌、胡怨叹，而关右悉虚耗矣。"所谓"羌、胡"，实质就是"氐、羌"。它说明，在关中地区，承担军国开支的主要是氐、羌。如若他们的正常生产无法进行，关中就"悉虚耗矣"。事实上，氐人所居的京兆、扶风、始平三郡正是关中农业最发达的地区。羌人所居的冯翊、北地、安定、新平四郡，除冯翊可和前者相当外，其余三郡的农业发展情况是比不上的，何况羌人的农业生产技术也远不如氐人。因此所谓氐羌不能生产，造成关右虚耗，主要指的是氐人，而不是羌人。在关中农业生产中，只有氐人才和汉人一样居于举足轻重的地位。

二、西晋时期氐族的迁徙

魏晋之际，内迁各少数民族的生活相当悲苦，其出路只有：成为封建政府的编户齐民；沦落为依附农民；沦落为与依附农民身份类似的士家；沦落为奴婢。此外，还要承受民族压迫。这个时候，"戎狄兽心，不以义亲，强则侵暴，弱则内附"[1]，"其性气贪婪，凶悍不仁"[2]等议论不一而足。在统治者心目中，少数民族是丧尽廉耻、不从教化、居心叵测的祸胎，千方百计地对其排挤和压制。更有甚者调动军队征讨杀伐无辜，借以邀功请赏，或掠卖少数民族人民为奴。因此内迁各族对中原王朝"怨恨之气毒于骨髓"[3]，即使是少数民族

---

1 《三国志·魏志》卷28《邓艾传》。

2 《晋书》卷56《江统传》。

3 《晋书》卷56《江统传》。

上层，亦愤愤不平地叫喊"晋为无道，奴隶御我"[1]。内迁氏族的处境当然没有例外，今略举数例。

其一，景元三年（262），曹魏筹划大举伐蜀，关陇地区首当其冲，镇守雍、凉的邓艾许诺，凡应募者皆予重赏，得羌、氐从军者五千余人。泰始六年（270），河西鲜卑秃发树机能起兵，西晋统治者惊呼秦、雍不保，又许诺重赏，在雍、凉招募羌、氐健儿。但在这两次大战中，从军汉人立功者大都受赏，而羌、氐健儿立有上功，即使功居第一，亦都无赏。这种对氐、羌等族健儿的排挤和压制，连稍有良知的汉族官僚也看不过去，议郎段灼为此上奏："法令赏罚，莫大乎信……晋文犹不贪原而失信，齐桓不惜地而背盟，况圣主乎！"[2]在魏末晋初腐朽的统治下，如此奏议只能石沉大海。

其二，《晋书·扶风王骏传》曰："徙封扶风王，以氐户在国界者增封。"《文选》卷20潘岳《上关中诗表》曰："齐万年（西晋氐人起义领袖）编户隶属，为日久矣。"内迁氐人大都是编户当无疑问，随之而来的便是繁重的赋役。曹魏镇守关陇的郭淮"以威恩抚循羌、胡，家使出谷，平其输调，军食用足"[3]，可以证明在郭淮以前，封建政府对羌氐兵役的征发极不公平。除了这种所谓正常的不公平以外，临时性的征发总是以内迁氐、羌为先，直至他们倾家荡产，前述正始五年（244）曹爽的征发，就是极好的例证。

其三，西晋时赵王司马伦坐镇关中，这是西晋宗室中以

1 《晋书》卷101《刘元海载记》。
2 《晋书》卷48《段灼传》。
3 《三国志·魏志》卷26《郭淮传》。

贪婪凶狠著称的一个。其心腹孙秀协助他搜刮钱财，搜刮的对象也是以氐、羌为先，由此无辜诛杀"羌大酋数十人"[1]。《晋书·赵王伦传》则曰："镇关中，刑赏失中，氐、羌反叛。"那么勒索和诛杀的就绝非羌酋，还有氐族。

邓艾的不赏羌、氐，政府的赋役繁重以及赵王伦对氐、羌的诛杀只是魏晋腐朽统治的缩影。自西晋建立起，统治集团便以骄奢淫逸、敲剥人民为务，极少关心社会经济的恢复和发展。秦、雍一带水利失修，连年干旱，"米斛万钱"，饿死者甚众。瘟疫乘隙猖獗，"饥疫荐臻，戎晋并困"[2]，民族矛盾和阶级矛盾尖锐。元康六年（296），以氐帅齐万年为首的天水、略阳、扶风、始平、阴平等六郡氐羌的大起义爆发了。这次起义冲决了西晋在关中的严密统治，相当数量的氐人乘机向其原先的居住地回流，其中最大的一支约4000家在氐酋杨茂搜的统领下回到仇池，不久便建立了氐人的第一个政权——前仇池国。

差不多同时，前述六郡十多万流民挺进梁、益二州。西晋广汉太守辛冉为驱逐这支流民，发布檄文"购募特兄弟，许以重赏"，到处张贴。为激起众怒，李特遣人收回全部檄文，改为"能送六郡之豪李、任、阎、赵、杨、上官及氐、叟侯王一首，赏百匹"[3]，然后张贴。《华阳国志·大同志》更具体："能送大姓阎、赵、任、杨、李、上官及氐、叟梁、窦、苻、隗、董、费等，首百匹。"梁、窦、苻、隗都是氐人大姓，不乏"侯王"在内，他们拥有一定数量的部众。我

---

1 《文选》卷20。

2 《晋书》卷28《五行志》。

3 《晋书》卷120《李特载记》。

们知道，李特起义后，氐酋苻成、隗文等都是义军中颇有名望的将领，他们对李特时背时从，李特却无可奈何。由此不难推断，这支流民队伍中，氐人的数量大概不少。由于史籍缺载，到底有多少人，入蜀后定居何处，今日已难以考辨了。

三、汉及前、后赵时期氐族的迁徙

晋惠帝永兴元年（304），在各地流民起义风云的激荡下，一向称臣于晋的匈奴贵族刘渊加入了反晋斗争的行列，建立汉国，拉开了十六国时期的历史帷幕。

刘渊起兵得到一些少数民族上层分子的支持，其中就有氐族。当刘渊攻下蒲子（山西隰县）、河东（郡治今山西夏县东北）和平阳（郡治今山西临汾）等地后，氐酋单征就投奔而来。并州地区过去极少见到氐人的踪迹。估计单征是率部来奔，人数颇多，势力较大，为此刘渊纳其女为后，用联姻的手段笼络氐族。

汉国是十六国时期胡、汉分治政策的首创者，迁都平阳后，在平阳周围设置左右司隶，统治四十三万余户汉族，在平阳西设单于台，下辖"单于左右辅，各主六夷十万落，万落置一都尉"[1]，所谓"六夷"，胡三省指出："盖胡、羯、鲜卑、氐、羌、巴蛮；或曰乌丸，非巴蛮也。"[2]无论哪一种解释，氐族都是其中之一。汉国末期统治集团内讧，刘聪收"氐、羌酋长十余人，穷问之，皆悬首高阁，烧铁灼目……

1　《晋书》卷 102《刘聪载记》。
2　《资治通鉴》卷 89。

坑士众万五千余人，平阳街巷为之空。氐、羌叛者十余万落，以靳准行车骑大将军以讨之"[1]。平阳到底有多少氐人，难举确数，人数不少，则是相当明显的。

如果说单征是统部投奔汉国的话，那么平阳周围众多的氐人主要是从关中掠徙来的。汉国攻克洛阳后的三四年中，汉晋双方的角逐主要在关中，大规模的掠徙也从此开始。仅永嘉六年（312），刘曜在西晋残余势力的反击下撤离长安，便驱掠了"八万余口退还平阳"，其中肯定有不少氐人。因为刘曜进入长安后，关中氐、羌"皆送质任"[2]，撤离时当然会席卷而去。其后各次战争，同样掠徙了不少氐人。

刘曜夺取汉国最高统治权后，迁都长安，改国号为赵，史称前赵。他把平阳单于台所属六夷中的一部分逼迁到了长安，在渭城（陕西咸阳东北）设置了单于台，"置左右贤王已下，皆以胡、羯、鲜卑、氐、羌豪杰为之"[3]，这里成了氐羌的主要场所。据《晋书·刘曜载记》，前赵对氐人的掠徙，主要有以下几次。

其一，大兴二年（319）[4]，屠各路松多起兵于新平（郡治今陕西彬县）、扶风，得到晋秦州刺史南阳王司马保的支持，"秦、陇氐、羌多归之"。次年，刘曜亲征，司马保及路松多败退，"曜振旅归于长安"。这次未见驱掠人口的具体记载。但第一，自汉国起，每有征战，必定掠夺人口，已经成为传统。第二，此时前赵初建，政权尚不巩固，统治地域极

1　《晋书》卷 102《刘聪载记》。

2　《晋书》卷 103《刘曜载记》。

3　《晋书》卷 103《刘曜载记》。

4　汉、赵等都有年号。前秦建立前，此处仿《资治通鉴》，一律使用东晋年号。

不稳定，更有驱掠人口的必要。因此，尽管史籍记载一部分氐羌随司马保退据桑城（甘肃岷县东北），但"振旅"二字表明，人口驱掠在所难绝。

其二，大兴三年（320），长水校尉尹车勾结巴酋句徐、库彭[1]谋反，事发被诛，陈尸街巷十日，投尸于水，"于是巴、氐尽叛，推巴归善王句渠知为主，四山羌、氐、巴、羯应之者三十余万，关中大乱，城门昼闭"。刘曜以游子远为车骑大将军统军征讨。游子远兵进雍城，"降者十余万"，又下安定（甘肃泾川北），"氐、羌悉下"；挥师陇右，击降拥有"氐、羌十余万落"，割据上郡（郡治今陕西韩城南），自号秦王的虚除权渠。是役，"分徙（虚除）伊余兄弟及其部落二十余万口于长安"。

其三，刘曜击退司马保时，司马保的部将杨曼"奔于南氐"[2]。此时杨茂搜已死，子杨难敌立，与其弟杨坚头自号左、右贤王。杨难敌领下辩氐人，杨坚头领仇池氐人。为消除后患，刘曜亲征，"仇池诸氐多降于曜"。大兴四年（321），杨难敌起兵失败，称藩于前赵，不久投奔成汉。刘曜以田崧镇仇池，被杨难敌袭杀，刘曜再次亲征。咸和三年（328），"曜遣其武卫率骑三万袭杨难敌于仇池，弗克，掠三千余户而归"。

其四，大兴三年（320），刘曜兵出南安（郡治今陇西渭水东岸），西讨司马保别将杨韬。南安也是三国以来氐人较多的地方，杨韬极可能是氐人，和陇西太守梁勋投降前

---

1 《资治通鉴》卷91作"与巴酋句徐、库彭等相结"。胡注曰："句、库皆为姓，故句徐、库彭为两人，非一人。"
2 即仇池氐杨氏。

赵，刘曜迁"韬等及陇右万余户于长安"。

其五，永昌元年（322），前赵秦州刺史陈安起兵叛赵，相继占有上邽（甘肃天水）、汧城（陕西陇县南）等地，"西州氐、羌悉从安"，部众扩大到十余万。太宁元年（323），前赵击杀陈安，"徙秦州大姓杨、姜诸族二千余户于长安。氐、羌悉下，并送质任"，秦州杨、姜是氐人大姓，因此，这次掠徙亦以氐人为主。

前、后赵对峙时，关东地区的氐人也骤然增多，这是后赵招诱和掠徙的结果。石勒名义上称臣汉国，实质是一股独立的势力，与汉国的争夺十分激烈。建兴四年（316），河东飞蝗成灾，饥荒严重，流民成群。石勒乘机招诱，"司隶部人奔于冀州二十万户"[1]。奔于冀州的似乎都是司隶所辖的汉人，但在饿殍载道之时，单于台所辖各族肯定也成了流民，因此《资治通鉴》卷89对流入冀州者究竟属于哪一个系统，说得十分含混："河东平阳大蝗，民流殍者什五六，石勒遣其将石越帅骑二万屯并州，招纳流民，民归之者二十万户。"刘聪死后，汉国大乱，石勒也参加了平乱。史称石勒攻平阳"小城，平阳大尹周置等率杂户六千降于勒。巴帅及诸羌、羯降者十余万落，徙之司州诸县"[2]。这十余万落是昔日单于台所统之六夷，包括氐人是不难理解的。在此基础上，石勒在襄国（河北邢台）也建立起单于台，之后，后赵又不断掠徙氐人。据《晋书·刘曜载记》、《石勒载记》和《石季龙载记》，主要有以下几次。

---

1 《晋书》卷102《刘聪载记》。

2 《晋书》卷104《石勒载记》。

第一次在太宁四年（326），前、后赵为争夺洛阳大动干戈。是役，前赵全军覆没，石虎俘押"氐、羌三千余人，送于襄国，坑士卒一万六千"。

第二次在咸和四年（329），前、后赵决战洛西，石勒生俘刘曜，关中大乱。曜子刘熙、刘胤、刘咸等奔上邽，纠集陇东、武都、安定、新平、北地、扶风、始平等地氐、羌反击长安，为石虎歼灭。"徙其台省文武、关东流人、秦雍大族九千余人于襄国。"接着，石虎兵进陇右，"徙氐、羌十五万落于司、冀州"。

第三次在咸和五年（330），秦州休屠王羌起兵，"陇右大拢，氐、羌悉叛"。石勒遣石生进据陇城，王羌兵败，奔窜凉州。石生"徙秦州夷豪五千余户于雍州"。

第四次则是在石勒死后，石虎控制大权。咸和八年（333），镇守关中的石生和洛阳的石朗联兵作乱。石虎击杀石朗，兵进关中。石生败奔鸡头山（陕西鄠邑区东南）。石虎"分遣诸将屯于汧，徙雍、秦州华戎十余万户于关东"。这次逼迁的氐人中，就有后来建立前秦的苻氏那一支。

第五次在石生被石虎击杀后，其部将郭权盘踞上邽（甘肃天水），讨得"东晋征西将军""秦州刺史"名号，得到京兆、新平、扶风、冯翊、北地等郡氐、羌的响应。石虎遣石斌等讨伐。郭权为上邽豪族所杀，石斌"徙秦州三万余户于青、并二州诸郡"。

第六次在永和二年（346），石虎命王擢等进攻前凉，前凉部署抵抗，"河、湟间氐、羌十余万落与张琚相首尾"。前凉兵败，王擢攻克武街（甘肃成县西），"徙七千余户于

雍州"[1]。

汉武帝排抑和逼迁氐族，开边的含义比较明显；汉魏之际对氐族的掠徙，目的是掠夺劳动人口，经济意义胜于政治意义；十六国时期汉及前后赵对氐人的掠徙，军事意义又远胜于经济意义。单于台的设置和胡汉分治政策充分反映了这一点。

刘渊起兵之际，民族矛盾虽然相当尖锐，但阶级矛盾仍然是当时社会的主要矛盾。刘渊之所以反对其他匈奴贵族打出匈奴单于的旗号，是因为他清醒地看到，这样"晋人未必同我"，他认为只有自称"汉"的外甥，定国号为"汉"，才能"以怀人望"，号召汉族，利用汉族人民反晋，为自己一统天下或占有半壁江山效劳。刘渊起兵初期，胆气甚豪，"鼓行而摧乱晋，犹拉枯耳"，但随着汉国对胡汉各族人民的残酷掠夺和屠杀，到刘渊晚年，民族矛盾终于上升为社会的主要矛盾，汉族人民也由反晋到逐渐拥晋，甚至匈奴贵族也感到"晋气犹盛"[2]了。这时一些少数民族统治者认识到反晋只能造成自己的孤立，拥晋则会给自己带来莫大的利益。其中最典型的是活跃于辽东的慕容鲜卑，它就力图通过"勤王"的策略来实现争霸中原的目的。[3]此时，汉族人民显然已成为匈奴贵族的敌对力量，刘渊只有寄希望于利用内迁各族和汉族的矛盾，它的军事力量也逐步转向在少数民族中征发。单于台就是在这种情况下出现的，刘聪进一步完善，胡汉分治政策确立起来了。有的学者认为，单于台和胡汉分治

1 《资治通鉴》卷 97。
2 《晋书》卷 101《刘元海载记》。
3 参见拙文《刘渊的"汉"旗号和慕容廆的"晋"旗号》，《北京师院学报》1974 年第 4 期。

政策的确立是胡、汉各族社会发展阶段不同、经济生活不同的结果，这难以令人信服。上述情况表明，社会主要矛盾的变化才是这个制度出现的根本原因。从内迁各族来说，鲜卑是最落后的一支，他们受汉文化的影响远不如匈奴、羯、氐、羌。内迁较早的匈奴（南匈奴，即刘渊那一支）、羯、氐等族此时已大都成为农耕民族，他们和汉族的差异虽然甚大，但鲜卑同汉族的差异更大。慕容鲜卑建立前燕仅晚于汉国数年，而在十六国政权中，它的统治时间最长，始终没有搞什么胡汉分治。这就充分说明胡汉分治并非由社会发展阶段和经济生活的差异造成，完全是统治者对待民族矛盾所采取的一种措施。

随着单于台的设置，大单于成了实际上的最高军事首脑，单于台所主六夷成为军事主力。如果说，汉国由27000余落南匈奴组成其军队核心，被驱掠的各少数民族，特别是氐族在军事上的地位尚不十分明显的话，在前赵，氐人是其军队的主要力量之一，已不容置疑了。因为迭经杀伐，特别是汉国内讧，南匈奴的伤亡极大，刘曜在长安建立前赵，所统南匈奴部众甚少。关东地区此时已为石勒占有，作为兵役来源之一的其他少数民族数量急剧减少。这样单于台名义上仍统六夷，实际主要统辖关陇一带掠徙来的氐、羌："（刘）曜兵虽多，精卒至少，大抵皆氐、羌乌合之众。"[1] 咸和三年（328），石虎统兵4万进击河东，刘曜被迫亲自迎战，为了防备凉州的张骏和仇池的杨难敌乘机发难，使他陷入腹背受敌的困境，他先期发兵防御，也只能"遣其河间王述发氐、

[1] 《资治通鉴》卷92;《晋书》卷86《张茂传》。

羌之众屯于秦州"[1]。所以，后赵每次击败前赵都能得到大量氐、羌俘虏。刘曜善于用兵，修撰《晋书》的唐初诸公把他和秦始皇的名将王翦并论，但刘曜和石勒、石虎对阵，几乎每次都吃大亏，最后为石勒生擒。原因是多方面的，其中主要的一条就在于他的军队主要是由氐、羌组成。这些被俘虏来的氐、羌丁壮，厌战情绪严重，经常无敌自惊。以太宁四年（326）洛西之战为例，本来刘曜已胜券在握，只是由于军队"夜无故大惊，军中溃散"，被迫退屯渑池（河南渑池县西）才驻扎下来，"夜中又惊，士众奔溃"[2]，刘曜被迫退守长安。

后赵占据的区域广阔，单于台所主六夷远多于汉国和前赵。六夷同样是后赵军队的主要成分，但氐人所占比重下降。不过石虎迁氐酋苻洪于枋头（河南浚县西南）、羌酋姚弋仲于滠头（河北枣强东北），目的在于由他们拱卫京师邺城，军事意义十分明显。后赵末年，石虎之所以能镇压梁犊起义，在很大程度上是依靠了苻洪和姚弋仲所统的氐、羌军队。

---

1 《晋书》卷103《刘曜载记》。
2 《晋书》卷103《刘曜载记》。

前秦建国

〖第二章〗

第一节　枋头起兵

一、氏族苻氏的迁徙

前秦是由氏族中居住在略阳临渭（甘肃秦安东南）苻氏那一支建立的，它的奠基人是苻洪。

苻洪，亦名蒲洪，字广世，生于晋武帝太康六年（285），死于东晋穆帝永和六年（350）。史称"苻洪……略阳临渭氏人也。其先盖有扈之苗裔，世为西戎酋长。……父怀归，部落小帅"[1]。《艺文类聚》卷82引《秦记》曰："苻洪之先居武都（治今甘肃西和西南）。"那么苻氏应该是由武都迁居略阳的。

苻氏何时迁居略阳临渭，史文不明。崔鸿《十六国春秋·前秦录》所载苻洪第三子苻健出生时的若干细节，为猜测这一支迁徙的时间提供了线索："（健）生之夜，洪梦族曾氏王苻建（健）谓之曰：'是儿兴家门，可以吾名字之。'于是名罴，字世健。"[2]史籍所见叫作苻建（健）的氏王只有青龙四年（236）奔蜀的一个。如果他确实是苻洪的族曾祖，那么苻氏这

1　《晋书》卷112《苻洪载记》，本节引述史料，凡不注出处者，皆引自该载记。
2　《太平御览》卷121。

一支应是青龙四年（236）由武都迁到临渭的。与苻氏同迁的还有强氏和吕氏。至苻洪出生时，这一支在临渭已有50年了。

苻洪是个善于观察和利用形势、很有才干的氐族豪酋。12岁时父亡，他继任部落小帅，开始磨炼统率部落的能力。"好施，多权略，骁武善骑射。"《太平御览》卷121还说他"好学"。他青年时代正值永嘉之乱的混乱时局，瞬息万变的形势，苻洪不甘寂寞，"乃散千金，召英杰之士访安危变通之术"，被宗人蒲光、蒲突及周围氐豪们推为盟主，"戎晋襁负奔之"[1]，成为当地一股不小的势力。

汉国大乱，刘曜称帝于长安，立足未稳，苻洪便想利用这支力量纵横驰骋，为此拒绝了刘曜的册封，自称护氐校尉、秦州刺史、略阳公。氐人虽以"勇憨抵冒"著称于世，但他们的大部分在汉魏以来就被逼迁关中，此时落入刘曜的股掌，在历史上氐人也没有过统一的"王"。所以苻洪在略阳虽有一定的势力，想和刘曜较量，力量之悬殊又为人皆知。在蒲光等人的逼迫下，苻洪只好归顺刘曜，受封宁西将军、归义侯。大兴二年（319），苻洪及其所属被刘曜移置于长安西南方的高陆（陕西高陵），进位氐王。

咸和三年（328），刘曜在洛西为石勒生俘，其将军蒋英、辛恕等拥众十余万投降石勒，关中大乱，苻洪乘机统部西保陇山。次年，石虎在上邽（甘肃天水）歼灭前赵残余势力，苻洪和羌酋姚弋仲同时归降。石虎以苻洪为冠军将军、监六夷诸军事、泾阳伯，"委以西方之事"。

---

1 《太平御览》卷121。

石勒死后，后赵内讧，镇守关中的石生和洛阳的石朗联兵反对石虎，关中空虚。苻洪以为时机到来，拥众两万余户，自称晋平北将军、雍州刺史，西结据有凉州的张骏，起兵自立。孰料石生、石朗不堪石虎一击，苻洪兴风作浪的打算顷刻破灭，只好偃旗息鼓，再次投降石虎。在这次政治投机中，苻洪捞到了极大的好处："虎迎拜洪光烈将军，护氐校尉。"苻洪取得了监护氐族的权力，成了氐族名义上的首领，所以当他献计石虎逼迁关中氐羌时，就敢于自诩："诸氐皆洪家部曲，洪帅以从，谁敢违者！"[1]

关陇氐、羌时叛时降，石虎颇以为念。姚弋仲看中了这一点，进言"明公握兵十万，功高一时，正是行权立策之日。陇上多豪，秦风猛劲，道隆后服，道洿先叛，宜徙陇上豪强，虚其心腹，以实畿甸"[2]。对于石虎想逼迁秦陇氐、羌以加强控制的心理，苻洪揣摩得十分透彻，他比姚弋仲更积极，亲自赶到长安，建议大规模逼迁。此说正中石虎下怀，包括氐、羌在内的秦雍地区十余万户被逼迁关东。苻洪大得石虎宠信，加官龙骧将军、流民都督，率部居于枋头（河南浚县西南）。从日后苻洪枋头起兵时，手下有南安、安定、冯翊、京兆、天水等地的氐、羌来看，此时苻洪所统已不只略阳一地的氐、汉人民，他确实是一个受后赵册封的氐族最高首领了。

苻氏这一支在枋头一住就是18年，直到东晋穆帝永和六年（350），才在苻健的统领下打回关中。

氐、羌迁居关东后，后赵始终把他们当作主要军事力量使用。咸康四年（338），石虎击溃辽东鲜卑段部，随即大规

---

1 《资治通鉴》卷95。

2 《晋书》卷116《姚弋仲载记》。

模用兵前燕。苻洪参与是役，以功拜使持节、都督六夷诸军事、冠军大将军，封西平郡公。下属受封为关内侯者达 20 余人[1]。永和四年（348），苻洪第三子苻健又受命攻打东晋的竟陵（郡治今湖北潜江西南）。可以肯定的是，在镇压梁犊起义以前，苻氏所参与的战争绝非这几次，否则苻洪绝对不能成为后赵统治集团中手握"强兵五万"[2] 的主要将领。

永和五年（349），雍城（陕西凤翔）爆发了梁犊领导的起义，在关中人民的支持下迅速发展到十万人左右。起义军斩将破关，鼓行而东，后赵亲王纷纷溃散，石虎只有依靠姚弋仲和苻洪这两支力量了。在镇压梁犊起义中，苻洪因功擢升车骑大将军、开府仪同三司、都督秦雍诸军事、雍州刺史，晋爵略阳郡公，势力又有所发展。与此同时，苻洪和后赵的矛盾也进一步加剧了。

二、枋头起兵

永和五年（349）四月，暴君石虎在梁犊起义的震慑下，在内部的权势之争中惊怖而死。石虎晚年，统治集团内部矛盾在民族矛盾和阶级矛盾的激荡下十分激烈，政变时有发生，石虎太子石邃和石宣都因政变未遂而被杀。石虎一死，斗争更激烈，短短的七个月便三易其主。在位最短的是石世，仅 33 天，时间最长的石遵也仅 183 天，最后石鉴登上帝位，大权落入石虎养孙大将军冉闵之手。次年初，冉闵杀石鉴，自立为帝，改国号为魏。

---

1 《晋书·苻洪载记》曰受封为关内侯者"二千余人"。此时后赵封赏不可能如此之滥，疑"千"为"十"之误。
2 《资治通鉴》卷96。

冉闵是利用民族矛盾、制造民族仇杀上台的。石虎统治时期，民族矛盾已十分尖锐，冉闵的民族仇杀使中原民族矛盾达到无以复加的地步。后赵的残余势力虽然拥石虎之子石祗称帝于襄国（河北邢台）、但在这种激烈的震荡下，庞大的后赵四分五裂、土崩瓦解了。当时，后赵汝阴王石琨据冀州（治今河北衡水冀州区），抚军将军张沈据滏口（河北临漳），建义将军段勤据黎阳（河南浚县东南），刘国据阳城（河南内黄西北），段龛据陈留（河南开封东），姚弋仲据滠头（河北枣强东北），苻洪据枋头，杨群据桑南（桑干河南）。他们各自拥众数万，互相角逐，联此攻彼，或自立，或称臣于晋，中原又是群雄割据，混战不已。自永嘉之乱以来就有据辽东的前燕，乘机打着晋旗号推进中原，偏安南方的东晋也试图利用这个形势北伐。当时的中原，正如《晋书·石季龙载记附冉闵传》所言："自季龙末年而（冉）闵尽散仓库以树私恩，与羌、胡相攻，无月不战。青、雍、幽、荆州徙户及诸氐、羌、胡、蛮数百余万，各还本土，道路交错，互相杀掠，且饥疫死亡，其能达者，十有二三。诸夏纷乱，无复农者。"在这场大混乱中，首先从营垒中分裂出来称臣东晋，利用东晋的影响捞到最大好处的便是苻洪。

永和五年（349）五月，石虎死后不到两个月，苻洪就在枋头起兵反赵了。苻洪起兵的导火线是石遵罢免苻洪秦、雍都督，雍州刺史的官职，不许他到关中赴任。

当石鉴由河内（河南沁阳）起兵扑向邺城（河北临漳西南）争夺帝位时，恰值姚弋仲、苻洪等镇压了梁犊起义之后东返。他们途中相遇，苻洪等立刻表示："殿下长且贤，先帝亦有意以殿下为嗣。正以末年惛惑，为张豺所误。今女主临朝，奸臣用事，上白（今河北威县境内）相持未下（时乞活军数万与后赵太尉张举相持于上白），京师宿卫空虚。殿下若声张豺之罪，鼓行而讨之，其谁不开门倒戈而迎殿下者！"苻洪本意是想借拥戴之功进一步扩张权势，没有料到，石遵杀了石世，登上皇位，便接受了冉闵的建议："蒲洪，人杰也；今以洪镇关中，臣恐秦、雍之地非国家之有，此虽先帝临终之命，然陛下践阼，自宜改图。"[1]回到关中是苻洪梦寐以求的夙愿，如此结局，难免怒火中烧，苻洪赶回枋头，起兵反赵了。其实，苻洪之所以如此，还有其他原因。

首先，从苻洪对前、后赵时降时叛的经历不难看出，他归附石虎，实出无奈。在梁犊起义的打击下，后赵飘摇欲坠，空虚已极，他的实力则有较大增长。现在内乱又起，无疑是自立的极好时机，苻洪岂能轻易放过。

其次，石虎的统治十分残暴，敲骨吸髓地压榨各族人民，大兴宫室，掳掠民妇，大规模的徭役无休无止，又立私论之条、偶语之律等。苻洪对此大为不满，强硬地对石虎说："臣闻圣主之驭天下也，土阶三尺，茅茨不翦，食不累味，刑措而不用。亡君之驭海内也，倾宫琼榭，象箸玉杯，截胫剖心，脯贤刳孕，故其亡也忽焉。今襄国、邺宫，足康帝宇，长安、洛阳何为者哉？盘于游田，耽于女德，三代之亡恒必由此，而忽为猎车千乘，养兽万里，夺人妻女，十万盈宫。尚书朱轨，纳言大臣，以道路不修，将加酷法，此自陛下政之失和，阴阳灾诊，暴降霖雨七旬，霁方二目，纵有鬼兵百万，尚未

---

1 《资治通鉴》卷98。

及修之，而况人乎！刑政如此，其如史笔何！其如四海何！"[1]苻、石之间在统治政策上有着极大的分歧。很显然，在苻洪的心目中，石虎只是一个残酷的亡国之君。道不同，不相与谋，苻洪绝对不愿成为这个行将覆灭的政权的殉葬品。

最后，苻洪才识不凡，几个儿子大都与他类似。三子苻健"勇果便弓马，好施，善事人"；少子苻雄"善兵书而多谋略，好施下士，便弓马，有政术"。其他几个儿子怎样，史文不明，不敢妄言，但冉闵对他们有一个总的评价："其诸子皆有非常之才。"苻氏父子文武全才，有着笼络人心的家风，大概是时人公认的。随着苻洪实力的增强，石虎的猜忌也与日俱增："季龙虽外礼苻氏，心实忌之。"[2]在石虎周围，想除掉苻洪的人实在不少。深受石虎宠信、野心勃勃的冉闵更是把苻洪看成眼中钉，非除之而后快，早在咸康四年（338）就建议石虎："蒲洪雄俊，得将士死力，诸子皆有非常之才，且握强兵五万，屯据近畿，宜密除之，以安社稷。"[3]极受石虎崇敬的大和尚佛图澄也说"苻氏有王气"，劝石虎早日除之。《晋书·苻洪载记》及《资治通鉴》卷96说石虎听了这些话后，对苻洪"愈厚"。其实这仅是石虎的伪装，《太平御览》卷121引《十六国春秋·前秦录》的记载比较贴近实际："虎阴欲杀之！"之所以没有下手，原因有二：一是"惮其强"。二是在民族矛盾尖锐激烈的情况下，后赵军事力量主要由少数民族组成。少数民族豪酋的向背，与后赵的存亡休戚相关，处置不慎，不仅氐族难以控

---

1 《晋书》卷106《石季龙载记》。
2 《晋书》卷112《苻健载记》及附《苻雄传》。
3 《资治通鉴》卷96。

制，还会激起其他少数民族豪酋的连锁反应，前赵就不乏这类实例。

石虎的心态，苻洪早就有所察觉，为免意外，他往往"称疾不朝"[1]，不过几个儿子仍相继为石虎所暗害。三子苻健是因为"善事人"，博得石虎父子的欢心，才被作为人质留居邺城。少子苻雄则因为年幼，才保住了性命。苻洪的死对头冉闵在石虎死后扶摇直上，位居辅政，拥有都督中外诸军事、辅国大将军、录尚书事等头衔，手操生杀大权，早晚要拿苻洪开刀。既然如此，苻洪岂能不反。

苻洪起兵，无疑是对后赵的一大威胁。但石虎诸子忙于争夺帝位，无暇外顾。当石鉴登位后，立刻发布苻洪为关中都督、征西将军、雍州牧，想利用苻洪贪恋关中的心理，促使苻洪离开枋头，除掉这个心腹之患。但此时苻洪对关中已不感兴趣，只想利用后赵内乱争王争帝。因此，当其主簿程朴提出"与赵连和，如列国分境而治"的建议时，苻洪勃然大怒："吾不堪为天子邪，而云列国乎！"[2]斩杀了程朴。可是善于揆度形势的苻洪并没有贸然称帝，而是遣使东晋，讨得了东晋给予的氐王、使持节、征西大将军、冀州刺史、广川郡公等一大堆头衔。之所以如此，是与下述情况密不可分的。

其一，在民族矛盾极端尖锐的情况下，汉族人民的反抗相当强烈。后赵末年，连僧侣胡进也感叹"胡运将衰，晋当复兴"[3]了。所谓"晋当复兴"，并非指东晋真能一统天下，

---

1 《太平御览》卷121引《十六国春秋·前秦录》。
2 《资治通鉴》卷98。
3 《晋书》卷107《石季龙载记》。

它仅是表明人心思晋的情绪炽烈而已。一些野心家都想利用各族人民,特别是汉族人民的这种情绪扩张实力,甚至连冉闵也想利用东晋的政治影响。精于打算的苻洪岂能不知个中利弊。苻洪的枋头旧部虽以氐人为主,却是一个戎晋混合集团。在实力尚欠时,只有在某种程度上顺应本集团中汉人的心态,才能裹胁他们共同反赵。

其二,在梁犊起义的打击和内乱的冲击下,后赵衰弱下去了,但其残余势力仍不可小视。当时能置后赵及冉闵于死地的是东晋和前燕。东晋方面发布殷浩为扬州刺史,中军将军,假节,都督扬、豫、徐、兖、青五州诸军事,摆出北伐的架势;前燕则打着东晋的旗号筹措由辽东推进河北。晋军真的出动,枋头是扑向邺城的必由之路。若苻洪自立,势必成为东晋和后赵残余势力夹击的对象,陷入腹背受敌的窘境。接受东晋的封号,既能解除来自东晋的威胁,集中力量对付后赵,又能利用晋的政治影响,名正言顺地蛊惑汉族人民,扩张实力。一箭双雕,苻洪何乐而不为。

苻洪此举果有成效。被后赵掳掠到司、冀二州的数百万各族人民,纷纷向故土回奔。枋头是秦雍人民西归的通道,苻洪又有晋旗帜作为号召,实力迅速扩大到十万人左右。此时,后赵石苞的部将麻秋在冉闵的命令下统部支援邺城,途经枋头,投降了苻洪,苻洪的实力又有所增强。[1]

苻洪想打回关中,姚弋仲也想打回关中。姚弋仲是一个以

---

[1] 《晋书·石季龙载记》曰:"麻秋率众奔于苻洪。"《苻洪载记》则曰:"冉闵之乱,秋归邺,洪使子雄击而获之,以秋为军师将军。"两说何者为是,不可考辩。这里是据苻洪甚信任麻秋做出的推论。

"英毅"著称，"唯以收恤为务，众皆畏而亲之"[1]的很有才干的羌族豪酋，实力与苻洪不相上下。他也知道称臣于晋利多弊少，可是苻洪已捷足先登，他若效尤，再出兵攻打，便师出无名，于是干脆以后赵忠臣自居，企图在歼灭苻洪后再作打算。[2]永和六年（350）正月，姚弋仲命其子姚襄统众五万扑击苻洪，双方鏖战的结局是姚襄大败，三万余众被击杀。

苻洪早有称王称帝之心。他在西征梁犊时，司马、号称"博学有雄才，明天文图谶"的京兆霸城人王堕就建议："谶言苻氏应王，公其人也。"[3]所谓谶言，指的是当时流传甚广的"艸付应王"。苻洪对王堕的建议"深然之"。击败姚襄，姚弋仲实力大伤，后赵残余势力中战斗力最强的一支已被摧垮，其余各支便不在话下，苻洪飘飘然了，认为"中州可指时而定"，对博士胡文说："孤率众十万，居形胜之地，冉闵、慕容儁可指辰而殄，姚襄父子克之在吾数中，孤取天下，有易于汉祖。"枋头旧部为了争当佐命元勋，纷纷劝进："今胡运已终，中原丧乱，明公神武自天，必继踪周、汉，宜称尊号，以副四海之望。"[4]苻洪乃自称大都督、大将军、大单于、三秦王，宣布改姓氏为"苻"，以应天命。他以南安羌酋雷弱儿为辅国将军，安定梁楞为前将军领左司马，天水赵俱、陇西牛夷、北地辛牢为从事中郎，氐酋毛贵为单于辅相，抛开了西进的打算，决心在中原建立政权了。

麻秋是一个颇具野心的军阀，自诩"用兵于五都之间，

1 《晋书》卷116《姚弋仲载记》。
2 姚弋仲对姚襄曰："我死，汝便归晋。"可见姚弋仲早有称臣于晋的打算。
3 《晋书》卷112《苻洪载记》附《王堕传》。
4 《太平御览》卷121引《十六国春秋·前秦录》。

攻城略地，往无不捷"[1]。他之所以归顺苻洪，不过是伺隙夺取这支军队的权宜之计。苻洪称王后，进展并不顺利，麻秋抓住时机进言："冉闵、石祗方相持，中原之乱未可平也。不如先取关中，基业已固，然后东争天下，谁敢敌之。"[2]此话颇有道理，当时苻洪强敌环伺，或分或合，个个欲置他于死地。没有牢固的后方，要想消灭他们谈何容易。一语惊醒梦中人，苻洪对麻秋信任有加，亲赴麻秋营帐宴饮。这年三月，也就是苻洪称三秦王不到两个月的时候，被麻秋酒中下毒杀害，终年66岁。临死前，遗言苻健："所以未入关者，言中州可指时而定。今见困竖子，中原非汝兄弟所能办。关中形胜，吾亡后，便可鼓行而西。"苻健在关中立国后，追尊苻洪为惠武帝，庙号太祖。

第二节　前秦建国

一、苻健开国

苻健，字建业。生于东晋元帝建武元年（317），死于前秦皇始五年（355）。健本名羆，初字世健，因避石虎外祖父张羆之讳，遂改名健，改字建业。在后赵，他历任翼军校尉、镇军将军，实际上是作为人质留居邺城（河北临漳西南）的。苻洪于枋头（河南浚县西南）起兵，他斩关夺路，奔归枋头。苻洪归晋，东晋亦发布苻健为假节、右将军、监河北征讨前

1　《晋书》卷86《张重华传》。
2　《资治通鉴》卷98。

锋诸军事、襄国公。苻健是苻洪幸存诸子中最年长者。苻洪死后，苻健成了理所当然的继承人。他击杀麻秋，遵照苻洪遗言，积极筹措入关。

后赵末年，关中形势瞬息万变，十分复杂。

石虎死时，关中是其子乐平王石苞的天下。石虎诸子为争夺帝位纷争不已，石苞亦想染指，计划统军东下邺城。不料行事欠妥，消息外流，关中人民闻讯，纷纷暗结东晋梁州刺史司马勋，要他乘机收复关中。司马勋闻风而动，连破赵军，推进到距长安只有二百来里的悬钩，命将军刘焕为前锋，直趋长安，"于是关中皆杀季龙太守令长以应勋"[1]。石苞只得暂时收起东归的打算，部署反击。其实司马勋是个胆小鬼，他的进攻完全是虚张声势，得知石苞反击，便在悬钩观望不前。此时石遵刚登上皇位，正想控制石苞，消灭竞争对手，便以此为借口，命车骑将军王朗统精骑两万入关，劫持石苞，押送邺城。司马勋误认为王朗是冲他而来的，立刻兵退梁州，于是关中落入王朗之手。永和六年（350），王朗奉冉闵之命，开赴洛阳。王朗司马杜洪留镇长安。

杜洪早有自立之意，王朗一撤，他便自称晋征北将军、雍州刺史，以冯翊、张琚为司马。杜氏自魏晋以来就是关中的名门大族，有相当大的影响，张琚又以"勇侠"知名。他们占领关中政治中心长安，又用东晋的名义相号召，一时间"戎夏多归之"[2]，一跃成为关中地区"因赵之成资，据天阻之固，策三秦之锐，藉陆海之饶"[3]的割据势力，成了苻健入关的障碍。

---

1 《晋书》卷37《济南王遂附曾孙勋传》。
2 《晋书》卷112《苻健载记》，本节所引史料，凡不注出处者，皆出于此。
3 《晋书》卷112《苻生载记》。

苻健是一个很有头脑、富于谋略的氏族首领，为确保入关的成功，进行了周密的部署。首先，苻健深知，他若入关，必能得到关中氐、羌的支持，但汉族人民的向背难以预料。此时此刻，人心思晋，关中亦无例外。只有利用晋的名义，才能号召各族人民，减少入关的阻力。为此，他"去大都督、大将军、三秦王之号，称晋官爵，遣其叔父（苻）安来告丧，且请朝命"[1]。此举关键是"且请朝命"，用意在于揭露杜洪是一个冒牌货，只有他才是东晋正式授命的地方军政大员，从而在政治上完全压倒杜洪。其次，冉闵杀死石鉴称帝于邺后，后赵残余势力姚弋仲、石琨、张贺度等又支持石祗称帝于襄国，"六夷据州郡拥兵者皆应之"[2]，势力仍然很大。为了笼络苻健，石祗发布苻健为都督河南诸军事、镇南大将军、开府仪同三司、兖州牧、略阳郡公。苻健欣然接受，"伪受石祗官"，以石祗所授名义任命赵俱为河内太守，戍温（河南温县）；牛夷为安集将军，戍怀（河南武陟西北），负责招集流民事宜，并且下令"缮宫室于枋头，课所部种麦"，"有知而不种者，健杀之以徇"。对于后者，苻健用心甚深，可谓大张旗鼓。此举用意有三：借此缓解后赵残余势力的挤迫。借助后赵残余势力牵制冉闵，使冉闵不敢贸然进攻，从而争取时间，从容部署入关。表明自己无入关之意，麻痹杜洪，以便突然袭击关中。

永和六年（350）八月，苻健准备就绪，发布武威贾玄硕为左长史，略阳梁安为右长史，段纯为左司马，辛牢为右

---

1 《资治通鉴》卷93。
2 《晋书》卷107《石季龙载记》附《冉闵传》。

司马，京兆王鱼、安定程肱、胡文等为军谘祭酒，自称晋征西大将军、都督关中诸军事、雍州刺史，倾巢出动，鼓行而西。苻健以鱼遵为先锋，先期到达孟津（河南孟津东北），在黄河上搭起浮桥。全军安然渡过黄河后，苻健便兵分两路：偏师七千由其兄子扬武将军苻菁统领，自轵关（河南济源西北）打向河东，沿轵道进逼关中；一路由其弟苻雄为先锋，领兵五千，直扣潼关，自率主力，继苻雄推进。

苻健此行，矢志必得。他破釜沉舟，大军一渡河，即刻焚毁河桥，悲壮地激励苻菁："事若不捷，汝死河北，我死河南，不及黄泉，无相见也！"

杜洪闻讯，即以张先为征虏将军，率众一万三千奔赴潼关。两军激战于潼关北面，张先兵败，退还长安，关中门户大开。

苻健夺取潼关后，遣使修笺，携带名马珍宝，向杜洪表示，此行是为劝进而来。杜洪岂能再次上当，"币重言甘，诱我也"，尽发关中之众拒敌，"劲士风集，骁骑如云"[1]。

面对如此强敌，能否取胜，苻健亦颇犹豫。他寄希望于上苍的保佑，战前搞了一次占卜，得到的是"遇泰之临"。这是一个吉兆，苻健胆气大壮，对众宣布："小往大来，吉亨。昔往东而小，今还西而大，吉孰大焉，诸君知不？此则汉祖屠秦之机也。"[2] 士气也被激励起来了，苻健挥军进击，杜洪大败，退据长安，内部发生了分裂，其弟杜郁率部投降了苻健。

苻健为求稳扎稳打，没有直接对长安发动攻击，先遣苻

---

1 《晋书》卷112《苻生载记》。
2 《魏书》卷95《苻健传》。

雄略定渭北，屯据高陵（今属陕西）的氐酋毛受、好畤（陕西乾县东）的徐磋、黄白（陕西三原北）的羌酋白犊等纷纷斩杀杜洪使节，起兵响应。渭北阴槃（陕西临潼北）一战，生擒杜洪大将张先。苻菁、鱼遵一路也相当顺利，"所至无不降者"。三辅尽数为苻健所有，长安成了孤城。杜洪、张琚估计不敌，弃城逃奔司竹（陕西周至东南），关中首府终于为苻健所有。为表示效忠晋室，苻健遣使报捷东晋，修好东晋征西大将军、荆州都督桓温，收得"秦、雍夷夏皆附之"[1]的效果。这年十二月，苻雄又兵出上邽（甘肃天水），斩杀后赵凉州刺史石宁。

关陇已经在手，称臣于晋的目的已达到，再无利用的必要。永和七年（351）正月，在属下的拥戴下，苻健南面称尊，自立为天王、大单于，建国号为"大秦"，年号为皇始，奠都长安。[2]为区别历史上其他以"秦"为号的朝代和政权，史称"前秦"。苻健立妻强氏为天王后，子苌为太子，余子皆封为公；"以苻雄为都督中外诸军事、丞相、领车骑大将军、雍州牧、东海公；苻菁为卫大将军、平昌公，宿卫二宫；雷弱儿为太尉，毛贵为司空，略阳姜伯周为尚书令，梁楞为左仆射，王堕为右仆射，鱼遵为太子太师，强平为太傅，段纯为太保，吕婆楼为散骑常侍"[3]。在这一张名单中，氐羌豪酋，特别是氐族豪酋占有绝对的优势。苻雄等并不满足于公的封号，更反对苻健模仿后赵称天王的做法，一再建议应该称皇帝。皇始二年（352）正月，苻健又在太极殿举

---

1 《资治通鉴》卷98。

2 自此始，本书一律采前秦年号纪年。

3 《资治通鉴》卷99。

行了称帝大典。为了表示皇帝是一统天下之主，大单于只是统帅百蛮之主，苻健把大单于的称号让给了太子苻苌。

前秦建国了，在其影响下，后赵残余势力中盘踞并州的张平、荥阳（河南荥阳东北）的高昌和李历、许昌（河南许昌东）的张遇等相继归附。前秦的势力拓展到了并州和河南的许、洛之间，但苻健在关陇的政局却不甚稳定。

杜洪和张琚退避司竹后，便向晋梁州刺史司马勋求救。皇始元年（351）四月，司马勋乘苻健立足未稳之机，提兵三万，扑向秦川，擒杀前秦尚书赵琨。

司马勋来势汹汹，苻健被迫御驾亲征，驻扎五丈原（陕西眉县西南斜谷口西侧），屡次摧败司马勋，迫使司马勋退还汉中。

司马勋一退，杜洪、张琚势孤力单，退屯宜秋（陕西泾阳境内）。皇始二年（352）正月，张琚击杀杜洪，自称秦王，建元建昌，署置百官。苻健乘其内讧，提兵两万，一举消灭了这个心腹之患。但不久，前凉将军张弘和宋修会同王擢，统步骑一万五千，杀向了前秦西境。苻雄和苻菁被迫统军抵御。

王擢本是后赵西中郎将，屯驻秦陇，后赵末年投降东晋，盘踞陇西郡（郡治今甘肃临洮西南）。皇始二年（352）王擢被苻雄击败后投奔了前凉的张重华，被张重华任为征虏将军、秦州刺史，专门用来袭扰前秦。龙黎一战，苻雄生俘张弘和宋修，王擢逃归姑臧（甘肃武威）。是年五月，他又统领两万步骑扑向上邽（甘肃天水），前秦陇右郡县大都响应，秦州刺史苻愿兵败，退回长安。苻雄、苻菁只好统兵四万驻防陇西。双方尚未交手，一场更大的祸乱却因苻健对

张遇的处置不慎在长安周围爆发了，苻雄匆匆回师。

张遇本是后赵豫州刺史，后赵末年称臣东晋，实质上是割据许、洛的一个军阀。皇始元年（351），东晋殷浩和谢尚北伐，张遇眼看难以维持割据，背晋降秦，被苻健拜为征东大将军、豫州牧。皇始二年（352），谢尚兵进许、洛，张遇告急长安，苻雄、苻菁统兵两万驰救，乘机略地关东。许昌附近诚桥一战，晋兵损折一万五千有余，退向淮南。苻雄等估计许、洛一带难以巩固，张遇又桀骜难驯，乃迁张遇和河南五万余户于关中。给了张遇一个司空的名号。张遇后母韩氏相当娇美，苻健一见，心动难止，收为昭仪，并"每于众中谓遇曰：卿，吾子也"。张遇本来是想仰仗前秦维持半独立的状态，没想到有此下场，便在次年暗中结纳黄门侍郎刘晃和关中豪杰，商定在夜晚由刘晃打开宫门，张遇率领亲信突进，一举诛杀苻氏，假借东晋的名义割据关中。事有凑巧，就在他们密定举事的那天，刘晃被苻健支出公干，张遇扑空，事发被杀，与张遇勾结的关中豪强见事已暴露，干脆举兵，硬干一场。一时间，孔特据池阳（陕西三原西）、刘珍和夏侯显据鄠（陕西西安鄠邑区）、乔景（《资治通鉴》卷99作"乔秉"）据雍城（陕西凤翔西）、胡阳赤据司竹、呼延毒据霸城（陕西西安东），拥众数万，遣使东晋，向桓温和殷浩呼救，把苻健闹了个手忙脚乱。

这年十一月，苻雄镇压了池阳的孔特。十二月，苻法斩杀鄠县的刘珍和夏侯显。次年初，胡阳赤兵败后投奔了呼延毒，坚守霸城，等待东晋的援兵。此事尚未了结，危及前秦生存的战事又扑过来了，这就是东晋桓温的北伐。

二、苻健击退桓温

桓温，谯国龙亢（安徽怀远西龙亢集）人，性格豪爽，慷慨有志，体态魁伟，民族意识强烈。他的才干在东晋权贵中数一数二，此时任征西大将军、开府仪同三司、荆司雍益梁宁六州都督、荆州刺史。永和三年（347），他曾溯江而上，一举击灭了割据益州四十六年的成汉政权。后赵末年，北方大乱，他数次奏请北伐。东晋权贵害怕桓温功高难制，千方百计予以阻拦，把北伐大权交给了外戚褚裒和书生殷浩。褚裒才短智浅，胆小如鼠，永和五年（349）代陂一战，丧师两万，狼狈退据广陵（江苏扬州）。殷浩是一个热衷于吹枯嘘生的玄学名士，既乏政治才干，又无实战经验，只会搞些挑拨离间、行刺暗杀之类的小动作，结果众叛亲离，前锋倒戈，落得仓皇逃窜的下场。桓温乘机上奏弹劾，列数殷浩罪状，东晋被迫罢黜殷浩，把经略司州的任务即北伐的重任交给了桓温。[1] 就在这一年，关中爆发了孔特、刘珍等人的祸乱，对桓温来说，这无疑是千载难逢的良机。皇始四年（354）二月，桓温总兵四万，杀奔关中。

桓温自江陵出发，水陆齐进。水军在襄阳入均口（湖北光化），在淅川（河南淅川县均水）与其步兵会合，循陆路急行一百七十里，仅在是年三月，就扣开了通向关中的门户武关（陕西丹凤东南），随即又分偏师袭击上洛（郡治今陕西商洛市商州区），擒获前秦荆州刺史郭敬。主力则由桓温亲领，直趋青泥城（陕西蓝田东南，前秦蓝田县治），命其

1　参见王仲荦《魏晋南北朝史》，上海人民出版社，1979。

将顺阳太守薛珍统部急攻，一举摧垮前秦守军，夺下青泥。

桓温出动，考虑相当周详。当他在江陵调兵时，便下令司马勋兵出汉中，又遣使前凉，希望张重华出兵配合。

司马勋受命而动，兵出汉中，沿子午道推进，屯驻子午谷口（位于杜陵，今陕西西安东南），距长安仅一百余里。

张重华不愿关陇有强敌存在，自前秦建立后，就视前秦为眼中钉，不断袭扰，并遣使东晋："长安膏腴，宜速平荡。臣守任西荒，山川悠远，大誓六军，不及听受之末；猛将鹰扬，不豫告成之次。瞻云望日，孤愤义伤，弹剑慷慨，中情蕴结。"[1] 现在桓温兵进关中，他当然乐意配合。王擢率部再出，进攻陈仓（陕西宝鸡东），和桓温遥相呼应。

前秦三面受敌，形势十分危急。

这三支来军中，桓温显然是魁首，也是最大的威胁，阻止或击垮桓温，其余两路便可迎刃而解。所以，苻健暂时撇下司马勋和王擢，尽锐而出，由丞相苻雄统太子苻苌、淮南王苻生、平昌王苻菁和北平王苻硕等五万兵马，布防峣关（青泥城北七里），阻击晋军。四月，双方激战于峣关，苻生单骑突阵，来回冲杀，击斩应诞、刘泓等晋将十余人，晋军伤亡以千数。桓温有备而来，亲自督战，志在必得，终于压住了苻生的气焰。秦军不支，后撤白鹿原（青泥城西六里）。桓温弟桓冲紧追不舍，双方又激战于白鹿原。

桓温这次北伐，秦晋双方在白鹿原有两次激战。第一次是在挺进长安时，第二次在撤离关中时。第一次是苻雄和桓冲交战，第二次则发生在苻雄和桓温之间。有关第二次

---

1 《晋书》卷86《张重华传》。

战局，诸史记载一致：苻雄胜。有关第一次战局，《晋书》各传记载甚多抵牾。《晋书·桓温传》曰："（苻）雄又与将军桓冲战于白鹿原，又为冲所破。"《资治通鉴》卷99与此同："将军桓冲又败秦丞相雄于白鹿原。"但《晋书·苻健载记》与此截然相反："健别使雄领骑七千，与桓冲战于白鹿原，王师败绩，又破司马勋于子午谷。"《晋书·桓石虔传》则曰："从温入关。冲为苻健所围，垂没，石虔跃马赴之，拔冲于数万之众而还，莫敢抗者。"这里前秦方面的兵力显然被夸大了，但可以看到，桓冲在白鹿原陷入了秦军包围之中，幸赖骁勇善战的桓石虔救援，才幸免于难。因此这一次白鹿原之战，应以《晋书·苻健载记》为准。

白鹿原之战虽没有重创晋军，却暂时阻遏了桓温的攻势。苻健抓住时机，调整了部署：苻苌退屯长安城南；苻健亲率老弱病残六千坚守长安小城，深沟高垒，作持久计；精兵三万划归雷弱儿等指挥，作为游军，配合苻苌，不断袭扰桓温，延缓晋军推进长安的速度。精骑七千则在苻雄的指挥下突袭子谷口。司马勋大败，退避女娲堡，长安南面的威胁解除。但桓温还是节节推进，屯驻距长安只有二十里左右的灞上。

桓温这次进兵，所带粮草不多。他估计，进入关中恰值麦收时节，可"取以为军资"[1]。不料苻健老谋深算，内乱未平，又闻桓温整军杀来，先期"收麦清野以待之"。一旦桓温野无所掠，粮运不济，必然军心瓦解，不堪一击。桓温恰恰坠入苻健算计之中。

---

1 《晋书》卷98《桓温传》。

就桓温来说，本来是力求速战速决，谁知他推进灞上后反而犹豫起来。部将薛珍建议渡过灞水，直捣长安，桓温拒绝了。薛珍"以偏师独济，颇有所获"[1]，依然打消不了桓温的疑虑。

从军事上来看，桓温的犹豫也许有一定的道理。因为双方虽激战过数次，但桓温并没有消灭对方的主力，连重创都谈不上。前秦仍然游刃有余，既有力量阻击桓温主力，又可腾出手来南击司马勋。苻雄所部，忽来忽去，战斗力相当强。何况前秦占有地利之便，以逸待劳。晋军长途奔袭，连续作战，甚为疲惫，需要休整。此时河北、河南已为敌国前燕所得，桓温是孤军深入。冒险渡过灞水，万一有所闪失，后果不堪设想。但造成桓温犹豫不决的根本原因还是他这次进兵的目的和东晋统治集团的内部矛盾。

东晋自建国起就苟于偏安，无心北伐。当朝权贵把维持皇族和各大士族以及各大士族彼此间的势力平衡作为基本国策。他们害怕北伐会打破这种平衡，因而不是反对，就是掣肘或破坏。东晋初年的历次北伐大都以失败告终，祖逖的北伐被迫在大好形势面前终止，就是这一国策的产物。桓温之所以能坐镇荆州，也是皇室和各大士族间矛盾冲突的结果。在桓温出任荆州前，荆州本是颖川庾氏的天下，庾翼一死，以琅邪王氏为首的其他大士族为了阻遏庾氏，才商定以桓温为荆州刺史。不料桓温的野心极大，以"既不能流芳后世，不足复遗臭万载邪"作为自己的座右铭，一到荆州，就把荆州划作自己的势力范围，与东晋朝廷的关系搞得极僵："虽有君臣之迹，亦相羁縻而已，八州士众资调，殆不为国

1 《资治通鉴》卷99。

家用。"他行事自专，往往是"拜表便行"[1]，根本就不待朝廷批准。他力主北伐，目的是借此立功立德，提高自己的声望，以便取晋而代之。所以东晋权贵们不愿把北伐的大权交给他。随着褚裒和殷浩北伐的失败，权贵们更不愿进行北伐了。划江自守的声浪高唱入云："今军破于外，资竭于内，保淮之志，非复所及，莫过还保长江……"[2] 他们当然更不愿意桓温在北伐中获胜。此等情状，桓温岂能不知。他远离汛地，万一有失，变生肘腋，就很可能会后退无路，怎能不瞻前顾后、虑之再三呢。

从政治上来说，桓温的犹豫不决应该说是最大的失策。关中人民对东晋可谓一往情深，桓温屡战有胜，和关中人民的支持密不可分，"持牛酒迎温于路者十八九，耆老感泣曰：'不图今日复见官军！'"[3] 晋军屯驻灞上，霸城的呼延毒和胡阳赤率万余人投奔而来，"三辅郡县多降于温"。日后在前秦历史上占有重要地位的王猛，也"被褐而诣之"[4]。桓温迟迟不渡灞水，冷了关中父老的心。桓温有无决心击灭前秦？关中人民必须考虑。万一桓温掉头而去，积极支持者必将遭到酷烈的报复。久经战乱的关中人民对此深有体察，他们由支持转向观望了。

时日迁延，晋军粮草行将告罄，桓温焦虑万分，探询王猛的意见："吾奉天子之命，率锐师十万，仗义讨逆，为百姓除残贼，而三秦豪杰未有至者何也？"王猛回答："公

---

1 《晋书》卷98《桓温传》。
2 《晋书》卷80《王羲之传》。
3 《晋书》卷98《桓温传》。
4 《晋书》卷114《苻坚载记下》附《王猛传》。

不远数千里，深入寇境，长安咫尺而不渡灞水，百姓未见
公心故也，所以不至。"[1]此话可谓剔肉见骨，既触及了桓温
的隐私，又道出了关中人民的心态。

时至六月，桓温再也支持不住了，为求万全，挥军后撤。
苻雄衔尾紧追，比及潼关，九战九捷。桓温损兵一万有余，狼
狈退回荆州。所得成果，只是裹胁到了三千余户人民而已。前
秦方面损失较小，只有太子苻苌为流矢所中，身负重伤。

晋军一退，苻健全力对付司马勋和王擢。在苻雄的追击
下，司马勋败窜汉中，王擢退避略阳（甘肃秦安东南）。接
着，苻雄移兵雍城（陕西凤翔西），镇压在皇始三年（353）
七月起事的乔景。苻雄这位在前秦建国及东征西讨中立有殊
勋的丞相和统帅、苻健的左右手，在军中一病不起，死于前
线。苻健为之哀痛欲绝，痛哭呕血曰："天不欲吾定四海邪，
何夺元才（苻雄字）之速也。"直到八月，苻苌才镇压了乔
景，关中暴乱全部平息。不过这年十月，苻苌也因伤势复发
而死。

张重华虽屡遣王擢袭扰前秦，对王擢却戒心重重，特别害
怕王擢反戈。在派人暗杀王擢失败后，干脆兴师问罪。王擢兵
败，投降前秦。苻健以啖铁为秦州刺史，秦州又为前秦所得。

初建的前秦终于度过了一场大危机。

前秦之所以能逐步稳定下来，除了战略运用得当，有苻
雄这样颇具才干的人才外，更与苻健入关后的各项措施有关。

苻健是一个颇有作为的统治者。如果说入关头一年局面
稍稳是天公作美的话（"是年野蚕成茧，野禾被原，百姓采

---

1 《晋书》卷114《苻坚载记下》附《王猛传》。

野茧而衣，收野粟而食，关西家给人足"[1]），其后的屡摧强敌、平定内乱，则完全是他施政的结果。《资治通鉴》卷99载：苻健一入关便"分遣使者问民疾苦，搜罗俊异，宽重敛之税，弛离宫之禁，罢无用之器，去侈靡之服，凡赵之苛政不便于民者，皆除之"。苻健善于纳谏，对搜罗人才、保持较为清明的政治十分关切。皇始三年（353）十月，他特意下诏："其令公卿已下岁举贤良方正、孝廉、清才、多略、博学、秀才、异行各一人；或献书规谏，或面陈朕过，其速以闻，勿俱（拘）贵贱。"[2] 初建的前秦呈现出人才济济的景象。《晋书·苻生载记》有一张前秦官员名单，除宗室外，大都是苻健从枋头旧部中提拔或入关后延请来的："其耆年硕德，德侔尚父者，则太师、录尚书事、广宁公鱼遵；其清素刚严，骨鲠贞亮，则左光禄大夫强平，金紫光禄程肱、牛夷；博闻强识、探赜索幽，则中书监胡文，中书令王鱼，黄门侍郎李柔；雄毅厚重，权智元方，则左卫将军李威，右卫将军苻雅；才识明达，令行禁止，则特进、领御史中丞梁平老，特进、光禄大夫强汪，侍中、尚书吕婆楼；文史富赡，郁为文宗，则尚书右仆射董荣，秘书监王飐，著作郎梁谠；骁勇多权略，攻必取，战必胜，关张之流，万人之敌者，则前将军、新兴王飞，建节将军邓羌，立忠将军彭越，安远将军范俱难，建武将军徐盛；常伯纳言，卿校牧守，则人皆文武，莫非才贤……济济多士，焉可罄言！"这一名单中，相当一部分后来成为苻坚治秦及统一北方的得力助手。苻健统

---

1 《太平御览》卷121引《十六国春秋·前秦录》。
2 《太平御览》卷121引《十六国春秋·前秦录》。

治时，吏治是较为清明的。

对于恢复经济，安定民生，苻健尤为注意。他倡导节俭，减轻人民负担，遇有灾荒，就"蠲百姓租税"。自己"减膳彻悬，素服避正殿"，表达了愿与百姓共度灾荒的意愿。前秦初建，百废待兴，军国开支巨大。与前、后赵肆意掠夺和征发百姓不同，苻健不搞大规模的宫殿建筑，减轻赋役，力图通过边境贸易来增加收入。皇始三年（353），苻菁攻占上洛（郡治今陕西商洛市商州区），苻健利用其位处秦晋交界、有丹水和洛河之便的区位优势，在丰阳（陕西山阳）设置荆州，以步兵校尉金城郭敬为刺史，专门"引南金奇货、弓竿漆蜡，通关市，来远商"。不久又在长安平朔门设置来宾馆"以怀远人"，效果极佳，"于是国用充足，而异贿盈积矣"。

封建时代，自给自足的自然经济占主导地位是没有疑义的，但这绝不是说各地之间没有经济往来。秦汉统一国家的出现，固然得益于专制主义中央集权的政体，但纽带和基础却是各地经济联系的日益加强。东汉中叶以来，自然经济色彩更为浓郁，但各地经济的联系仍是各地区经济发展和各割据政权赖以自存不可或缺的条件。三国时，蜀汉急需南中的军用物资，仰仗蜀锦与魏、吴进行过境贸易，解决军国开支，是众所周知的。即使在魏、吴之间，边境贸易也相当频繁，并不因政权敌对而中止："初，吴之未平也，（周）俊在弋阳，南北为互市，而诸将多相袭夺以为功。"弋阳如此，沔中也不例外，蔡珪给其弟蔡敏的信曰："闻疆场之上，往往有袭夺互市，甚不可行，弟慎无为小利而忘大备也。"[1] 乃至西晋时吴方

---

1 《晋书》卷61《周俊传》。

主将陆抗和晋方主将羊祜也只好在"增修德信""怀柔初附"的幌子下，听凭"二境交和"及"使命交通"[1]。十六国时期亦无例外，连远在河西走廊的前凉，也利用朝贡的名义，保持与中原和东晋的经济往来。较为明智的人士则利用互市筹措军国开支，祖逖就曾这样做过。《晋书·祖逖传》曰："石勒……求通使互市。逖不报书，而听互市，收利十倍，于是公私丰赡，士马日滋。"苻健走的也是这样的道路，而且政策要宽得多，不但互市，还鼓励商人的往来。他这样做，显然与氐族有"贪货死利"的传统、深知商业的重要性有关。自战国以来，封建政论家及政治家大都提倡重农抑商，并且两汉以此作为经济领域中的基本国策。作为一国之君的苻健，能突破这个传统的藩篱，把"通关市，来远商"作为恢复关中经济、解决军国所需的重要国策，应该说是非常高明的。在这一点上，一代名主苻坚亦颇为不如。

饱经后赵剥掠之苦的关中人民遇上这样的政策，当然会感触良深。他们在民族意识的支配下，对东晋一往情深，回到现实，又不难做出比较。《晋书·苻健载记》收录了这样一段神话："新平有长人见，语百姓张靖曰：'苻氏应天受命，今当太平，外面者归中而安泰。'问姓名，弗答，俄而不见。新平令以闻，健以为妖，下靖狱。会大雨霖，河、渭溢，蒲津监寇登得一履于河，长七尺三寸，人迹称之，指长尺余，文深一寸。健叹曰：'覆载之中何所不有，张靖所见定不虚也。'赦之。"所谓长人之类，显然荒唐虚诞，但关中人民在苻健的统治下看到了"太平""安泰"，又是显而易见的。桓温发出

---

1 《三国志·吴志》卷 13《陆抗传》；《晋书》卷 34《羊祜传》。

"三秦豪杰未有至者"的感叹，看来是有其深刻根源的。

　　击退桓温以后，苻健又与关陇"百姓约法三章，薄赋卑宫，垂心政事，优礼耆老，修尚儒学"，进一步整治关陇。在苻健的治理下，"关右称来苏焉"。就在前秦蒸蒸日上、生机盎然的时候，皇始五年（355）六月，苻健病死于太极前殿，终年 39 岁[1]。其子苻生即位，谥苻健为明皇帝，庙号世宗，后改为高祖。

第三节　苻生的统治

一、击灭姚襄

　　苻生，字长生，苻健第三子，生于东晋成帝咸和六年（331），死于前秦寿光三年（357），生下来就只有一只眼睛，长大以后"力举千钧，雄勇好杀，手格猛兽，走及奔马，击刺骑射，冠绝一时"[2]。这位勇冠三军的猛将，在击退桓温的进攻中立有殊勋。鉴于生理缺陷，不为其母所爱。苻丧死后，其母强氏主张立少子晋王苻柳为太子，苻健以"谶言三羊五眼应符"，遂立为太子。健死，生即位，改元寿光（355）。以母强氏为皇太后，妻梁氏为皇后，吕婆楼为侍中、左大将军，苻安为太尉，苻柳为征东大将军，苻廋为镇东大将军。擢升婺宠太子门大夫赵韶为右仆射，太子舍人赵诲为

<hr />

1 《太平御览》卷 121 引《十六国春秋·前秦录》认为是 49 岁。若此说可信，苻健应生于西晋怀帝永嘉元年（307），惜无佐证，故其生年从《晋书》。
2 《晋书》卷 112《苻生载记》，本节引文凡不注出处者，皆出此卷。

中护军，著作郎董荣为尚书。往日与他交好的卫大将军苻黄
眉晋封广平王，前将军苻飞为新兴王。

寿光二年（356）二月，苻生遣使者阎负和梁殊到前凉，
经过一场舌战，迫使凉王张玄靓称藩，封张玄靓为大都督、
大将军、校尉、凉州牧、西平公。

寿光三年（357），苻氏的死对头、羌酋姚襄统五万余
户杀进关中，前秦又面临了一次外来的威胁。

姚襄是姚弋仲的第五子，史称他"雄武多才艺，明察
善抚纳，士众爱敬之"，"少有高名，雄武冠世，好学博通，
雅善谈论，英济之称著于南夏"。其长史王亮吹嘘姚襄"英
略盖天下"[1]，其父姚弋仲则认为他才略"十倍于（冉）闵"[2]。
其实，这都是夸大其词，姚襄的军事才干相当平庸，几乎没
有打过什么胜仗。有一点较实在，姚襄善于抚纳，推诚对待
部下，极受士卒爱戴，甚至连刺客也为其真诚感动，不忍下
手，告实而去。因此姚襄虽然屡战屡败，部属却散而复来。
他之所以能成为姚弋仲的嗣子，也是属下一再请求才确定的。

永和六年（350），姚襄为苻洪击溃，父子两人纠集部
众，仍然支持后赵残余势力石祇。皇始元年（351），冉闵
击灭石祇，姚弋仲仿照苻洪，称臣于晋，姚襄亦蒙加官晋爵
的殊荣。皇始二年（352），姚弋仲死，姚襄统部六万余户
由滠头（河北枣强北）向南转移，屯于碻磝津（河南兰考
东），与前秦军队相遇，一场激战，损折三万有余。继而在
荥阳（河南荥阳东北）和洛阳之间的麻田又为秦将高昌和
李历所败，几乎全军覆没。幸赖其弟姚苌以马相授，后援

---

1 《晋书》卷 116《姚襄载记》。
2 《晋书》卷 116《姚弋仲载记》。

续至，才统余部窜到谯城（安徽亳县）。是年六月，他在晋安西将军谢尚的节制下进攻许昌，又为苻雄和苻菁大败，两万人马，丧亡一万五千，辎重尽失。姚襄窜回淮南，在芍陂（安徽寿县南）屯田积谷，训练士卒，扩张实力，与晋扬州刺史、中军将军殷浩不断发生摩擦。皇始三年（353）十月，殷浩以姚襄为先锋，进军洛阳。行至山桑（安徽蒙城东北），姚襄突然倒戈。殷浩损军万余，辎重仪仗尽为姚襄夺取。自此，姚襄在盱眙（安徽盱眙北）招徕流民，部众扩展到七万余。

江淮地区羌族的势力极小，姚襄在此无发展的可能。姚氏集团是以陇西羌酋及汉族豪门为核心组成的，他们期盼打回老家重振雄风，裂土称霸。皇始五年（355）五月，姚襄尽众北向，占有许昌。寿光二年（356）又挺进洛阳。七月，当姚襄与冉闵残余势力在洛阳相持时，桓温开始了第二次北伐。洛阳城南伊水一战，姚襄崩溃，率余部万余人由北芒山西窜平阳（山西临汾西南），在匈奴堡击溃前秦平阳太守苻产。姚襄乘胜挑战，击杀苻产，尽坑其众，占领了号称襟带黄河、汾水，翼蔽潼关、洛阳的晋南重镇平阳。姚襄势力略有恢复，便遣使苻生，声称借道，实质是企图偷袭关中。苻生想稳住姚襄，遣使封拜。姚襄不为所算，斩杀使者，兵进河东，镇守并州的前秦大将军张平受命讨伐。姚襄打了一个大败仗，却利用张平急欲自立称王的野心，卑辞厚礼，和张平握手言欢，结为兄弟，取得了休整和进一步扩张的时机。

寿光三年（357）四月，姚襄全力西进，"遣姚兰、王钦卢等招动郿城、定阳、北地、芹川诸羌胡"[1]。一时间，部众

---

1 《晋书》卷112《苻生载记》。

又恢复到五万余户，精兵两万七千余人，推进到了黄洛（陕西三原东北），长安又蒙受威胁。

苻生令卫大将军苻黄眉统带平北将军苻道、龙骧将军苻坚、建节将军邓羌等一万七千余人阻击。姚襄声势虽大，却是乌合之众，屡屡败北，士气不振。为此深沟高垒，避免决战。邓羌向苻黄眉建议："伤弓之鸟，落于虚发。襄频为桓温、张平所败，锐气丧矣。今谋固垒不战，是穷寇也。襄性刚很，易以刚动，若长驱鼓行，直压其垒，襄必忿而出师，可一战擒也。"[1] 苻黄眉即令邓羌以骑兵三千在寨外百般挑战，当时有个叫智通的和尚力劝姚襄保存实力，厉兵收众，等待时机。但自视颇高的姚襄实在咽不下这口气，又想一战而有关中，声言"二雄不俱立，冀天不弃德以济黎元，吾计决矣"[2]，尽锐出击。邓羌伴败，引诱姚襄追杀。到达三原（陕西三原东北），邓羌回战，苻黄眉及苻坚率伏兵四起，击杀姚襄，全歼其众。姚襄弟姚苌、谋士权翼统余部投降了前秦。

二、苻坚政变

苻生虽然勇冠三军，但在被立为太子前，只是一个普通亲王，权势和地位都不高。先天的生理缺陷使他在幼年时便饱受讥刺和嘲弄，祖父苻洪甚至要杀他。幸赖叔父苻雄救援："儿长成自当修改，何至便可如此！"[3] 把他保全下来，成年后处境并无多大改变。在前秦上层统治集团中，苻生既无威信，又无党羽。他之所以能成为太子，纯属偶然，后族方

1 《晋书》卷112《苻生载记》。
2 《晋书》卷116《姚襄载记》。
3 《晋书》卷112《苻生载记》。

面并没同意，时间又极短。这些情况凑在一起，注定他即位以后面临着十分艰难复杂的局面。

在我国封建时代，最高统治者病危时或死亡后，政局往往不稳，甚至出现巨大的动荡，这几乎是专制主义中央集权政体不可避免的弊病。十六国时期诸少数民族政权都是这样的政体，且立足未稳，动荡也就更大。苻生即位前后，政变屡屡发生。

皇始五年（355）六月，苻健病危，在前秦开国过程中功勋显赫、经常独当一面且此时位居都督中外诸军事高位的苻菁以为苻健已死，提兵进攻东宫，想杀苻生自立。幸赖苻健尚有一口气在，强自支撑，登上端门，惊散苻菁部众，政变才告流产。时过数日，苻健便死了。

寿光三年（357）五月，又发生了苻黄眉的未遂政变。苻黄眉是击灭姚襄的统帅，号称"文武兼才，神器秀拔，入可允厘百工，出能折冲万里"[1]的卫大将军，本是苻生密友，但不满苻生的封赏，乃密结王公亲贵，欲取苻生而代之。奈何机密泄露，苻生先发制人，苻黄眉被杀灭族。

苻黄眉的政变被镇压了，薛瓒和权翼又极力敦促苻坚早日发动政变："今主上昏虐，天下离心，有德者昌，无德受殃，天之道也。神器业重，不可令他人取之，愿君王行汤武之事，以顺天人之心。"[2]这段话表明，这时密谋政变的集团相当多，不过苻坚得以成功，夺得了帝位。

苻坚，字永固，又字文玉，小名坚头，生于东晋成帝咸康四年（338），死于前秦建元二十一年（385），苻雄的嫡

---

1 《晋书》卷112《苻生载记》。

2 《晋书》卷113《苻坚载记上》。

长子。苻健入关时，拜苻坚为龙骧将军。苻雄死后，苻坚袭爵东海王。史书称苻坚幼年时聪明机灵，极善应对，"每侍洪侧，辄量洪举措，取与不失机候"[1]，极得其祖欢心，逢人便夸耀："此儿姿貌瑰伟，质性过人，非常相也。"苻坚的胆子相当大，敢于戏石虎于宫前天街。后赵光禄大夫、司隶校尉徐统以"知人之鉴"闻名于世，见此亦颇惊异："苻郎，此官之御街，小儿敢戏于此，不畏司隶缚邪？"苻坚答曰："司隶缚罪人，不缚小儿戏也。"所以徐统也不得不说"此儿有霸王之相"。过后不久，徐统又密对苻坚曰："苻郎骨相不恒，后当大贵，但仆不见，如何！"从日后苻坚亲祭徐统墓来看，此事具有一定的真实性。大概就在这时，苻坚心中开始种下了问鼎九五的种子。据说苻坚八岁时向其祖提出"请师就家学"，长大后"博学多才艺，有经济大志，要结英豪，以图纬世之宜"。[2]苻坚是深受汉文化熏陶的、富有才气和谋略的一个人。

　　苻坚之所以成功政变，关键是有李威等人为其筹划。"侍中太尉李威……字伯龙，汉阳人。苟太后姑子，少与苻雄结刎颈之交。苻生屡欲诛坚，赖威之免，坚深德之，事威如父，诛苻生及（苻）法，皆威与太后潜决大谋。"[3]苻生怎样"屡欲诛坚"，史文不明，李威则被时人称作"雄毅厚重，权智无方"。苻坚生母苟氏也非等闲妇女，她为苻坚即位编造了一系列的神话，诸如她是在漳水旁西门豹祠中祈子，梦与神交才怀孕的，苻坚出生时"有神光自天烛其庭"，苻坚

1 《晋书》卷113《苻坚载记上》。
2 《晋书》卷113《苻坚载记上》。
3 《太平御览》卷122。

小时"背有赤文，隐起成字"[1]等，借以蛊惑人心，邀结党羽。在他们的指使下，苻坚曲意结交了御史中丞梁平老，侍中、尚书吕婆楼，特进、光禄大夫强汪等。击灭姚襄后，又收罗了薛瓒和权翼。这两个失意的汉族士大夫既蒙抬爱，当然甘效犬马之劳，成为苻坚政变的出谋划策者，力促苻坚早日发动。梁平老等也急于充当佐命元勋，进言曰："主上失德，上下嗷嗷，人怀异志，燕、晋二方，伺隙而动，恐祸发之日，家国俱亡。此殿下之事也，宜早图之！"[2]但苻坚羽翼未丰，又怕苻生勇猛，不敢贸然行事。

苻坚处事虽密，迁延不决，难免泄露。长安城中歌谣四起："东海大鱼化为龙，男便为王女为公，问在何所洛门东。"苻坚爵居东海王，官居龙骧将军，府第在洛门东面，这支歌谣暗示苻坚即将发动政变。苻生只是从"鱼"字考虑，鱼能食蒲，误认为侍中、太师、录尚书事鱼遵要政变，诛其全家。长安城中又流行起一支讥刺苻生判事不明的歌谣："百里望空城，郁郁何青青。瞎儿不知法，仰不见天星。"太史令康权也借天象警告苻生："将有下人谋上之祸。"[3]即便如此，苻生也没有悟到苻坚兄弟要发动政变。但在这些歌谣面前，苻坚已是如坐针毡了。他求计于吕婆楼。吕婆楼守成有余，应急无能，闻言心惊肉跳，不过却推荐了一个雄才大略的人物："仆，刀镮上人耳，不足以办大事。仆里舍有王猛者，其人谋略不世出，殿下宜请而咨之。"苻坚急求吕婆楼引见，两人一见，宛若生平，"语及时事，坚大悦，

1 《晋书》卷113《苻坚载记上》。

2 《资治通鉴》卷100。

3 《晋书》卷112《苻生载记》。

自谓如刘玄德之遇诸葛孔明也"。[1] 极有可能他们在这一次便商定了收买苻生左右侍婢、随从，抓住苻生嗜酒如命的特点，利用他昏醉不醒的机会下手等计划。寿光三年（357）六月夜晚，苻坚得到宫女密报，命其兄苻法及梁平老、强汪统领死士数百人潜入皇宫正南的云龙门，苻坚和吕婆楼则统三百余人鼓噪直进，里应外合，杀进苻生寝殿，苻生犹酣醉未醒。

苻坚废苻生为越王，旋即杀之，谥厉王；苻坚自称秦天王，即位于太极殿，改元永兴（357）；调整了统治班底，命其亲信掌握了军、政、机要部门及京师治安大权；发布大赦令，追尊被苻生杀死的公卿大臣，以礼改葬，优叙其子孙，借以安定人心；遣使巡行州郡，宣扬其威德。

苻坚政变成功了，盘踞并州的张平却借机闹起事来。

张平，原后赵大将，并州刺史，后赵末年据有新兴、雁门、西河、太原、上党、上郡六郡之地，拥众十余万户，在当地三百余坞堡的支持下，成为一方割据势力。皇始元年（351），张平归顺苻健，拜大将军、冀州牧，摇摆于前秦和前燕间，从中渔利。他本想借姚襄入关扩张，没想到姚襄很快就全军覆没。苻坚政变，他认为时机已到，是年七月遣使降晋，借东晋的名头拜置征、镇，署置百官，想与燕、秦对峙北方。十月，张平进攻前秦。此时苻坚政变未久，内部亟待整顿，故命晋公苻柳为并州刺史、都督并冀诸军，据蒲坂（山西永济西蒲州镇）有利地形坚守。永兴二年（358）二月，苻坚亲征，以邓羌统精骑五千为先锋，屯军于汾河之西。张平养子张蚝统军挑战，双方相持十余天，不分胜负。张平企

---

1 《资治通鉴》卷 100。

图一举击垮苻坚，尽众出击。张蚝"多力矫捷，能曳牛却走；城无高下，皆可超越"[1]。其一马当先，突入秦阵四五次，勇不可当。苻坚爱才，下令能活捉张蚝者，必予重赏。鹰扬将军吕光奋勇冲击，枪伤张蚝；邓羌跃马追杀，生擒以献。张蚝被捉，张平军队士气一落千丈。张平见大势已去，宣布投降。这年秋末，张平又叛秦降燕，直到甘露三年（361），前秦才彻底解决张平，稳定了河东及平阳一带的统治。

三、历史冤案

在中华人民共和国成立以来的史学论著中，凡涉及苻生，都认为他是十六国时期的著名暴君。特别是 20 世纪 80 年代初期，学术界就淝水之战的性质展开争论，持苻坚发动淝水之战是统一战争或正义战争论点的一些同志，更把苻生说成死有余辜的罪人。应该说，这些学者并非绝无根据，今存有关苻生的资料，如《十六国春秋·前秦录》《魏书》《晋书》《资治通鉴》等莫不把苻生说成暴君，其中尤以《晋书·苻生载记》为最。概括起来，内容如下。

第一，喜怒无常，嗜杀成性。苻生"幼而无赖"，长大后"雄勇好杀"，即位后"杀戮无道，常弯弓露刃以见朝臣，锤、钳、锯、凿备置左右"。"临朝辄怒，惟行杀戮。""左右或言陛下圣明宰世，天下惟歌太平。生曰：'媚于我也。'引而斩之。或言陛下刑罚微过。曰：'汝谤我也。'亦斩之。所幸妻姜小有忤旨，便杀之，流其尸于渭水。""宗室、勋旧、亲戚、忠良杀害略尽"，"左右忤旨而死者不可胜纪"。

---

1 《资治通鉴》卷 100。

手段之酷烈，前所未有，"至于截胫、刳胎、拉胁、锯颈者动有千数"。

第二，不孝，不敬天地祖宗，不从礼教，蔑视人伦。"虽在谅暗，游饮自若"。对天老爷的谴告置若罔闻。杀戮舅氏，气死生母。"遣宫人与男子裸交于殿前"，甚至路遇"兄与妹俱行者"，也"逼令为非礼"，为此天怒人怨。[1]

第三，嗜酒误事。苻生"耽湎于酒，无复昼夜。群臣朔望朝谒，罕有见者，或至暮方出……动连月昏醉，文奏因之遂寝。纳奸佞之言，赏罚失中"。更有甚者，苻生竟以杀戮逼迫与宴群臣"无不引满昏醉，污服失冠，蓬头僵仆，生以为乐"。

结果可想而知，"王公在位者悉以疾告归，人情危骇，道路以目"[2]。前秦已到了崩溃的边缘。最后，撰修《晋书》的唐初诸公对苻生下了这样的结论："长生惨虐，禀自率由。睹辰象之灾，谓法星之夜饮；忍生灵之命，疑猛兽之朝饥。但肆毒于刑残，曾无心于戒惧。招乱速祸，不亦宜乎！"[3] 前述诸史大体与此类似，情节、用语不如《晋书》强烈而已。

但是苻生虽死，却难盖棺定论。他是否暴君，历来就有争论。现今所见最早提出疑义的是东魏史学家及文学家杨衒之，在其传世名作《洛阳伽蓝记》卷2《城东》中，借一个自称生于晋武帝在位年间、已经二百余岁、名叫赵逸的隐士之口曰：

> 自永嘉以来，二百余年，建国称王者十有六君，皆游其都邑，目见其事。国灭之后，观其史书，皆非实

---

1 《晋书》卷112《苻生载记》。
2 《晋书》卷112《苻生载记》。
3 《晋书》卷115 史臣曰。

录。莫不推过于人，引善自向。符（苻）生虽好勇嗜酒，亦仁而不煞。观其治典，未为凶暴，及详其史，天下之恶皆归焉。符（苻）坚自是贤主，贼取君位，妄书生恶。凡诸史官，皆是类也。人皆贵远贱近，以为信然。当今之人，亦生愚死智，惑已甚矣！

唐代史学家刘知几亦有同感，在其《史通》卷7《曲笔》中曰：

昔秦人不死，验符生之厚诬！

此时有关前秦的资料及传闻尚多，刘知几之言，当有所据。可惜《史通》是一部史学理论著作，写作体例决定他不能对具体事例一一进行驳辩，所以只有结论而不见实例。上述言论，足以发人深省。说苻生是暴君，恐难令人信服，理由如下。

其一，今存有关苻生的资料是在苻坚大检史官篡改历史，经过极度扭曲后才保存下来的。关于这件事，《魏书》和《晋书》都有记载。《魏书·苻健传》较简单："坚观其史书，见母苟氏通李威之事，惭怒，乃焚其书。"《晋书·苻坚载记》则较具体："初，坚母少寡，将军李威有辟阳之宠，史官载之。至是，坚收起居注及著作所录而观之，见其事，惭怒，乃焚其书而大检史官，将加其罪。著作郎赵泉、车敬等已死，乃止。"似乎这是偶然的，其实是苻坚蓄谋已久的一件事。众所周知，苻坚好名，处处想与历史上的明君圣主相媲美，为此不惜沽名钓誉。最典型的是建元十四年（378）退还大宛所献汗血马那件事。退马时，苻坚自诩可与汉文帝并论，下令群臣大作《止马诗》。一时间，群臣献诗者不下四百余人。胡三省不无讥刺地说："反（返）则反之，何以作诗为哉！此亦好名之过也。"[1] 他弑主篡位，在封建社会是罪不容诛，国人皆可讨之。时人如何评说，史家如何书写，事件能否流芳百世，苻坚岂能不煞费苦心检查呢？但即位之初，他不能。因为政变虽然成功，能否登上皇位还未定。《晋书·苻坚上》曰："坚及母苟氏并虑众心未服，难居大位。"苻坚惺惺作态，请其庶兄苻法出来做皇帝。苻法无此胆量，又是庶出，坚决推让："汝嫡嗣，且贤，宜立。"苟氏乘机"泣谓群臣曰：'社稷事重，小儿自知不能，他日有悔，失在诸君。'群臣皆顿首请立坚"[2]。明明早有野心，蓄谋已久，偏偏演这么一出戏，根本原因在于苻坚即位并非人心所向。正由于此，苻坚即位，不敢称帝，而是降号"天王"。苻法的话透露出如果他不是庶出，也是要做皇帝的，何况他又"长而贤，且得众心"[3]。这就引起苻坚的疑忌，所以政变不久，苻坚就杀了苻法。这真是一场鲜血淋淋的最高统治权的争夺战。建元十年（374），苻坚的处境已今非昔比。在此期间，前秦国势蒸蒸日上，统治已经巩固，先后击灭了前燕，取得了东晋的梁、益二州，声望犹如日至中天。这时，苻坚有恃无恐，兴师动众，重修的起居注、实录、国史之类，能不竭力丑化苻生，把苻坚的政变描绘成扶大厦于将倾、救生灵于水火的壮举和义举吗？

今天，有关前秦初期，特别是苻生那时的史料，稀少得可怜。但在今存诸史及若干资料残片中还能找到一些美化苻

1 《资治通鉴》卷104胡注。
2 《资治通鉴》卷100。
3 《资治通鉴》卷100。

坚、丑化苻生或矛盾抵牾的实例。这正是篡改历史所留下的遗痕，不妨略举数例。

第一，苻雄长得极丑："雄丑形貌，头大足短，故军中称之为'大头龙骧'。"苻坚酷似乃父："头大重……身长……足短……"他小名坚头，就是由此而来的。车频《秦书》直率地说"此儿状貌甚丑"[1]。《太平御览》的编纂者们干脆把这父子二人归入"丑丈夫"的行列。能被《太平御览》这个栏目收录的人物相当少，苻坚父子能荣列其中，相貌如何当可知。但在《晋书》里，这个丑丈夫却成了"骨相不恒""姿貌瑰伟，质性过人，非常相"的人物了。

第二，《晋书》《魏书》《十六国春秋》都说苻生把杀人武器、刑具备置左右。《晋中兴书》却说这是苻健的特点："苻健凶暴，露刃张弓，锥、钳、锯、凿，杀人之具备置左右。"[2]一经篡改，这件事便张冠李戴了。哪怕诸史记载无误，苻生也只是继承了其父的衣钵。

第三，《魏书·苻健传》载，前秦初年的核心人物之一贾玄硕被苻生所杀。《资治通鉴》卷99说是苻健的。究竟谁杀，别无佐证。《资治通鉴》记叙有根有源、合情合理，似乎应以《资治通鉴》为准。

第四，《资治通鉴》卷100对苻生即位就改元持肯定的态度，并引群臣奏议曰："未逾年而改元，非礼也。"议主段纯也由此被杀。《晋书》却说"改年寿光，时永和十二年（356）也"。尽管仅差一年，苻生的这一罪名就难以成立，至少成了

---

1 《太平御览》卷 364、122、382。

2 《太平御览》卷 347。

疑案。这正是篡改历史时在细枝末节上的疏漏，极可能苻生没有即位就立刻改元。

第五，皇始四年（354），全国性天灾，三麦颗粒无收。《宋书·五行志》曰："至关西亦然。"次年，灾害更重，"蝗虫大起，自华泽至陇山，食百草无遗。牛马相啖毛，猛兽及狼食人，行路断绝"[1]，诸史所载略同。按天命思想，这笔账应该算在苻健头上，妙就妙在笔锋一转，全成了苻生之罪，而且离奇古怪："时猛兽及狼大暴，昼则断道，夜则发屋，惟害人而不食六畜。自生立一年，兽杀七百余人，百姓苦之，皆聚而邑居。为害滋甚，遂废农桑，内外凶惧。"这成为苻生毫无敬天保民思想的一大罪证。

上述内容不足以说明苻生的本来面目，但它却说明今存有关苻生的资料，是经过极度扭曲后保存下来的，不可深信。

其二，苻生杀人，事出有因。被苻生杀死的亲贵权臣确实不少，粗略统计，有毛贵、王堕、梁楞、梁安、段纯、辛牢、雷弱儿、鱼遵、强平、康权、程延、程肱等，还有他的皇后梁氏。这些亲贵权臣可分为两类：一是后族，《十六国春秋·前秦录》曰："后，（梁）安之女孙。"梁楞亦应属后族。《资治通鉴》卷100曰："（毛）贵，后之舅也。"《晋书·苻生载记》曰："平即生母强氏之弟也。"一是强宗，如羌酋雷弱儿和氐酋鱼遵等。往往是两者兼而有之。其中，前八人是苻健临死前任命的辅政大臣："（皇始五年）六月……甲申，健引太师鱼遵、丞相雷弱儿、太傅毛贵、司空王堕、尚书令梁楞、左仆射梁安、右仆射段纯、吏部尚书辛牢等

1 《晋书》卷112《苻健载记》。

受遗诏辅政。"同时苻健又嘱咐苻生："六夷酋帅及大臣执权者，若不从汝命，宜渐除之。"看来苻生杀这些人，是遵循了其父的遗命。司马光对此大惑不解，议论曰："顾命大臣，所以辅导嗣子，为之羽翼也。为之羽翼而教使剪之，能无毙乎！知其不忠，则勿任而已矣；任以大柄，又从而猜之，鲜有不召乱者也。"[1] 其实也容易理解，只要看一看下面所述汉国以来直至前秦建国的历史，就不难明白个中奥秘了。

前已阐明，自汉国建立单于台起，单于台所统六夷就是汉赵等国军事力量的核心。六夷酋帅大都手握兵权。苻洪、苻健称过大单于，并以"氐酋毛贵为单于辅相"[2]。苻健称帝后，因皇帝是一统天下之主，"单于所以统一百蛮，非天子所宜领"[3]，把这个名号授给了太子苻苌。因此，前秦初期同样是实行胡汉分治的，这些少数民族统治者在民族矛盾尖锐时，既要利用六夷酋帅，又对他们抱有巨大的戒心。因为这一时期时局的动荡，大都和六夷酋帅的向背有关。苻洪和苻健就是以六夷酋帅的身份保存实力，积聚力量，最后打回关中，建立前秦的。既然如此，他们岂能不对此留个心眼呢。

苻洪、苻健虽然野心勃勃，但对称帝华夏，心理上是怯懦的。如当苻坚"请师就家学"时，苻洪就说："汝戎狄异类，世知饮酒，今乃求学邪！"[4] 他们在建立政权、巩固统治上更缺乏经验，遇到对其称王称帝持有异议者，处置十分简单：杀！

苻洪杀程朴前已叙述，苻健杀贾玄硕同样相当典型。苻

---

1 《资治通鉴》卷100。
2 《资治通鉴》卷98。
3 《资治通鉴》卷99。
4 《晋书》卷113《苻坚载记上》。

健入关后，官任左长史的贾玄硕建议仿照刘备故事，先称大单于及秦王，暂缓称帝，苻健闻言，怒火中烧："岂堪为秦王邪！"[1] 所说的话和乃父苻洪一模一样，不久借故杀了贾玄硕。程朴和贾玄硕对苻氏绝无二心，在苻氏集团中地位十分显要。[2] 他们的建议不乏合理的因素，这两个人万万没有料到会有如此下场。苻健父子也不认为是错杀，还把它看成宝贵的经验，临终前的遗言，实质就是向苻生传授这个经验。

《资治通鉴》卷100记述苻坚政变冲入苻生寝殿时，"生犹醉寐，坚兵至，生惊问左右曰：'此辈何人？'左右曰：'贼也！'生曰：'何不拜之！'坚兵皆笑。生又大言：'何不速拜，不拜者斩之！'"生动地描绘出苻生酗醉若痴的情状，又透露出苻生自视至高无上的心态。苻生固然不知道怎样才能加强专制主义中央集权，却醉心于这一政体，但是他面临的情况却又相当复杂。

首先，苻健入关，虽然致力于治，但因忙于对付内乱外患，无暇顾及政权建设。前秦初期，机构、体制及各项制度极不健全。纲纪不立，专制主义中央集权就难以确立。枋头旧部居功自傲，强宗豪右肆意妄为，氏族亲贵横行不法，"二天子"[3] 处处可见。也就是说，这个政体并没有确立起来。

其次，先天的生理缺陷使苻生自小就饱受嘲弄，其祖父也曾当众嘲笑他："吾闻瞎儿一泪，信乎？"左右哄然而应："然。"即位后并无多大改变。为了说明苻生残暴，《晋书·苻生载记》中有这样一段话："既自有目疾，其所讳者不足、不

---

1 《资治通鉴》卷99。

2 参见冯君实《十六国官制初探》，《东北师大学报》1984年第1期。

3 《晋书》卷113《苻坚载记上》。

具、少、无、缺、伤、残、毁、偏、只之言皆不得道，左右忤旨而死者不可胜纪。"字里行间透露出当时亲贵权臣们不断嘲弄苻生的状况。亲贵权臣对苻生做皇帝非常不服，有的"大言于朝"，有的以"国士"自居，视苻生的亲信如"鸡狗"，根本不把苻生放在眼里，苻生和他们的关系也极僵。苻生即位伊始，中书令王鱼就借口天象，预言三年中"国有大丧"，直截了当地向苻生提出了"惠和群臣"的要求。时过半年，强太后之弟强平又对苻生进行了人身攻击，要苻生"务养元元""爱礼公卿""弃纤介之嫌，含山岳之过""去秋霜之威，垂三春之泽"。说白了，就是要苻生尸位素餐，听凭公卿大臣攻击谩骂，横行不法。这和苻生唯我独尊的心态是多大的反差。

几种情况凑在一起，政变便接连发生，密谋政变的集团之多，连苻坚都感到非得捷足先登不可。

在国无法纪的时刻，苻生要巩固权位，除了祭起其父传授的法宝外，是别无选择的。至于梁、雷等辅政大臣之死，更是别有原因。《晋书·殷浩传》载其北伐时，"潜诱苻健大臣梁安、雷弱儿等，使杀健，许以关右之任……会苻健杀其大臣，健兄子眉自洛阳西奔，浩以为梁安事捷，意苻健已死，请进屯洛阳"。既有通敌之嫌，那是非死不可的了。梁后是梁安之孙，毛贵是梁后之舅，株连岂可避免。谈及气死生母，杀戮妻媵之类，则诚如吕思勉先生所言：皇后且然，更有何于妾媵？于是谓其所幸妻妾，少有忤旨便杀之，流尸于渭水矣。舅氏既诛，自可谓其母系忧恨而死……他如怠荒、淫秽，自更易诬。[1]

平心而论，苻生的业绩确实比不上苻健和苻坚。前者创业，

1　吕思勉：《两晋南北朝史》，上海古籍出版社，1983，第210页。

使关中初安；后者堪称一代雄主。苻生在位仅两年，能耐再大，也干不出惊天动地的事来。但说他是暴君，未免有失偏颇。

《晋书·苻生载记》记述，面对祖父的嘲弄，苻生"怒，引佩刀自刺出血，曰：'此亦一泪也。'洪大惊，鞭之。生曰：'性耐刀矟，不堪鞭捶。'洪曰：'汝为尔不已，吾将以汝为奴。'生曰：'可不如石勒也。'洪惧……"众所周知，石勒是十六国时期杰出的羯族统治者，出身贫寒，早年曾被人掠卖为奴，起事初期，虽然杀掠过甚，日后却极善用兵。石勒军纪严明，所过之处，"老弱安堵如故，军无私掠，百姓怀之"。纵横驰骋，几乎统一了北方。在内迁少数民族统治者中，石勒首先采用封建制剥削方式统治汉族人民，剥削量比西晋减少了二分之一。石勒厘定户籍，重视农桑，招抚流亡，减轻人民负担，倡导节俭，禁止酿酒，使河北一带经济有所恢复，乃至"租入殷广"。石勒倡导汉文化，首先恢复九品中正制，局部调整了羯汉贵族间的关系，为少数民族和汉族权贵的勾结开了先例；石勒首先仿照汉族，改变羯族烝母报嫂的落后风俗，可以说是倡导汉化的先行者。鉴此，撰修《晋书》的唐初诸公也不得不承认石勒是"一时杰也"，发出"古之为国，曷以加诸"[1]的赞叹。苻生的言行表明，他自小就有强烈的自尊心，抱负甚大，以石勒为其效法的榜样。在讥刺和嘲弄面前，他没有气馁，没有虚度时光，青年时代就成了勇冠三军的猛将。

苻生登位后，既没有搞过大规模的巡行，也没有搞过一些以勇武见称的少数民族统治者喜爱的狩猎活动，更没有主

---

[1] 《晋书》卷104、105《石勒载记》及卷107传论。

动挑起过战端。他和东晋、前燕及羌酋姚襄的战争，都是被迫应战的，而且都取得了胜利。如果说东晋耀武于河南，前燕称威于河北，对前秦尚不足以构成致命威胁的话，姚襄直逼畿甸，屯驻黄洛（陕西铜川南），距长安已经不远，应是一次致命的威胁。姚襄军事上虽然平庸，在民间却有相当大的号召力。《资治通鉴》卷100说他被桓温打败后，"民知襄所在，辄扶老携幼，奔驰而赴之。温军中传言襄病创已死，许、洛士女为温所得者，无不北望而泣"。姚襄并没有占领过洛阳，对许、洛士女仍有那么大的吸引力，可见非同寻常。如此深得民心的一个人物，尽众入关，打回老家，志在必得，竟在苻生部署的一个反击下土崩瓦解，被消灭殆尽。这不是苻生登位初期，恰恰是苻黄眉和苻坚等发动政变的前夕，如果史籍所载前秦已到崩溃的边缘，岂能如此！

翻开东汉末年以来，特别是十六国时期的历史，可以看到，军阀及各种割据势力的杀俘坑降可谓数不胜数，苻坚也这么干过。姚氏是苻氏争夺关中的死对头，双方已有多次较量。但苻生击灭姚襄后，既未杀俘，亦未坑降，相反以王礼埋葬姚弋仲，公礼埋葬姚襄，姚襄诸弟也成了前秦的臣民。如此举动，无非是为了维系人心。死敌尚且如此，岂能对侍从左右、自己的臣民动辄以杀呢？除了历史被篡改外，没有更合理的解释。事实说明，杨衒之所言苻生"仁而不煞"，绝非子虚乌有。

今存有关苻生的资料罗列了他大量罪状，却没有见过他大兴土木、穷奢极欲，更无片言只字涉及苻生改变了苻健哪些政策。也就是说苻生继续推行苻健安定民生、恢复经济、致力于治的各项措施。唯一作为苻生害民扰民的罪证只有一条："生发三辅人营渭桥，金紫光禄大夫程肱以妨农害时，上疏极谏，生怒，杀之。"这样一个工程，非但不能和他同时代的刘粲、刘曜、石虎同日而语，就是和历史上的明君圣主，包括以仁恕爱民自诩的苻坚相比，又算得了什么？更不用说渭桥的修建对当时的政治和经济有无积极作用的问题了。无怪乎苻生要对那些攻击愤愤不平了："朕受皇天之命，承祖宗之业，君临万邦，子育百姓，嗣统已来，有何不善，而谤讟之音扇满天下！"阎负和梁殊在前凉权臣面前宣称"今上道合二仪，慈弘山海，信符阴阳，御物无际"，"主上钦明，道必隆世"，并非单纯的外交说辞。只是外交说辞，前凉也不会乖乖地称藩。因此，杨衒之所言"观其治典，未为凶暴"也绝非毫无根据。尽管苻生的治典早就湮没无闻，但至少有一点可以肯定，那就是胡汉分治政策在苻生时被废除了。因为自苻生起，就见不到大单于、单于左右辅、单于辅相之类的名号了。不管现今人们怎样评论胡汉分治，取消单于台，具有对胡汉一视同仁、密切胡汉关系的意味，符合民族融合的潮流，具有进步作用，则是没有疑问的。

毋庸讳言，苻生嗜酒，甚至临死前还要求苻坚在他醉后下刀。可酒又是氐族的共同爱好，苻洪、苻健、苻坚哪一个不是如此？苻坚也干过令群臣"极醉为限"[1]的傻事，何以独独成了苻生的一大罪状呢？

有一点完全可以肯定，苻生不重视人才。王猛声名早著，对于这样一个待价而沽、希遇明主的"一时奇士"，苻生听其"守南山之操，遂而不夺"。开国元老吕婆楼、梁平老和强汪等都是王佐之才，苻生均未重用，都被苻坚拉了过

---

1 《资治通鉴》卷104。

去。苻生只信用赵韶、赵诲和董荣之类的东宫旧人。前二人不知怎样，董荣的特点是"文史富赡，郁为文宗"，没有济世之才，大概是个心胸狭窄、性高气傲的文人。他们专权弄势，挟私报复，所起作用，无非是成事不足、败事有余。

总之，苻生是一个自尊心极强、"仁而不煞"的氐族统治者，虽有不重视人才等问题，但绝不是暴君。

前秦的政治与经济

〖第三章〗

第一节 封建制的政权及仪制

一、中央机构

前秦的政权建设从一开始就模仿魏晋，但前秦是从后赵分裂出来的，又是在冉闵制造民族仇杀后不久建立的，这是魏晋南北朝时期民族矛盾最尖锐、最复杂的时刻。因此，前秦初建时，必然带有十六国初期的一些特色，最显著的一点是在最高统治者皇帝之下，除了设丞相、司空、太尉、太师、尚书令、尚书左右仆射、中书监、中书令、太保、太傅之类的汉官外，还设立了大单于及单于辅相等，即实行胡汉分治。不过，前秦胡汉分治的时间相当短，在苻生统治时，大单于、单于辅相等名号就不见了。苻坚时，前秦的政权建设进一步发展，各级政权机构及职官承袭了汉魏以来的制度。

和魏晋一样，前秦的实权部门是尚书省和中书省。苻坚仿照西晋，并秘书省于中书省，位至开府的高级官员均设主簿、记室督之类的僚佐等。苻坚还仿照西晋实行五等爵制作为达官贵人功劳报偿的手段，甚至王国的僚佐亦和西晋一样，设郎中令、中尉、大农三卿，除郎中令由中央任命外，其余属官皆由亲王（苻坚降号为天王后，亲王皆降号为公）自行采辟。

前秦的职官和魏晋也有一些不同之处。

自汉武帝设置内朝以来，丞相的权力被分割了，相权逐步削弱。东汉时，三公形同虚设，充其量只是荣誉职衔，尚书台成了大权独揽的部门。曹魏时设置的中书监、令，分割了尚书台的机要权，尚书省呈现出向行政机构转化的趋势，尚书令、仆和中书监、令都相当于宰相。因此，自东汉起就不再设置宰相。宰相、相国之类的名号只是在汉献帝时才一度恢复。魏晋时，宰相也非常设官职，时置时废，废的时候多，置的时候少。史称："魏晋以来，宰相但以他官参掌机密，或委知政事者则是矣，无有常官。其相国、丞相，或为赠官，或则不置，自为尊崇之位，多非人臣之职。"[1] 前秦的丞相基本上是常设官职，自前秦开国时苻雄为丞相起，先后有雷弱儿、王堕、苻法、王猛等出任丞相。苻丕和苻登时又有左、右丞相之分。如王永为苻丕的右丞相，窦冲为苻登的左丞相之类。他们的权力都相当大。苻雄"权侔人主"[2]；王猛"权倾内外""朝政莫不由之""专管大任""公卿以下无不惮猛焉"[3]。其他如司空、太尉，也都有相应的实权。

二、地方行政机构

前秦全盛时，疆域东极沧海，西并龟兹，南包襄阳，北尽沙漠，唯建康一隅未能抗也。苻坚分国内为司隶、雍、秦、南秦、洛、豫、东豫、并、冀等州。前秦的地方行政亦仿照魏晋，分为州、郡、县三级。除司隶设校尉外，州设

1 《文献通考》卷49。
2 《晋书》卷112《苻健载记》附《苻雄传》。
3 《晋书》卷113《苻坚载记上》、卷114《苻坚载记下》。

刺史或州牧，郡设太守，县设令、长。秦汉以来，人户多的县设令，少的设长，估计前秦也不会例外。据清人洪亮吉《十六国疆域志》所载，前秦全盛时，分其统治区为二十二州、一百三十五个郡、八个护军、七百三十四个县。在少数民族较为集中的地区，又设置中郎将或校尉等分别治理。这类建置计有：

　　护鲜卑中郎将，镇龙城（辽宁朝阳），抚循鲜卑族。
　　护匈奴中郎将，镇晋阳（山西太原南），抚循匈奴等并州少数民族。
　　护赤沙中郎将，镇平城（山西大同），抚循乌丸及鲜卑等族。
　　西蛮校尉，镇五城（四川中江），抚循巴地少数民族。
　　护西羌校尉，镇姑臧（甘肃武威），抚循河西走廊少数民族及羌族。
　　护西夷校尉，镇成都（今属四川），抚循蜀地少数民族。
　　南蛮校尉，镇襄阳（湖北襄阳），抚循该地少数民族。
　　南巴校尉，镇垫江（四川合川），抚循南中少数民族。
　　西域校尉，镇高昌（新疆吐鲁番东南高昌故城），抚循西域诸国。
　　西戎校尉，镇长安，抚循关中地区的少数民族。

　　上述中郎将或校尉，一般由刺史或州牧兼领，偶或有以太守兼领者，如《晋书·苻坚载记》曰："以谏议大夫裴元略为陵江将军、西夷校尉、巴西梓潼二郡太守。"这个太守的官阶及地位高于一般郡守，也是显而易见的。

这里有必要就护军说几句。清人洪亮吉在《十六国疆域志》中，共罗列了八个护军，基本集中在司隶校尉部，它们是抚夷（陕西泾阳北）、铜官（陕西铜川南）、宜君（陕西榆林）、土门（陕西富平西北）和三原（陕西三原东北）；此外，在秦州（治今甘肃甘谷东）有勇士护军，并州（治今山西太原西南）有云中护军，凉州（治今甘肃武威）有中田护军。实际上前秦的护军不止八个，《晋书·苻坚载记》中记有甘松护军（甘肃迭部县东），《资治通鉴》卷100中谈到略阳（甘肃秦安东南）有平羌护军等。由于资料残缺，前秦究竟设有多少护军，现今难有确数。

洪亮吉将护军作为县级建置看待，质诸史实，前秦的护军应比县级高。《晋书·苻坚载记上》及《晋书·乞伏国仁载记》有一些关于云中护军及勇士护军的记载，虽不足说明护军的全貌，多少可做参考。

云中护军："时匈奴左贤王（刘）卫辰遣使降于坚，遂请田内地，坚许之。云中护军贾雍遣其司马徐斌率骑袭之，因纵兵掠夺。坚怒……免雍官，以白衣领护军"。

勇士护军："（乞伏）大寒死，子司繁立，始迁于度坚山（甘肃靖远境内）。寻为苻坚将王统所袭，部众叛降于统。司繁……乃诣统降于坚。坚大悦，署为南单于，留之长安。以司繁叔父吐雷为勇士护军，抚其部众。"

云中护军领户多少，我们不清楚。勇士护军领户相当多。《晋书·乞伏国仁载记》载，鲜卑乞伏部在西晋初年有"户五千"，后"部众稍盛"，吞并了"鲜卑鹿结七万余落"，其后击败鲜卑吐赖部及尉迟渴权部，"收众三万余落"。乞

伏祁埋时，又击败鲜卑莫侯部，"降其众二万余落"。那么到乞伏司繁时，乞伏部该有十三万落左右。《资治通鉴》卷103对乞伏部的人数估计较低：司繁部落五万余皆降于坚。众所周知，魏晋以来，统户万数以上的县极少，即便在两汉，万户县的数量也不是很多。这里即使以《资治通鉴》为准，勇士护军也统五万余落，既然如此，封建政府恐怕不便设置县级机构或类似县级的机构进行治理。如果说勇士护军是以乞伏部为基础设置的，不足为凭，那么我们看一下关中地区。据《邓太尉祠碑》，冯翊护军治下，不算其他民户，仅"杂户"就有"七千"[1]，所统民户应多于"七千"，当无疑问。《广武将军□产碑》则曰："（抚夷抚军）统户三万，领吏千人。"仅就其所统人户而言，护军的地位也应高于县。

为了说明这一点，有必要对比一下魏晋以来郡县僚属的建置。《晋书·职官志》载，郡太守的僚佐有"主簿、主记室、门下贼曹、议生、门下史、记室史、录事史、书佐、循行、干、小史、五官掾、功曹史、功曹书佐、循行小史、五官掾等员（重复处皆系原文，笔者不敢妄改）。郡国户不满五千者，置职吏五十人，散吏十三人；五千户以上，则职吏六十三人，散吏二十一人；万户以上，职吏六十九人，散吏三十九人。郡国皆置文学掾一人"。县的令、长的僚佐有"主簿、录事史、主记室史、门下书佐、干、游徼、议生、循行功曹史、小史、廷掾、功曹史、小史书佐干、户曹掾史

1　北魏的杂户是封建政府直接控制的依附民。这里的杂户，身份地位和北魏的不同，是指族属难辨的少数民族民户，或者是部落组织已被打破的少数民族民户。

干、法曹门干、金仓贼曹掾史、兵曹史、吏曹史、狱小史、狱门亭长、都亭长、贼捕掾等员。户不满三百以下，职吏十八人，散吏四人；三百以上，职吏二十八人，散吏六人；五百以上，职吏四十人，散吏八人；千以上，职吏五十三人，散吏十二人；千五百以上，职吏六十八人，散吏一十八人；三千以上，职吏八十八人，散吏二十六人"。

这就表明：第一，魏晋时期万户以上的县非但极少，即使万户以上的郡也不普遍。第二，郡县的吏额大体在一百二十人以下，与护军的"领吏千人"，相差不可以道里计。第三，郡县均无资格设置司马为僚属。只有"诸公及开府位从公为持节都督"者，"骠骑已下及诸大将军不开府非持节都督者"，"三品将军秩中二千石者"，以及领军将军、中领军将军、抚军将军、中抚军将军才有资格设置司马为僚佐。魏晋之际，抚军将军"主武官选举，隶领军"，地位相当高。其中资深者称抚军，资浅者称中抚军，分别为三品或四品，其司马分别为六品或七品。云中护军贾雍的僚佐有司马，《邓太尉祠碑》和《广武将军□产碑》中冯翊护军及抚夷护军属下司马则有三人，护军普遍设置司马于此可见。前秦官制一切模仿汉魏，因此可以推断，各护军的长官应是类同于抚军将军或中抚军将军职级的官员，地位之高与州牧刺史无多大区别。所以一旦有军事行动，就可以给予"使持节、都督"[1]之类的名号。

较为清晰地判断前秦护军的建置，必须依据《邓太尉祠

---

1 《晋书》卷 125《乞伏国仁载记》。

碑》及《广武将军□产碑》。[1] 从这两块碑中，可以看到前秦的护军具有以下特点。

第一，有实际的辖地。

《广武将军□产碑》立于苻坚建元四年（368）。它是抚夷护军□产会同冯翊护军苟辅勘定双方治理的地界后立的。所以碑文中有"刊石（下缺四字）山为（下缺八字）方，西至洛水东齐定阳，南北七百（里），东西二百（里）"等语。该碑的碑额更有"立界山石祠"的题字，从而进一步证实了这一点。因而马长寿先生认为这块碑应按照《潜研堂金石文字目录》卷1，命名为《立界山石祠碑》，才较为确切，马先生的意见是对的。

第二，是军政合一的特有建置。

两块碑石中题名人数非常多，除去文字脱落无法辨认者外，可以确认冯翊及抚夷两护军的下属总计253人。按其官职，分属军事、行政及少数民族部落酋帅三个系统。

在军事系统内，计有将军22人。其中广威将军2人、建威将军4人、立义将军1人、宁远将军2人、鹰扬将军人数不明、无名号将军9人。其他为都统1人、司马3人、参军5人、董督1人、军监1人，此外还有军参事、军门下督、军功曹、军主簿、军录事、军功曹书佐等46人。《通典》晋官品记载，广威、建威、建节将军均为四品，立义、宁远、

---

1 《邓太尉祠碑》见于《金石续编》卷1《八琼室金石补正》卷10、《关中金石文字逸考》卷9。《广武将军□产碑》见于《金石萃编》卷25。上述著录均有讹误，且《广武将军□产碑》录文不全。马长寿先生广事寻觅，据其所得两碑拓片，详细校正，补足了后碑，收录于所著《碑铭所见前秦至隋初的关中部族》一书中（中华书局，1986），并进行了全面的分析。这里引文以马长寿先生的校正为准，且相应吸收了马长寿先生的研究成果。

立节和鹰扬将军则是五品，扬威将军品级不明。军监若是"抚军监军"的话，也是四品。它反映了两位护军下属的将军中，均有品位较高者，无怪抚夷护军□产可以自诩统"大将三□"。如果四品可以号称大将的话，其余四个四品将军应属冯翊护军所统。前秦军事系统中，设有抚军将军及中抚军将军，但出任护军的主管长官则可以有别的名号，如冯翊护军的名号是建威将军，先后任抚夷抚军的则是广武将军和建忠将军。他们属下位至四品者不少，他们当然不可能低于四品。因此，他们的职级高于郡守、县令，当无什么疑问。

在地方行政系统内，有户曹3人、租曹2人、兵曹3人、法曹1人、主簿7人、贼曹3人、金曹2人、功曹4人、录事5人、参事5人、行事5人、里禁2人、书佐4人、功曹书佐4人、干4人、寺门3人等。

从护军所统的班底来看，完全可以确定，护军是军政合一的特有建置。它既不同于一般的军事建置，又不同于地方行政建置。

第三，护军所辖主要是少数民族。

勇士护军专为治理乞伏鲜卑而设，这是没有疑义的。据《邓太尉祠碑》，冯翊护军下辖"军府吏属一百五十人，统和宁戎、鄜城、洛川、定阳五部领屠各，上郡夫施黑羌、白羌、高凉西羌、卢水、白虏（鲜卑慕容部）、支胡、粟特、苦水，杂户七千，夷类十二种"，可以断定，其辖治的主要是从各地逼迁来的少数民族。抚夷护军的记载没有冯翊护军那样具体，但《广武将军□产碑》的题名中，涉及属于少数民族"部大""酋大""大人"之类名号之多，非常惊人，可以确定为部大者计31人、酋大者25人、大人者4人。两位护军部属题名，

据马长寿先生考证或推测后统计，少数民族超过题名总人数的84%。抚夷护军所辖与冯翊护军相同，于此可以确证。

需要注意，前秦在关陇以外设置护军均较晚，是随其统治地域的扩大而逐步设立的。如云中护军设于甘露元年（359），勇士护军设立于建元七年（371），中田及甘松护军设于击灭前凉之后。那么前秦初年的护军均设于关中。据今所知，冯翊有4个，北地有1个，距长安都相当近。初期护军集中于关中并具有上述特点是怎样形成的呢？这就和前秦初年的胡汉分治密不可分了。自汉国实行胡汉分治后，六夷酋帅们都是有实地的。如后赵时苻洪之于枋头（河南浚县西南），姚弋仲之于滠头（河北枣强东北）。六夷酋帅治下的少数民族均保有原先的部落组织，既是当时汉、赵等国的军事主力，又从事生产，苻健"课所部种麦"便是很好的例证。因此它又是军政合一的特有建置。前秦初年同样掠徙少数民族（冯翊护军所统各少数民族均注明其原先的居住地便证实了这一点），置于单于台的统辖之下，当作主要军事力量来使用。曹魏时期曾在冯翊郡设立过抚夷护军，前秦废止胡汉分治后，就仿照曹魏的名称，设置护军统辖单于台所属的六夷。这样，大单于、单于辅相之类的名号虽然不见了，但其原有的特征都在汉魏官制的名称下保留了下来，这也表明前秦并没有放弃以少数民族丁壮为军队核心，这几乎可以说是十六国时期诸少数民族政权共有的特点，因此，才会出现"宠育鲜卑、羌、羯，布诸畿甸"[1]的现象。这些被逼迁畿甸的鲜卑、羌、羯，保有其原先的部落组织，并分属长安周围的护军辖治。

---

1 《晋书》卷114《苻坚载记下》。

前秦的护军制对后世颇有影响。众所周知，后秦等有军镇制，北魏初年则设镇都大将，后来又有捍卫平城的六镇。《魏书·官氏志》曰："旧制，缘边皆置镇都大将，统兵备御，与刺史同。城隍、仓库皆镇将主之，但不治。"它的滥觞便是军坊制。这类建置的出现，与前秦的护军制有着渊源的关系，甚至可以说是它的演变和发展。

前秦地方行政最大的变动是在建元十六年（380）分遣宗人坐镇各方。伴随这一变化而来的是"新券主"及"世卿"之类的官职。有关于此，将在"淝水之战"一章中专门论及，这里就不赘述了。

三、礼乐仪制

前秦的礼仪也都模仿魏晋。苻健称天王时，先在长安城南渭水之阳修筑祝告天地的祭坛，在城东修建宗庙社稷。称帝大典要在太极殿举行，为此稍违"卑宫"的意愿，修建了太极殿。苻坚即登位的首要大事是"礼神祇"，不久又起"明堂，缮南北郊，郊祀其祖洪以配天，宗祀其伯健于明堂以配上帝。亲耕藉田，其妻苟氏亲蚕于近郊"。永兴二年（358）苻坚巡视雍地（陕西凤翔南），仿照汉礼祀五畤，巡视河东，又祠后土。击灭前燕，苻坚特意赶到枋头（河南浚县西南），改枋头为永昌，"复之终世。坚至自永昌，行饮至之礼，歌劳止之诗"。回到长安，又"行礼于辟雍，祀先师孔子"。他要仿照汉武帝，在一统天下之后封禅泰山。淝水之战惨败后，苻坚又特意"告罪于其太庙"等。

前秦，特别是在苻坚统治时期，以儒家思想为统治思想，仿照汉晋，标榜以孝治天下。史称苻坚及其弟融都"性

至孝"[1]，苻坚一再下诏表彰"孝友忠义"。清河人崔悦在后赵末年任新平（治今陕西彬县）相时，为新平人所杀。苻坚灭燕，征崔悦子崔掖为尚书郎，崔掖表称父仇不共戴天，坚决不到关中做官，要求回到故乡冀州去。这正符合苻坚倡导的封建伦理纲常，为此他不惜颁布禁锢新平人、缺新平城角以示耻辱之类的诏令来表彰崔掖。百姓中凡犯有不孝罪者，必遭严惩。《太平御览》卷645收录了前秦的两则案例。其一为某百姓偷盗了母亲的钱财后逃窜，按刑律，罪不至死。可是当有司条奏上闻，太后大怒曰："三千之罪，莫大于不孝，当弃之市朝，奈何投之方外，方外岂无父母之乡乎！"遭到"辗而杀之"的惩处。其二为池阳县（陕西三原西）百姓惑于其妻之言，欲杀其母，未果，自己为刀伤而死。其母在邻居的协助下告官，官收其媳，条奏上闻，苻坚曰："宇宙之内，乃有此事，将非怪乎！"判刑"辗而杀之"。

前秦从一开始就承袭了汉武帝以来的年号制。凡遇重大变故及祥瑞，都有改年号的举措，伴随改元，必有大赦。如永兴三年（359）六月，天降"甘露"，苻坚即改元，大赦天下。甘露三年（361）九月，"凤凰集于东阙，大赦境内，百僚进位一级"[2]，苻坚亲撰赦文。前秦统治期间，计有8个年号：

> 皇始，苻健年号，公元351年至355年，凡五年，实际四年半。

> 寿光，苻生年号，公元355年至357年，凡三年，

---

1 以上引文均见《晋书》卷113《苻坚载记上》、卷114《苻坚载记下》。
2 《十六国春秋》卷36《前秦录四》。

实际两年。

永兴，苻坚年号，公元357年至359年，凡三年，实际两年。

甘露，苻坚年号，公元359年至364年，凡七年，实际六年半。

建元，苻坚年号，公元365年至385年，凡二十一年。

太安，苻丕年号，公元385年至386年，凡二年，实际一年。

太初，苻登年号，公元386年至394年，凡九年。

延初，苻崇年号，公元394年，仅数月。

前秦礼乐文物之齐备，非但在十六国中堪称翘楚，即使以正统自居的东晋也望尘莫及。如皇帝乘坐的各种辇、舆及云母车之类，以及作为皇帝出巡使用的司南车、记里车等仪仗，东晋都不具备。东晋是在淝水之战后才在战利品中得到辇及云母车，东晋有指南车及记里车则在更后了。《晋书·舆服志》曰："指南车，过江亡失，及义熙五年（409），刘裕屠广固，始复获焉，乃使工人张纲补辑周用。十三年（417），裕定关中，又获司南、记里诸车，制度始备。其辇，过江亦亡制度，太元中谢安率意造焉，及破苻坚于淮上，获京都旧辇，形制无差，大小如一，时人服其精记。"南燕及后秦之有上述仪仗，则也都获自前秦。

典礼所用的各部大乐，东晋更为阙如。《晋书·乐志下》曰："永嘉之乱，海内分崩，伶官乐器，皆没于刘、石。"东晋建立太庙，筹备祭祀大典，尚书省指令太常条奏所用乐名。职居太常的贺循绞尽脑汁也交不了差，最后只有据实呈

报："旧京荒废，今既散亡，音韵曲折，又无识者，则于今难以意言。"东晋无奈，下令"省太乐并鼓吹令"。这一大典，冷清至极，之后千方百计支撑场面，实际是"尚未有金石也"，"食举之乐，犹有未备"。东晋好不容易东拼西凑，弄到了一些乐器，因为无人懂得演奏，只能堆在库房里任其朽坏，皇家体面，扫地以尽。前秦则十分齐全，淝水之战，东晋虏获了前秦的乐工乐器，才把这一套涉及声誉体面的太乐建立起来。"太元中，破苻坚，又获其乐工杨蜀等，闲习旧乐，于是四厢金石始备焉。"

四、深受汉文化影响的苻氏集团

前秦的政权建设之所以全部仿照汉魏，礼乐文物堪称当时之冠，与苻氏集团深受汉文化的影响密不可分。

如前所述，氐族是内迁诸少数民族中受汉文化影响最深的一个。他们和汉族人民交错杂居，互相往来，早就掌握了汉族的语言，与汉族大致相似的经济生活又决定了氐族较易接受先进的汉族文明。这一时期，内迁少数民族中绝大多数或多或少、自觉或不自觉地出现过排斥汉文化的事件，但在氐族中极少见到。也就是说，氐族对吸收汉族先进文明的态度是比较积极的，其中尤以苻氏集团为最。

前秦的奠基人苻洪说："吾年十三，方欲求师，时人犹以为速成。"[1]"时人"当是同居于略阳（甘肃秦安东南）的氐族豪贵。因此，这不但表明苻洪积极主动地接受汉文化，即便周围的氐族豪贵对此亦持赞赏的态度。应该说，这正是苻

---

1 《太平御览》卷122。

洪由一个部落小帅发展成拥有戎晋两万余户的一方势力，进而成为氐族政治领袖的基本原因之一。

苻洪到了枋头以后，设置"家学"抚育其子弟。《晋书·吕光载记》曰："光生于枋头……不乐读书，唯好鹰马。"吕婆楼是否亦设置家学教育其儿子吕光，这里并不明确，吕光幼年同样就学则相当明显。这应是枋头大多数豪贵们共有的行为，所以才会在后族中出现文才堪称时人之冠的梁谠和梁熙这样的兄弟。《十六国春秋·前秦录》曰："梁谠，字伯言。博学有俊才，与弟熙俱以文藻清丽，见重一时。时人为之语曰：'关东堂堂，二申两房；未若二梁，瑰文绮章。'"[1]

苻洪子孙汉文化的素养都相当高，史称其少子苻雄"少善兵书……有政术"[2]；苻坚弟弟苻融"下笔成章，至于谈玄论道，虽道安无以出之。耳闻则诵，过目不忘，时人拟之王粲。尝著《浮图赋》，壮丽清赡，世咸珍之。未有升高不赋，临丧不诔，朱彤、赵整等推其妙速"[3]，苻融甚至能用《周易》中的一些辩证原理来断狱；苻坚的庶长子苻丕"少而聪慧好学，博综经史"[4]，《资治通鉴》卷100说他"有文武才干，但治民断狱，皆亚于融"；苻坚第五子苻琳"有文武才艺……至于山水文咏，皆绮藻清丽"[5]；苻坚的侄儿苻朗"有若素士，

---

1 《太平御览》卷495。
2 《晋书》卷112《苻健载记》附《苻雄传》。
3 《晋书》卷114《苻坚载记下》附《苻融传》。
4 《晋书》卷115《苻丕载记》。
5 《太平御览》卷744引《十六国春秋·前秦录》

耽玩经籍，手不释卷"[1]；苻坚的族孙苻登同样是一个"颇览书传"[2]的统治者。

前秦开国之君苻健汉文化素养如何似乎不大明确，可是从苻融坚辞安乐王的封号时，苻健能说出"且成吾儿箕山之操"[3]这样的话来看，苻健对历史及典故也是相当熟悉的。

在苻氏家族中，汉文化素养之高，当首推苻坚。他八岁就请师读书，接受汉文化的熏陶，"博学多才艺"。他爱好诗赋，每遇吉庆盛典，几乎都要吟诗作赋，并令群臣唱和，亲自评判。《十六国春秋·前秦录》曰："苻坚宴群臣于逍遥园，将军讲武，文官赋诗。有洛阳年少者，长不满四尺而聪博善属文，因朱彤上《逍遥戏马赋》一篇，坚览而奇之，曰：'此文绮藻清丽，长卿俦也。'"[4]苻坚熟悉经史，每有大的举动，必然引经据典，列举历史上的明君圣主自况。他倡导儒学，自诩追寻汉武帝和汉光武帝，要与他们相媲美。他力主吕光西征，说是效法两汉通西域的故事。他分遣宗人坐镇各地，说是效法西周。他发动淝水之战，说是仿照武王伐纣。即使是发动政变，也说是为了效法汤武革命。对于臣下违背其意愿的活动，苻坚同样引证历史典故给予解释和惩处。甘露二年（360），云中护军贾雍突然袭击匈奴刘卫辰部，纵兵抢掠，苻坚惩处贾雍时说："朕方修魏绛和戎之术，不可以小利忘大信。昔荆吴之战，事兴蚕妇；浇瓜之惠，梁宋息兵。夫怨不在大，事不在小，扰边动众，非国之利也。

1 《晋书》卷114《苻坚载记下》附《苻朗传》。
2 《晋书》卷115《苻登载记》。
3 《晋书》卷114《苻坚载记下》附《苻融传》。
4 《太平御览》卷587。

所获资产，其悉以归之。"[1]翻开《晋书·苻坚载记》可以看到，前秦君臣之际的对话，几乎充满了历史典故，因此大多数语言都使人有似曾相识之感。

苻坚的历史知识相当丰富。永兴二年（358），苻坚为其用人制造舆论，借南游灞陵之机，对随从群臣出了一个历史题目："汉祖起自布衣，廓平四海，佐命功臣孰为首乎？"汉族士人权翼回答："《汉书》以萧曹为功臣之冠。"苻坚指出："汉祖与项羽争天下，困于京索之间，身被七十余创，通中六七，父母妻子为楚所囚。平城之下，七日不火食，赖陈平之谋，太上、妻子克全，免匈奴之祸。二相何得独高也！虽有人狗之喻，岂黄中之言乎！"[2]在这里，可以看到苻坚的史识非同一般，也反映了他渴望罗致英豪为他治国平天下的愿望。

苻坚的经学造诣相当深。他曾"问难五经，博士多不能对"。君臣之际，也经常借助经义来评论时政得失。在上层集团中，对苻坚重用鲜卑慕容贵族普遍有一种不安的感觉。建元九年（373），苻融借天象上奏苻坚："臣闻东胡在燕，历数弥久，逮于石乱，遂据华夏，跨有六州，南面称帝。陛下爰命六师，大举征讨，劳卒频年，勤而后获，本非慕义怀德归化。而今父子兄弟列官满朝，执权履职，势倾劳旧，陛下亲而幸之。臣愚以为猛兽不可养，狼子野心。往年星异，灾起于燕，愿少留意，以思天戒。……《诗》曰：'兄弟急难'，'朋友好合'。昔刘向以肺腑之亲，尚能极言，况于臣乎！"

---

1 《晋书》卷113《苻坚载记上》。

2 《晋书》卷113《苻坚载记上》。

符坚答:"汝为德未充而怀是非,立善未称而名过其实。《诗》云:'德辆如毛,人鲜克举。'君子处高,戒惧倾败,可不务乎!今四海事旷,兆庶未宁,黎元应抚,夷狄应和,方将混六合以一家,同有形于赤子,汝其息之,勿怀耿介。夫天道助顺,修德则禳灾,苟求诸己,何惧外患焉。"[1]

可以说,符坚对于汉文化已达醉心的地步,正由于此,前秦政权建设及礼乐仪制才一仿汉魏。符坚重用王猛整顿朝纲,加强专制主义中央集权,恢复经济等,也就成了必然之举。

总之,前秦政权固然有其自身的一些特色,但它是一个封建政权,应该是没有什么疑问了。

第二节　符坚统治前期的政治

一、澄清吏治,强化中央集权

前秦在符坚统治前期,政治、军事、经济和文化都达到鼎盛,成为当时中国境内最有规模气度、最富生气的一个政权。这与符坚富有才干、胸怀"混合六一,以济苍生"的大志有关,更与他能信用王猛,放手让王猛施政有关。王猛对前秦走向鼎盛所起的作用,可以在他死后符坚所下的诏书中得到反映。

> 朕闻王者劳于求贤,逸于得士,斯言何其验也。往得丞相,常谓帝王易为。自丞相违世,须发中白,每一

---

1 《晋书》卷113《符坚载记上》。

念之，不觉酸恸。今天下既无丞相，或政教沦替，可分
遣侍臣周巡郡县，问民疾苦。[1]

这里有必要对王猛的情况及其政绩做一介绍。

王猛，字景略，北海剧（山东昌乐西）人。生于东晋明
帝太宁三年（325），死于苻坚建元十一年（375），终年51
岁。他出身贫寒，曾"以鬻畚为业"。他"博学好兵书，谨
重严毅，气度雄远，细事不干其虑，自不参其神契，略不与
交通，是以浮华之士咸轻而笑之"。后赵司隶校尉徐统引荐
他为功曹，其时后赵已气息奄奄，日暮途穷，王猛当然不愿
做这个行将灭亡的残暴政权的殉葬品。他逃避入关，隐居华
阴（陕西华阴东南），"怀佐世之志，希龙颜之主，敛翼待
时，候风云而后动"。桓温入关，封王猛为高官督护。王猛
考虑到东晋门第森严，难展胸中抱负，同样拒绝了。王猛与
吕婆楼交好，因吕婆楼的关系结识了苻坚。两人一见，"便
若平生，语及废兴大事，异符同契"。对苻坚来说，固然是
得到了和诸葛亮一样的"谋略不世出"的盖世奇才；对王猛
来说，则是碰上了一位和刘备一样的明主。所以二人都把这
一次见面看作"若玄德之遇孔明也"[2]。王猛积极参与了苻坚的
政变，一出仕就位至中书侍郎，一年之中，连升五次，官至
丞相、尚书令、中书监、太子太傅、司隶校尉、持节、常侍、
将军，后又加都督中外诸军事，成为苻坚之下"权倾内外"
的人，是苻坚改革整顿的积极有力的推行者。

---

1 《资治通鉴》卷104。
2 《晋书》卷114《苻坚载记下》附《王猛传》。

当时，中国境内主要是东晋、前燕、前秦和前凉四个政权并立。桓温自进兵关中失败后，致力于在东晋争权夺利；前燕占有关东后，已不图进取；前凉则忙于应付内乱。客观环境为苻坚和王猛的改革整顿、致力内部提供了十分有利的条件。

前秦初期最大的弊端是法制不明、纲纪不立，专制主义中央集权没有真正确立起来。针对这类现象，王猛采取了以下措施。

第一，建立各种典章制度，整顿纲纪。

王猛力主"治乱邦以法"，并以"肃清轨法"[1]自许，史称王猛执权后，前秦"典章法物靡不悉备"[2]。可以肯定，王猛执权期间为前秦制定了一系列的典章制度。他任始平（陕西兴平东北）令时，"明法峻刑，澄察善恶，禁勒豪强"，上任不久，就鞭杀了一个违法乱纪的官吏。王猛受任为京兆尹，下车伊始，收斩了以豪横著称、公然掠人子女财货的强太后的弟弟强德，史称"奏未及报，已陈尸于市；坚驰使赦之，不及"[3]。没过多久，王猛便诛杀和刑免了贵戚权臣二十余人。

王猛执法之严，连亲贵如苻融这样的人物也胆栗不已。苻融继王猛为冀州牧、都督六州诸军事后，在邺城（河北临漳西南）违纪建立学舍，相关部门据实弹纠，追查责任。苻融无奈，命其主簿李辇到长安代为申理。李辇估计此事难以善了，他没有能力完成苻融所交付的使命，半途忧惧而死。苻融只有苦苦敦请"清辩有智胆"、曾出仕过前燕尚书郎的

1 《晋书》卷114《苻坚载记下》附《王猛传》。

2 《晋书》卷113《苻坚载记上》。本节引文，凡引自卷113《苻坚载记上》、卷114《苻坚载记下》者，皆不再注出处。

3 《资治通鉴》卷100。

高泰赴京说项。高泰声名鹊噪一时，王猛屡次征辟均为所拒。此时一见，王猛大喜过望："高子伯（高泰字子伯）于今乃来，何其迟也！"殊不料高泰劈头一句竟是："罪人来就刑，何问迟速！"王猛动容了，高泰侃侃而言："昔鲁僖公以泮宫发颂，齐宣王以稷下垂声，今阳平公（苻融封爵）开建学宫，追踪齐、鲁，未闻明诏褒美，乃更烦有司举劾。明公阿衡圣朝，惩劝如此，下吏何所逃其罪乎！"[1]一番说辞逼住了王猛，苻融违制事件才得以冰释。

第二，效法曹操"整齐风俗"。

有关它的具体内容，今存史籍中已无踪影，只留下了"整齐风俗"四个字。但下列情况表明，当时浮华交会，党同伐异，不切实际横发议论、讥评时政的现象一定非常严重。其一，苻生在位时讥刺嘲弄的事件层出无穷，密谋政变的集团相当多，这当然要以结党营私、党同伐异为前提。其二，王猛在始平才一行动，立刻出现了"百姓上书讼之，有司劾奏"的事情，乃至苻坚都不得不"槛车征（猛）下廷尉诏狱"，借以平息众怒。此类状况听其自然，结局当然是有法不依、政令不一、朝纲混乱不堪，所以必须整顿禁绝。

第三，严禁"老""庄"及图谶。

两汉以来，谶纬迷信思想盛极一时，十六国时期更是泛滥成灾，苻氏家族对此深信不疑。前秦统治者能利用图谶，他人亦能利用，因此这是惑乱政局的一大祸患。苻坚即位之初，新平人王雕为邀功请赏，又呈上了一套图谶，恭维苻氏应王天下，针对当时民族观念强烈的情况，提出了逼

---

1 《资治通鉴》卷103。

迁汉族的建议:"谨案谶云:'古月之末乱中州,洪水大起健西流,惟有雄子定八州。'此即三祖、陛下之圣讳也。又曰:'当有艸付臣又土,灭东燕,破白虏,氐在中,华在表。'案图谶之文,陛下当灭燕,平六州。愿徙汧陇诸氐于京师,三秦大户置之于边地,以应图谶之言。"苻坚十分高兴,拜王雕为太史令。王猛坚决反对,认为王雕"为左道惑众,劝坚诛之"。在王猛的一再坚持下,苻坚不得已杀了王雕,下达了禁止图谶的诏令。可是不久又发生了尚书郎王佩读谶的事件,苻坚杀了王佩,学谶之风才稍有遏止。

所谓"老""庄",是指魏晋以来的玄学。清谈误国,人所共知。苻坚、王猛力求务实,禁止玄学清谈,应该说是与整齐风俗、严禁浮华交会相辅相成的,有利于各项政令的贯彻。

总之,王猛是从制度、纲纪、刑律、舆论、风俗等诸方面同时入手来加强专制主义中央集权的。对于王猛的举措,开始时苻坚颇不理解,责问王猛:"为政之体,德化为先,苟任未几而杀戮无数,何其酷也!"王猛的回答十分干脆。

> 臣闻宰宁国以礼,治乱邦以法。陛下不以臣不才,任臣以剧邑,谨为明君剪除凶猾。始杀一奸,余尚万数,若以臣不能穷残尽暴,肃清轨法者,敢不甘心鼎镬,以谢孤负。酷政之刑,臣实未敢受之。

两人的看法统一了,苻坚十分满意,当众宣布:"王景略固是夷吾、子产之俦也。"[1]下诏曰:"咸阳内史猛声彰出纳,所

---

1 《晋书》卷114《苻坚载记下》附《王猛传》。

在著绩，有卧龙之才，宜入赞百揆，丝纶王言，可征拜侍中、中书令、领京兆尹。"[1]前燕黄门侍郎梁琛说"苻坚机敏好断"[2]，信不虚矣。但是对于图谶迷信，坚始终没有多大改变，以致日后深受其害。

在王猛的大力整顿下，没过多久，前秦出现了"百僚震肃，豪右屏气，路不拾遗，风化大行"的状况，苻坚也不由得感叹："吾今始知天下之有法也，天子之为尊也！"专制主义中央集权有所加强，王猛治秦取得了初步成效。

王猛治秦之所以能有成效，原因如下。

第一，用人策略正确。王猛没有单枪匹马地蛮干，他既与"疾恶纠案，无所顾忌"[3]"鲠直不挠"的御史中丞邓羌"协规齐志"，又积极联合氐族权贵中与他志同道合的右仆射梁平老、领军将军强汪、司隶校尉吕婆楼等，更"兄事"李威，力争李威的理解和支持。李威虽然只是左仆射领抚军将军，却与苟太后有着特殊的关系，是苻坚政变的实际肇始人和操纵者，被苻坚视之"如父"的人物。争得了李威的支持，实际上也就争得了苟太后的支持，也有助于取得苻坚的支持。王猛成功了，他极得李威的赞赏，史称李威"雅重王猛，劝坚以国事任之。坚常谓猛曰：'李公知卿，犹鲍叔之于夷吾，罕虎之于子产'"[4]。这样，在当权者中不但形成了一支致力于整顿的骨干队伍，而且得到了足以影响政局的有力人物的支持，保证了各项措施的推行。

---

1 《太平御览》卷122引《十六国春秋·前秦录》。
2 《晋书》卷111《慕容暐载记》。
3 《资治通鉴》卷100。
4 《太平御览》卷122引《十六国春秋·前秦录》。

第二，选择的突破口是正确的。十六国时期，统治民族的权贵高人一等，横行不法是司空见惯的。始平是枋头旧部的集中地，贵戚勋臣比比皆是，王猛首先在这里论法施刑。到了京师，又拿官居特进、光禄大夫的外戚强德开刀。统治民族的权贵，甚至皇亲国戚也遭严惩，其他各族的权贵当然只有忍气吞声、善自收敛这条路好走。

第三，"法简政宽"，处事严肃公正。王猛坚持"治乱邦以法"，但并非单纯依靠立法施刑，他为政的特点是"法简政宽"[1]和处事严肃公正。他"刚明清肃，善恶著白，放黜尸素，显拔幽滞……练习军旅，官必当才，刑必当罪"[2]。"法简"便于推行贯彻，"政宽"有利于休养生息。用人得当、善恶分明，保证了军令政令的整齐划一，因此史称他的治秦是"政理称举"。王猛是公正的，律己极严，不谋私利。尽管对于前秦来说，堪称丰功伟绩，但他并不因此为子孙求官求财，临终前只要求苻坚给其子"十具牛为田"，乃致其子王皮"不免贫馁"。这样做的结局，当然是"人思劝励"了。

第四，苻坚的支持。王猛有胆有识，务实而不求虚名，洁身自好，堪称我国历史上的一流相才。但是在专制主义中央集权的政体下，涉及军政的任何举措，若无最高统治者的支持，是无法实施的。王猛之所以能施展其宏才伟略，最根本的还在于苻坚的大力支持。

对于王猛执权，氐族豪贵极端不满。"大勋于苻氏"的氐族强豪樊世代表权贵中的保守势力首先发难，他当众折辱王

---

1 《资治通鉴》卷102。

2 《资治通鉴》卷103。

猛："吾辈与先帝共兴事业，而不预时权，君无汗马之劳，何敢专管大任？是为我耕稼而君食之乎！"王猛针锋相对："方当使君为宰夫，安直耕稼而已。"樊世怒火中烧，威胁王猛："要当悬汝头于长安城门，不尔者，终不处于世也。"苻坚得知后，态度非常鲜明："必须杀此老氐，然后百僚可整。"抓住樊世狂傲的特点，乘其入朝言事之机，故意问王猛："吾欲以杨璧尚主，璧何如人也？"樊世忍不住了："杨璧，臣之婿也，婚已久定，陛下安得令之尚主乎！"王猛立刻火上浇油："陛下帝有海内，而君敢竞婚，是为二天子，安有上下！"樊世何曾受过这样的闲气，当场发作，"丑言大骂"，大闹朝堂，追击王猛。借口到手，苻坚下令斩樊世于西厩。杀一个樊世，并不能完全抑制氐族权贵们的气焰。"诸氐纷纭，竞陈猛短"，"宗戚旧臣皆害其宠"。对此，苻坚"恚甚，慢（谩）骂，或有鞭挞于殿庭（廷）者"，有的还遭到免官或贬黜的惩处。经过一番较量，才形成"公卿已下无不惮猛焉"的局面。

王猛指责樊世的言辞表明，他整顿改革的核心是要确立皇帝至高无上的权威。王猛和氐族权贵们的矛盾，实质在于要不要强化专制主义中央集权。正因如此，苻坚才给予大力支持。但作为一个少数民族的统治者，在民族矛盾极端尖锐、民族仇杀发生后不过六七年的背景下，能这样支持一个异族政治家，并以打击本族中贵戚勋臣为突破口，在我国封建社会史上，毕竟是不多见的。

整顿朝纲初见成效后，苻坚又采纳了京兆民王伫的建议，以十略为施政要点："一曰君道宜明，二曰臣尚忠敬，三曰子贵孝养，四曰民生在勤，五曰教无偏党，六曰养民在惠，七曰延聘耆贤，八曰惩恶显善，九曰伐叛柔服，十曰

易简弘大。"[1] 前秦的施政更趋完善。同时苻坚和王猛又把施政的重点转向了地方。甘露元年（359），苻坚遣使巡察四方，中心内容是"州郡……长吏刑罚失中，为百姓所苦，清修疾恶，劝课农桑，有便于俗，笃学至孝，义烈力田者，皆令具条以闻"。灭燕后，遣绣衣使者循行关东郡县，观省风俗，"燕政有不便于民者，皆变除之"[2]。取得东晋的梁、益二州后，又遣使巡行各地，罢黜贪官污吏，表彰和提拔勤于职守、清正廉洁的官员。王猛死后，苻坚特意在未央宫设置听讼观，处理各地政务。

上述措施，整饬了吏治，提高了行政效率。《晋书·苻坚载记》附《王猛传》记载了这样一件事："广平麻思流寄关右，因母亡归葬，请还冀州。猛谓思曰：'便可速装，是暮已符卿发遣。'及始出关，郡县已被符管摄。其令行禁整，事无留滞，皆此类也。"这样的行政效率，在苻坚后期还保持着，最典型的是淝水之战前夕的大征发。为发动灭晋之役，建元十九年（383）七月，苻坚发布了总动员令，下令十丁出一兵。八月，即距总动员令不到两个月，百万大军便出动了。如此高的行政效率，应该说是罕见的，即便在淝水之战后，此种余风犹在，边缘地区也不例外。《吐鲁番文书》收录了一条《前秦建元廿年（384）韩瓮自期召弟应身辞》，内云："建元廿年三月廿三日，韩瓮自期，二日召弟应身。逋违，受马鞭一百，期具。"这既说明前秦的征发相当严酷，逃亡及违限要罪及家属，也说明各级职能机构仍然在运转，

---

1 《太平御览》卷122引《十六国春秋·前秦录》。
2 《资治通鉴》卷102。

行政效率非同一般。史称前秦在苻坚前期"垂及升平",《资治通鉴》卷103曰"秦国大治",此虽溢美之词,但在苻坚前期,特别是王猛在世时,前秦吏治较为清明,是当时中国境内行政效率最高、吏治最好的一个政权。

学术界普遍认为,苻坚统治前期曾大力打击豪强。如此评价,是否偏高了一点?汉魏以来,有两种情况值得注意。其一,随着士族地主阶层的形成,士族的政治特权及经济特权确立起来,他们在政治领域里的统治地位已成不可逆转之势。其二,由于战乱频仍,各地坞堡林立,地方豪右凭借坞堡作威作福、欺压良善,奴役众多的依附农民,北方地区更严重。少数民族统治者虽然依靠其强劲的军事实力在中原建立了政权,但徐、兖、司、豫等地,基本上是汉族坞堡控制的地区,冀、齐、秦、雍、凉等州,各族坞堡主的力量也相当强大。这是一股十分顽固的地方势力,也是惑乱地方行政的祸胎。少数民族统治者没有力量消灭各地坞堡,随着其封建化的加深,又需要利用坞堡主特别是汉族士族地主维护和巩固其统治,因此自石勒起就开始顾及士族及坞堡主们的利益。他攻陷魏郡,署坞堡主们为将军、都尉等名号;他"讳胡尤峻",但又下令"不得侮易衣冠华族"[1];他始则令张宾清定五品,后来干脆恢复了九品中正制等。前秦也无例外,苻健的"约法三章"实质上是确认了各地坞堡主们的权益。王猛执权期间,并没有清理户籍、核实人口的举措。苻坚对于建议和主持前燕清查隐户的悦绾极为赞赏,史称"坚

---

1 《晋书》卷105《石勒载记》。

闻悦绾之忠，恨不及见，拜其子为郎中"[1]，但也始终没有把
清查人户和抑制豪强侵凌作为整治地方的重点。所谓"禁勒
豪强"，只是禁止他们公然违法横行而已，他们的权益并未
受到损害。《魏书·薛辨传》的记载证实了这种状况："（薛）
强……善绥抚，为民所归，历石虎、苻坚，常凭河自固。"
薛氏始终是称霸乡里的一方势力。此外，关中地区坞堡林立
的局面丝毫没有改变，甚至还有所发展，关中"堡壁三千余
所"[2]。前秦统治腹地尚且如此，其他地区应更严重。

　　对于士族，苻坚和王猛更是照顾有加。苻坚即位伊始，
就"修废职，继绝世"，搜罗已经衰落的士族子弟，给以官
职。为时不久，又"复魏晋士籍，使役有常闻"。按照黄门
侍郎程宪的建议，"肃明典法，使清浊显分"，下制"非命
士已上，不得乘车马于都城百里之内"，给士族崇高的待遇。
击灭前凉后，又特意下诏："雍州士族先因乱流寓河西者，
皆听还本。"[3]

　　"士籍"并非指为士族建立单独的户籍，而是指姓氏谱。
此举表明前秦同样进行了区别士庶的活动，恢复了九品中正
制。所谓"清浊显分"是在选官任职上，凡属清显的官职只
能由士族充任。如宗室诸公的主要僚属，若非士族出身，辟
署者是要受惩处的。仅甘露六年（364）因此而降公为侯的，
就有平阳、平昌、九江、陈留和安乐五位。王猛坐镇邺城，
手操选举大权，"以清河房旷为尚书左丞，征旷兄默及清河
崔逞、燕国韩胤为尚书郎，北平阳陟、田勰、阳瑶为著作佐

1　《资治通鉴》卷102。
2　数字恐有误，详见第六章第二节。
3　《资治通鉴》卷104。

郎，郝略为清河相。皆关东士望"。符融继王猛为冀州牧，"高选纲纪，以尚书郎房默、河间相申绍为治中别驾，清河崔宏为州从事，管记室"[1]。这两张名单是极不全面的，但"皆关东士望"及"高选纲纪"表明，前秦的选官任职，士族优先。

众所周知，西晋通过荫客制确认了士族有奴役一定数量的佃客及亲属的特权，"役闻有常"指的就是这类经济特权。

应该说，少数民族和汉族统治阶级的勾结和联合，减少了人为地利用和挑唆民族矛盾的事件，从而在客观上有利于民族融合，但两者的勾结又带来不可避免的祸害。在政治清明时，它不甚显著，吏治淆乱，政局动荡，坞堡主们便是四分五裂的阶级基础。他们势力的急剧发展，又必然促使阶级矛盾和民族矛盾的激化。前秦灭亡不久，后燕人户隐匿的现象便十分严重，南燕更达到无以复加的地步："迭相隐冒，或百室合户，或千丁共籍，依讬城社，不惧燻烧，公避课役，擅为奸宄，损风毁宪，法所不容。"此时诸燕都立国未久，特别是南燕，建国还不到四年，把这类状况完全归于南燕维护士族地主的利益恐怕不大合适，它不过是继承了前秦的摊子而已，所以慕容德的尚书韩悼在其奏议中明确指出，这类现象肇源于前秦，"百姓因秦晋之弊，迭相隐冒"[2]。

总之，上述情况表明，对符坚和王猛打击豪强的举措固然应该肯定，但不能估计过高。

---

1 《资治通鉴》卷103。
2 《晋书》卷127《慕容德载记》。

二、苻坚的用人和纳谏

怎样才能在根本上求得治平，是苻坚最关切的问题。高泰进言："治本在得人，得人在审举，审举在核真，未有官得其人而国家不治者也。"苻坚十分赞赏："可谓辞简而理博矣。"[1]不难想象，苻坚相当重视用人及求才。政变之前，苻坚"要结英豪，以图纬世之宜"，倾身结交了王猛、强汪、梁平老、吕婆楼、权翼、薛瓒等人，而政变后，这些王佐之才都得到了重用。苻坚统治前期，下令求才的次数相当多。

永兴元年（357），诏令各级官吏举荐"殊才异行、孝友忠义、德业可称者"。

甘露元年（359），苻坚遣使巡察各地，具条奏报"清修疾恶、劝课农桑、有便于俗，笃学至孝、义烈力田者"。

甘露三年（361），"命牧伯守宰各举孝悌、廉直、文学、政事"[2]，诏求"有学为通儒、才堪干事、清修廉直、孝悌力田者"。

灭燕后，命令王猛"以便宜简召英俊，补六州守令"[3]。

建元八年（372），诏令"关东之民，学通一经、才成一艺者，在所郡县以礼送之"[4]。

对于知名人士，苻坚总是千方百计罗致，常以安车蒲轮礼请，甚至不惜大动干戈。他攻陷襄阳，得到释道安和习凿齿二人后，高兴地书谕诸镇曰："昔晋氏平吴，利在二陆

---

1 《资治通鉴》卷103。
2 《资治通鉴》卷101。
3 《资治通鉴》卷103。
4 《资治通鉴》卷103。

（陆机和陆云）；今破汉南，获士裁一人有半耳（习凿齿有
蹇疾，故称为半）。"[1] 苻坚求才之心，至死未泯。《晋书·姚
兴载记》附《尹纬传》曰："（姚）苌既败苻坚，遣纬说坚，
求禅代之事。坚问纬曰：'卿于朕何官？'纬曰：'尚书令
史。'坚叹曰：'宰相之才也，王景略之俦。而朕不知卿，亡
也不亦宜乎！'"苻坚把失败归于身边有王猛一样的人才而
没有发现，这种对人才的认识，可谓相当深刻。

苻坚在恢复九品中正制后，虽然给士族仕进的优先权，
但在统治前期，基本上能做到不问出身、不问民族。汉族士
人他会用，少数民族他会用，降将降士他也用。王猛出身贫
寒，薛瓒和权翼原先是姚襄的谋士，号称"万人敌"的名将
张蚝本是刑余之人，邓羌是汉人，姚苌是羌人，慕容垂是鲜
卑人等。他击灭代国，并不因拓跋部落后而放弃求才之念。
《苻坚载记上》中有一段他与拓跋什翼犍之间十分有趣的对
话："召涉（什）翼犍问曰：'中国以学养性，而人寿考，漠
北啖牛羊而人不寿，何也？'翼犍不能答。又问：'卿种人
有堪将者，可召为国家用。'对曰：'漠北人能捕六畜，善驰
走，逐水草而已，何堪为将！'"如此求才，在我国历史上
也不多见。

苻坚求才，多而不滥，特别是王猛在世期间，更是如
此。他规定："察其所举，得人者赏之，非其人者罪之。由
是人莫敢妄举，而请托不行，士皆自励；虽宗室外戚，无
才能者皆弃而不用。"因此，史称苻坚前期非但"号称多

---

1 《晋书》卷82《习凿齿传》。

士""英儒毕集",同时又"内外之官,率皆称职"[1]。这虽难免言过其实,但也绝非毫无根据。王猛自不待言,苻融坐镇关东,"所在盗贼止息,路不拾遗"。他颇善谋略,"专方征伐,必有殊功"。王猛死后,苻融接替王猛的职权,并非因为他是苻坚的弟弟,关键是他"铨综内外,刑政修理,进才理滞,王景略之流也。尤善断狱,奸无所容,故为坚所委任"[2]。苻丕之所以能代替苻融坐镇邺城,也是因为"文武才干亚于苻融,为将善收士卒情"[3]。坐镇朔方的梁平老,"在镇十余年,鲜卑,匈奴惮而爱之"[4]。坐镇凉州的梁熙,"清俭爱民,河右安之"[5]。梁熙的别驾索泮"执法御掾,州府肃然,郡县改迹……政务宽和,戎夏怀其惠"。前秦进入鼎盛,与这些人才是密切相关的。

苻坚基本上是知人善任的,除王猛外,对邓羌的处置相当典型。伐燕之役,邓羌要挟王猛许以司隶校尉重任。王猛无奈,答应了。苻坚权衡后没有同意,特此下诏:"司隶校尉,董牧皇畿,吏责甚重,非所以优礼名将。光武不以吏事处功臣,实贵之也。羌有廉(颇)、李(牧)之才,朕方委以征伐之事,北平匈奴,南荡扬、越,羌之任也,司隶何足以婴之!其进号镇军将军,位特进。"[6]邓羌虽有许多优点,但更以善于用兵及勇猛见称,这一诏令既顾及了将相之间的

1 《资治通鉴》卷101。
2 《晋书》卷114《苻坚载记下》附《苻融传》。
3 《晋书》卷115《苻丕载记》
4 《资治通鉴》卷103。
5 《资治通鉴》卷104。
6 《资治通鉴》卷103。

关系，又确实用了邓羌之长。

战国时的名将白起说过："非得贤之难，用之难。非用之难，信之难。"[1] 这确实是求才用人方面的至理名言。苻坚对于人才，基本上能做到用而信之。他与王猛之间，并非没有矛盾，双方有多次冲突，有时还相当尖锐，但并没有影响他对王猛的信任。王猛出将入相，"军国内外万机之务，事无巨细，莫不归之"[2]。王猛看中的人便可任用，所谓呈报有司不过是履行一下手续而已。贵戚勋臣对王猛攻击越烈，苻坚对王猛的信任弥坚。鉴于灭燕时苻坚在王猛行将成功之际突然领兵赶到安阳，暴露出他对王猛的疑虑，所以王猛对任命他为冀州牧、都督关东六州诸军事重任一直惴惴不安，一再要求苻坚"改授亲贤"。苻坚亦觉此举有些过分，颇为抱愧，为解除王猛的疑虑，特意报书曰："朕之于卿，义则君臣，亲逾骨肉，虽复（齐）桓（公）、（燕）昭（王）之有管（仲）、乐（毅），玄德之有孔明，自谓逾之。夫人主劳于求才，逸于得士。既以六州相委，则朕无东顾之忧，非所以为优崇，乃朕自求安逸也。夫取之不易，守之亦难，苟任非其人，患生虑表，岂独朕之忧，亦卿之责也，故虚位台鼎而以分陕为先。卿未照朕心，殊乖素望。新政俟才，宜速铨补；俟东方化洽，当袞衣西归。"[3] 并特意派遣中书令梁说到邺城安抚王猛。当王猛保有过去一切头衔回到长安，苻坚又加王猛都督中外诸军事，集军政大权于王猛一身。王猛数次上奏："元相之重，储傅之尊，端右事繁，京牧任大，总

1　转引自《晋书》卷52《华谭传》。

2　《晋书》卷114《苻坚载记下》附《王猛传》。

3　《资治通鉴》卷103。

督戎机，出纳帝命，文武两寄，巨细并关，以伊（尹）、吕（望）、萧（何）、邓（禹）之贤，尚不能兼，况臣猛之无似！"对此，苻坚甚至说出了这样的话："朕方混一四海，非卿无可委者？卿之不得辞宰相，犹朕之不得解天下也。"还命令诸子："汝事王公，如事我也。"[1]君臣之际，如此际遇，在历史上是极鲜见的，无怪乎前燕的使臣梁琛回到邺城后，评论这两个人的关系时说："观其君臣相得，自谓千载一时。"[2]

用人和纳谏是相辅相成的，只有善于采纳臣属的合理建议，才能人尽其才，各使其能。苻坚前期是颇能纳谏的。

其一，为支持王猛，苻坚在殿廷上鞭挞或谩骂氐族权贵。给事黄门侍郎权翼进言："陛下宏达大度，善驭英豪，神武卓荦，录功舍过，有汉祖之风。然慢易之言，所宜除之。"这实际上是要苻坚恩威并施，慑服权贵。苻坚立刻笑纳："朕之过也。"

其二，苻坚登临龙门，对据有关中十分自得，顾谓群臣曰："美哉山河之固！娄敬有言，'关中四塞之国'，真不虚也。"权翼及中书侍郎薛瓒进言："臣闻夏殷之都非不险也，周秦之众非不多也，终于身窜南巢，首悬白旗，躯残于犬戎，国分于项籍者何也？德之不修故耳。吴起有言：'在德不在险。'深愿陛下追踪唐虞，怀远以德，山河之固不足恃也。"这是君臣之间就治国总纲的一场讨论，苻坚闻言，"大悦"。

其三，苻坚好酒，灭凉以后，欢宴群臣，以秘书监朱彤

---

1 《资治通鉴》卷103。
2 《晋书》卷111《慕容暐载记》。

为酒正，监劝大家"以极醉为限"[1]。秘书侍郎赵整为此作酒歌曰："地列酒泉，天垂酒池。杜康妙识，仪狄先知。纣丧殷邦，桀倾夏国。由此言之，前危后则。"苻坚闻后，命赵整写下来，自此以后，"宴群臣，礼饮而已"[2]。

难能可贵的是除了接受大臣及亲近侍从的进谏外，苻坚还能接受身份地位低下的伶人的进谏。苻坚喜欢围猎，灭燕以后，他围猎于邺城的西山，伶人王洛拦马进谏："陛下为百姓父母，苍生所系，何可盘于游田，以玷圣德。若祸起须臾，变在不测者，其如宗庙何！其如太后何！"苻坚的回答是："善。昔文公悟愆于虞人，朕闻罪于王洛，吾过也。"自此不再围猎。

王猛死后，苻坚的骄侈本性大发，奢华之风日长，悬珠帘于正殿，用奇珍异宝装饰宫宇器物。尚书郎裴元略进谏："臣闻尧舜茅茨，周卑宫室，故致和平，庆隆八百。始皇穷极奢丽，嗣不及孙。愿陛下则采椽之不琢，鄙琼室而不居，敷纯风于天下，流休范于无穷，贱金玉，珍谷帛，勤恤人隐，劝课农桑，捐无用之器，弃难得之货，敦至道以厉薄俗，修文德以怀远人。然后一轨九州，同风天下，刑措既登，告成东岳，踪轩皇以齐美，咂二汉之徒封，臣之愿也。"此时苻坚虽然难以做到，但还是撤除了珠帘，擢迁裴元略为谏议大夫。

对于苻坚的纳谏，前燕的梁琛也深有体会。建元五年

1　此据《资治通鉴》卷104。《太平御览》497引《十六国春秋·前秦录》曰："当以落地为限。"

2　此据《资治通鉴》卷104。《太平御览》卷842引赵整《酒德之歌》曰："获黍西秦，采麦东齐，春封夏发，鼻纳心迷。"

（369），梁琛出使前秦，正值苻坚在万年（陕西富平东北）围猎，随即便想接见。梁琛反对，指出前燕用极隆重的礼节迎接前秦的使臣，前秦也应给予相应的礼遇。前秦尚书郎辛劲摆出大国的架势，抬出《春秋》斥责梁琛："宾客入境，惟主人所以处之，君焉得专制其礼！且天子称乘舆，所至曰行在所，何常居之有！又，《春秋》亦有遇礼，何为不可乎！"梁琛为不辱国命，据理抗争："晋室不纲，灵祚归德，二方承运，俱受明命。而桓温猖狂，窥我王略，燕危秦孤，势不独立，是以秦主同恤时患，要结好援，东朝君臣，引领西望，愧其不竞，以为邻忧，西使之辱，敬待有加。今强寇既退，交聘方始，谓宜崇礼笃义以固二国之欢；若忽慢使臣，是卑燕也，岂修好之义乎！夫天子以四海为家，故行曰乘舆，止曰行在。今海县分裂，天光分曜，安得以乘舆、行在为言哉！礼，不期而见曰遇；盖因事权行，其礼简略，岂平居客与之所为哉！客使单行，诚势屈于主人；然苟不以礼，亦不敢从也。"[1]苻坚知道后，特设行宫，令百官排班陪位，接待梁琛。苻坚又令太子苻宏邀见梁琛，事先暗谕，要梁琛行跪拜之礼。梁琛据理拒绝，苻坚同意了。梁琛深有感慨，回国后对苻坚下了这样的断语："机明好断，纳善如流。"[2]

需要说明的是，苻坚的善于用人和纳谏，主要在其前期，尤其是纳谏。随着前秦达到鼎盛，苻坚逐步为骄侈本性所支配，乃至发兵西域和领兵东下时，拒绝了一切不同的意见，一意孤行，终于导致了淝水惨败。

1 《资治通鉴》卷102。

2 《晋书》卷111《慕容㻉载记》。

三、重视儒学教育

汉魏以来，内迁各少数民族有一个相同的特点：他们有自己的语言，没有自己的文字。因而在其汉化的道路上都采用汉族的语言、文字。随着其封建化的加深，均以儒家经典及汉族的传统培育子弟及统治人才，如苻健入关后就"修尚儒学"。苻坚一即位，更对振兴儒学、兴办学校倾注了巨大的热情，下令中央及郡国设置各级学校，并表示"朕一月三临太学，黜陟幽明，躬亲奖励，罔敢倦违，庶几周孔微言不由朕而坠，汉之二武其可追乎"。在他统治前期，确实也是这样做的，其主要措施如下。

第一，礼聘及崇尚儒学名士。

乐陵人王欢，安贫乐道，专精好学，尤善《诗经》，是名闻关东的"通儒"[1]，历任前燕博士、国子祭酒。苻坚灭燕后，以安车蒲轮征王欢为国子祭酒。襄平人公孙永，"少而好学恬虚"，"吟咏岩间，欣然自得"，闻名于世。苻坚想"备礼征之"，考虑到他年高路远，改为遣使致意。公孙永死后，苻坚特谥"崇虚先生"的称号[2]。

永嘉之乱以来，凉州偏居一隅，是较为安定的所在。这里又是汉人张轨的天下，士人纷纷避乱而来。张氏重视文教，受学人数之多，与当时中国境内各地相比，堪称首屈一指，凉州经学成为当时之冠。苻坚灭凉后，尤为重视礼聘凉州名儒。敦煌人郭瑀"精通经义，雅辩谈论，多才艺，善属文"[3]，曾著

---

1 《晋书》卷93《儒林·王欢传》。
2 《晋书》卷94《隐逸·公孙永传》。
3 《晋书》卷94《隐逸·郭瑀传》。

《春秋墨说》及《孝经错纬》等书，著录弟子达千余人。苻坚特备安车蒲轮礼聘郭瑀进京，协助参定各种礼乐文物。恰值郭瑀父死，苻坚无奈，只好命令太守辛章选送生员 300 人到郭瑀处就学。前秦礼乐文物日趋完备，与凉州儒学密不可分。《晋书·姚兴载记》曰："凉州胡辩，苻坚之末，东徙洛阳，讲授弟子千有余人，关中后进多赴之请业。"可以想见，被礼聘或迫迁关中和关东的凉州名儒，人数不会太少。

与此同时，苻坚又下令："诸非正道，典学一皆禁之。"颇有汉武帝"罢黜百家、独尊儒术"的意味。

第二，广立学校。

苻坚妙选生员，太子及公侯百僚之子皆得入太学受业。他还特意在后宫设置了学校，置典学、立内史，选择太监及女奴中"有聪识者"为博士，讲授经学。

苻坚对设置学校已达醉心的地步，他下令"中外四禁、二卫、四军长上将士，皆令修学"[1]。二十人给一经生，教读音句读，后来又在渭城（陕西咸阳）设立了教武堂，选择懂得阴阳兵法的太学生去教授各级将领。乃至汉族士人秘书监朱彤也感到此举未免过分，进言："陛下东征西伐，所向无敌，四海之地，什得其八，虽江南未服，盖不足言。是宜稍偃武事，增修文德。乃更始立学舍，教人战斗之术，殆非所以驯致升平也。且诸将皆百战之余，何患不习于兵，而更使受教于书生，非所以强其志气也。此无益于实而有损于名，惟陛下图之！"[2] 如此普及经学，在我国历史上的明君圣主中，也属鲜见，苻坚这样

1　前秦有中军、外军将军；前禁、后禁、左禁、右禁将军为四禁；左卫、右卫将军为二卫；卫军、抚军、镇军、冠军将军为四军。长上者系指长上宿卫将士。
2　《资治通鉴》卷 104。

做，无疑有其积极意义。但战争经验更多地应在实践中取得，让只有书本知识的经生教身经百战的将领用兵，未免有些削足适履，所以苻坚还是接受了朱彤的建议。

第三，学而优则仕。

为了激励生员读经，苻坚大力推行传统的"学而优则仕"的措施。他"亲临太学，考学生经义优劣，品而第之"。开始时一月三临，其后在相当长的一段时间内每月一临。建元元年（365），孝廉通经者十余人拜令长；建元八年（372），苻坚又主持太学考测诸生经义，83个位列上等的生员均得优叙。苻坚还下令，"在官百石以上，学不通一经、才不成一艺者，罢遣还民"[1]，由此"诸生竞劝焉"。

在苻坚的统治下，入太学的不止氐、汉两族的官僚子弟，各族上层分子也得入太学受业。灭代以后，苻坚就令拓跋什翼犍入学。事后，苻坚问什翼犍："好学否？"对曰："若不好学，陛下用教臣何为？"苻坚对此回答十分满意。[2]

苻坚的举措不由得使人想到魏晋南北朝时期另一位力主汉化的杰出人物北魏孝文帝拓跋宏。他曾对拓跋权贵们讲过这样一句话："北人每言北人何用知书，朕闻此，深用忧然……朕为天子，何假中原，欲令卿等子孙，博见多知。若永居恒北，值不好文主，卿等子孙，不免面墙也。"[3]苻坚和孝文帝言语不同，意旨却是一致的，无怪乎当时人这样评论苻坚："陛下神武拨乱，道隆虞夏，开庠序之美，弘儒教之风，化盛隆周，垂馨千祀，汉之二武焉足论哉！"这又和魏孝文

---

1 《资治通鉴》卷103。
2 实际上前秦并未俘获什翼犍，此处仅引此说明少数民族豪酋亦入太学而已。
3 《魏书》卷21《广陵王羽传》。

帝时人评论魏孝文帝的措辞几乎一模一样。确实，像苻坚这样振兴儒学、重视文教的统治者，非但在十六国时期各少数民族统治者中，即使在我国历史上，亦不多见。

《晋书》前秦诸君传论中谈及苻坚时，还说苻坚"变夷从夏"。前述各项当是其主要内容，此外，当还应有改变氏族落后旧习的措施。只是史文缺载，于此不敢妄言，只得存疑。

苻坚是倡导汉化的先行者，他的举措虽不如魏孝文帝那样彻底，结局也不如魏孝文帝那样幸运，但这不能苛责于苻坚，那是受当时的历史条件所限。在民族仇杀的悲剧发生后不过十余年的时候，苻坚能这样做，胆识是相当惊人的。这些措施，对于缓和民族矛盾、促进民族融合所起的积极作用，应予以肯定，至少，对于民族汉化的促进作用是有史可证的。我们知道，苻坚在统一北方过程中，是尽力把氐族集中到关中地区的，在前秦崩溃后，其中有一部分打回了仇池，他们"婚姻备六礼，知书疏"[1]，这应该是上述措施所留下的成果。

四、优遇各族上层分子

苻坚一再宣称"黎元应抚，夷狄应和，方将混六合以一家，同有形于赤子"。对于各族上层分子来说，苻坚确实是这样做的。击灭姚襄，他收编了姚襄余部，授姚襄弟姚苌为扬武将军。终苻坚之世，姚苌历官左卫将军，陇东、汲郡、河东、武都、武威、巴西、扶风等郡太守，擢任宁、幽、兖三州刺史，后为步兵校尉，封益都侯，进龙骧将军，为一方统帅。灭燕后，封燕主慕容暐新兴侯、慕容评给事中、慕容

---

1 《南史》卷79《氐胡传》。

德张掖太守、慕容冲平阳太守、慕容泓北地长史、平睿宜威将军、悉罗腾三署郎。"燕之诸王悉补边郡。"[1] 用苻坚自己的话来说，他对慕容氏的处置是"合宗蒙宥，兄弟布列上将、纳言，虽曰破灭，其实若归"。前秦勋戚旧臣都感不平，甚至连苻融也说慕容氏"父子兄弟列官满朝，执权履职，势倾劳旧"，希望改变这种状况。

对于各族上层分子，苻坚不但竭力笼络，甚至可以说是宽大无边。慕容垂对苻坚重用慕容评也相当不满："臣叔父评，燕之恶来辈也，不宜复污圣朝，愿陛下为燕戮之。"苻坚没有接受，只是出慕容评为范阳太守。为此，司马光说："古之人，灭人之国而人悦，何哉？为人除害故也。彼慕容评者，蔽君专政，忌贤疾功，愚暗贪虐以丧其国，国亡不死，逃遁见禽。秦王坚不以为诛首，又从而宠秩之，是爱一人而不爱一国之人也，其失人心多矣。是以施恩于人而人莫之恩，尽诚于人而人莫之诚，卒于功名不遂，容身无所，由不得其道故也。"[2] 淝水之败后，慕容氏反心毕露，大乱关中，苻坚仍然对慕容暐说："父子兄弟无相及也。卿之忠诚，实简朕心，此自三竖之罪，非卿之过。"

苻坚对汉族上层分子亦是如此。

周虓原是东晋西夷校尉、梓橦太守。被俘后，拒绝尚书郎的册封，仍极受礼遇。他每见苻坚"辄箕踞而坐，呼之为氐贼"。元会之时，苻坚问周虓东晋元会与之相比如何，周虓攘袂厉言："戎狄集聚，譬犹犬羊相群，何敢比天子！"灭

---

1 《资治通鉴》卷 103。
2 《资治通鉴》卷 103。

代之役，苻坚饯行，请周虓参加，问："朕众力如何？"周虓又出言不逊："戎狄已来，未之有也。"所以群臣都想杀掉他，苻坚始终没有同意。直到周虓参与政变，苻坚才不得已将他流放太原。周虓死后，苻坚还赞叹不已："周孟威不屈于前，丁彦远洁己于后，吉祖冲不食而死，皆忠臣也。"[1]毫无疑问，苻坚这样做，是为了笼络人心，为其巩固统治和统一天下服务的。但此类气度，非但在少数民族统治者中极为少见，应该说，历史上的明君圣主也非都能具有。

但是，如果结合对各族上层分子的任用而言，苻坚倾向于少数民族，特别是鲜卑和羌族，王猛则偏重于关东士族。二人在选官用人方面的差别很大，直到临死前，王猛还念念不忘地告诫苻坚："鲜卑、羌虏，我之仇也，终为人患，宜渐除之，以便社稷。"[2]在这方面，最典型的事例莫过于对慕容垂的态度了。

慕容垂，字道明，燕主慕容皝第五子，爵封吴王。其兄，前燕名相慕容恪说他"天资英杰，经略超时"[3]，"文武兼才，管（仲）萧（何）之亚"，才略十倍于己。建元五年（369），东晋桓温第三次北伐，驻兵枋头（河南浚县西南），前燕万分危急，慕容垂挺身请缨，在襄邑（河南睢县西）歼灭桓温五分之三的军队，使前燕转危为安。这是一个连苻坚亦颇为畏惧的人物。慕容垂因前燕统治集团内部矛盾而在这一年带着儿子慕容令及慕容楷等投奔了苻坚。苻坚大喜

---

1 《晋书》卷58《周虓传》。周虓字孟威；吉挹字祖冲，晋魏兴太守；丁穆字彦远，晋梁州刺史。三人被俘后，均守节而死。

2 《晋书》卷114《苻坚载记下》附《王猛传》。

3 《晋书》卷111《慕容皝载记》。

过望，亲自郊迎，赞美备至："天生贤杰，必相与共成大功，此自然之数也。要当与卿共定天下，告成岱宗，然后还卿本邦，世封幽州，使卿去国不失为子之孝，归朕不失事君之忠，不亦美乎！"[1]拜慕容垂为冠军将军，封宾徒侯，慕容楷为积弩将军，"皆厚礼之，赏赐巨万，每进见，属目观之"。对此，王猛非常不满："慕容垂，燕之戚属，世雄东夏，宽仁惠下，恩结士庶，燕赵之间咸有奉戴之意。观其才略，权智无方，兼其诸子明毅有干艺，人之杰也。"苻坚答曰："吾方以义致英豪，建不世之功。且其初至，吾告之至诚，今而害之，人将谓我何！"

为了除掉慕容垂，建元六年（370），王猛受命伐燕时，故意礼请慕容令为参军，作为向导；行前，又特意造访慕容垂："今当远别，何以赠我？使我睹物思人。"慕容垂无奈，只好解下佩刀送给王猛。王猛拿到信物，进至洛阳，便以重金收买了慕容垂的亲信金熙，叫他以佩刀为信，伪装慕容垂的密使，向慕容令传达慕容垂的密令："吾父子来此，以逃死也。今王猛疾人如仇，谗毁日深；秦王虽外相厚善，其心难知。丈夫逃死而卒不免，将为天下笑。吾闻东朝（前燕）比来始更悔悟，主、后相尤，吾今还东，故遣告汝，吾已行矣，便可速发。"慕容令迟疑不决，但王猛想除掉他们父子，是千真万确的，不由不信。洛阳、长安，路远遥遥，难以核实。此时此刻，与其信其无，不如信其有，所以犹豫再三，才决定三十六计，走为上策，带着家将诈称打猎，逃奔前燕镇守石门（即汴口，今河南荥阳境内）的安乐王慕容臧去了。王

---

1 《资治通鉴》卷102。

猛要的就是他走这一招，立刻奏报慕容令叛逃。慕容垂闻讯，犹如惊弓之鸟，亦潜逃蓝田（今属陕西），为追骑所获。此事本可了结，殊不料慕容垂被押回长安后，苻坚亲自接见于东堂，慰抚有加："卿家国失和，委身投朕。贤子心不忘本，犹怀首丘，亦各其志，不足深咎。然燕之将亡，非令所能存，惜其徒入虎口耳。且父子兄弟，罪不相及，卿何为过惧而狼狈如是乎！"[1]信用如旧。

表面上看，苻坚气度宽厚，目光远大；王猛是为争宠，嫉贤妒能，甚至不惜要弄阴谋诡计。为此，司马光也大发了一通议论。

> 昔周得微子而革商命，秦得由余而霸西戎，吴得伍员而克强楚，汉得陈平而诛项籍，魏得许攸而破袁绍，彼敌国之材臣，来为己用，进取之良资也。王猛知慕容垂之心久而难信，独不念燕尚未灭，垂以材高功盛，无罪见疑，穷困归秦，未有异心，遽以猜忌杀之，是助燕为无道而塞来者之门也，如何其可哉！故秦王坚礼之以收燕望，亲之以尽燕情，宠之以倾燕众，信之以结燕心，未为过矣。猛何汲汲于杀垂，乃为市井鬻卖之行，有如嫉其宠而谮之者，岂雅德君子所宜为哉！[2]

王猛并非嫉贤妒能、贪恋权势之辈，前述言行已说明了这一点，这里不妨再举两例。

---

1 《资治通鉴》卷102。
2 《资治通鉴》卷102。

其一，甘露元年（359），苻坚在王猛原有官职之上，加司隶校尉。王猛上疏力辞："伏见阳平公融，明德懿亲；光禄西河任群，忠贞淑慎；处士朱彤，博识清辩，并宜左右弥纶，晖赞九棘，愚臣庸鄙，请避贤路。"[1]苻坚没有同意："机务俟才，允属明哲，朝野所望，岂容致辞。"[2]但允王猛所荐，拜上述数人高官重任。

其二，建元六年（370），王猛受命伐燕，攻克洛阳，苻坚加其司徒、录尚书事，封阳平侯。王猛坚辞："今燕、吴未平，戎车方驾，而始得一城，即受三事之赏，若克殄二寇，将何以加！"又是苻坚说了下面一席话，他才接受："苟不暂抑朕心，何以显卿谦光之美！已诏有司权听所守，封爵酬庸，其勉从朕命！"[3]

王猛知人善任，时人及后来的史家异口同声。他对慕容垂的判断，几乎是当时稍有政治头脑的人的共同看法。苻坚又何尝不是如此呢？乃至其贴身侍者光柞也极为明白："陛下颇疑慕容垂乎？垂非久为人下者也。"[4]

王猛固然有民族意识未泯的一面，他代表了汉族地主阶级与鲜卑、羌族豪贵在前秦政权中争夺地位，但更多的是出于阻遏一切可能导致分裂的因素，加强中央集权，进而寻求更大的统一的考虑。所以他不但主张并力求剪除慕容垂，甚至甘冒大不韪，借汝南公苻腾谋反的契机，提出剪除淮南公苻幼、晋公苻柳、魏公苻庾、燕公苻武、赵公苻双的建议，一再强调"不

1 《十六国春秋辑补》卷33《前秦·苻坚》。
2 《太平御览》卷122。
3 《资治通鉴》卷102。
4 《资治通鉴》卷107。

去五公，终必为患"[1]。

苻坚又为什么如此对待慕容垂，从而招致"公父子好存小仁，不顾天下大计"[2]的讥评呢？在这方面，胡三省的议论颇能发人深省："石虎之不能杀蒲洪，犹苻坚之不能杀慕容垂、姚苌也。"[3]在这里，胡三省多少窥探到了苻坚和石虎的共同之处，也就是说这两人都继承了汉国以来拉拢和依赖少数民族上层分子巩固统治的传统。苻坚在拉拢和任用汉族上层分子上，比石勒和石虎迈进了一大步，但并没有完全摆脱"戎狄"和"夷夏之分"的观念。因此，他和王猛的矛盾冲突，实质上是一场传统思想，即是依靠汉族地主还是依靠少数民族权贵巩固统治的斗争。在这场斗争中，王猛失败了，苻坚胜利了。但这是落后传统的胜利。王猛死后，苻坚的这一心态进一步发展，少数民族权贵在前秦政权中的地位进一步上升，结局是前秦的四分五裂，苻坚本人也成了这一传统的受害者。

第三节　关陇经济的恢复

苻坚和王猛十分重视经济的恢复和发展。为此，他们在相当长的一段时间内以"偃甲息兵，与境内休息"[4]为基本国策，人民终于得到了一段休养生息的时间。在施政中，"劝课农桑"和褒奖"孝悌力田"是他们派遣使者巡行各地的重

---

1 《资治通鉴》卷 101。

2 《晋书》卷 123《慕容垂载记》。

3 《资治通鉴》卷 96。

4 《晋书》卷 113《苻坚载记上》。本节史料凡属该卷者，不再注出处。

要内容。甘露元年（359），苻坚亲耕籍田，皇后苟氏亲蚕
近郊，虽然只是一种形式，但在一定程度上反映了他重视农
桑耕织的心态。

和苻健一样，苻坚统治前期，卑宫薄赋，倡导节俭，厉
禁奢侈。他不搞大规模的宫殿苑囿建筑，每有巡行，总要减
免些所过地区的租赋。如他登临龙门，即减"所过田租之
半"，到河东祀后土、雍地祀五畤时也是如此。其后，以凉
州新附，"复租赋一年"；灭代以后，优抚恒代，使"三年
无税租"等。他还进行了一些"恤困穷"[1]，赐"鳏寡孤独高
年不能自存者"谷帛之类的救济活动。

为了倡导节俭，苻坚登位不久，借大旱之机下令："减膳
彻悬，金玉绮绣皆散之戎士，后宫悉去罗纨，衣不曳地。"他
因水旱不时，"惧岁不登，省节谷帛之费，太官、后宫减常度
二等，百僚之秩以次降之"。随着经济的恢复，奢侈之风有
所抬头，商人赵掇、丁妃、邹瓮等皆家累千金，车服之盛，
拟则王侯，苻氏宗室竞相辟署富商大贾为国卿。黄门侍郎程
宽特此进言："赵掇等皆商贩丑竖、市郭小人，车马衣服僭同
王者，官齐君子，为藩国列卿，伤风败俗，有尘圣化，宜肃
明典法，使清浊显分。"苻坚特意下诏："金银锦绣，工商、
皂隶、妇女不得服之，犯者弃市。"此令对禁止商人干政、澄
清吏治、倡导节俭，无疑有积极的作用，但从政治上打击及
歧视工商，又有不利于各地的交往和经济发展的一面，而且
必然因此促使商人将其收入从消费领域转向土地，从而加速
土地兼并的进程。在这方面，苻坚和苻健相比，可以说是后

---

1 《资治通鉴》卷100。

退了。但这又不能苛责于苻坚，两汉以来，重农抑商已经成了封建政府在经济领域中的传统思想与决策。苻坚既然一切仿效汉晋，当然会受这些传统思想的束缚，因而他歧视工商的诏令，又几乎和《晋令》一样。《太平御览》卷774引《晋令》曰："百工不得服大绛紫襈，假髻真珠、珰珥、文犀、玳瑁，越叠以饰路张，乘犊车。"同书卷697引《晋令》又曰："士卒百工履色无过绿、青、白，婢履色无过红、青，古、侩卖者皆当着巾贴，额题所侩卖者及姓名，一足着黑履，一足着白履。"据《晋书·李重传》，西晋规定，官吏若对违制工商不加纠察，要受免官惩处："（泰始）八年（272）己巳诏书申明律令：诸士卒百工以上，所服乘皆不得违制，若一县一岁之中，有违犯者三家，洛阳县十家已上，官长免。"既然工商违制要惩处官长，那么对违制工商的惩处一定更重。所以苻坚的上述处置应是继承了西晋的律令。

遇有灾荒年景，苻坚不仅"惧而愈修德政"，进行一般性的赈济，而且积极引导抗灾救灾，效果相当显著，这里有两个实例。

其一，永兴二年（358）秋，大旱，苻坚下令"开山泽之利，公私共之"。秦汉以来，山林川泽在律令上属皇帝所有，山泽的收入由少府管理，是天子的经费，因而禁止百姓樵采渔猎。开放山林川泽，有利于自然资源的开发，便于人民抗灾自救，结果是"旱不为灾"[1]。今天不知道苻坚开放山林川泽是权宜之计，还是一项长期的政策，如果是后者，它的积极意义就远不止此，需要给予较高的评价。

---

[1] 《资治通鉴》卷100。

其二，建元十八年（382），幽州蝗灾，"广袤千里"[1]。苻坚派遣散骑常侍刘兰为使持节，调发青、冀、幽、并诸州百姓扑杀蝗虫。这次蝗灾来势极猛，"经秋冬不能灭"。有司奏劾刘兰，苻坚则说："灾降自天，殆非人所能除也。此自朕之政违所致，兰何罪焉！"与一些昏君庸主不思扑击，任凭蝗虫肆虐，或者诿过臣僚相比，确实判然不同。幽州蝗虫虽然没有被扑灭，但有刘兰节度主持，与幽州毗邻的州郡严密防御，所以"蝗不出幽州之境"[2]，效果还是相当明显的。

苻坚很重视屯田。《晋书·苻坚载记下》曰："晋将军朱绰焚践沔北屯田，掠六百余户而还。"表明苻坚确实曾量地制宜，仿照曹魏实行过屯田。

在苻坚重视恢复经济和发展生产中，有两项措施值得一提。

第一，推广先进的耕作技术。

关中号称百六山河，八百里秦川土地肥沃，物产丰富，缺憾在于降水量小，气温又较高，日照时间长，蒸发量大，干旱成了关中农业生产经常性的威胁。针对这一情况，苻坚下令"课百姓区种"，也就是推广西汉成帝时氾胜之总结出来的区种法。

区种法的具体内容见于贾思勰《齐民要术·种谷第三》引《氾胜之书》："汤有旱灾，伊尹作为区田，教民粪种，负水浇稼。区田以粪气为美，非必须良田也。诸山、陵、近邑高危倾阪及丘城上，皆可为区田。"所谓伊尹之类，不过是伪托，但它是对当时北方劳动人民耕作经验的总结。据《齐民要

[1] 《晋书》卷114《苻坚载记下》。
[2] 《资治通鉴》卷104。

术》，区种农田管理的要求特别严格，归纳起来，大体有以下几点。其一，区种是"尽地力"的一种耕作方法。其二，讲究选种、上好粪肥和泥土拌匀后播种，充分发挥肥效。其三，不同的作物、土质，行距和株距的要求不同。一般应做到等距、全苗。其四，"负水浇稼"，"天旱常溉之"，这样既节约用水，又充分发挥水的效用。其五，经常除草，苗禾长高以前可用锄，苗长不能耕耘时，则用"刬镰比地刈其草矣"。区种既不要求土质，又不苛求农具，只是投入的劳动量特别多。氾胜之估计，"丁男长女治十亩"，也即说一夫一妇之家全力以赴，只能种十亩地。但亩产量相当高，据说可达"百石"。氾胜之试种，则达"四十石"[1]。这显然是一种适合干旱地区、畜力不充足、农具不齐备的穷困小农的较为先进的集约化耕作方法。[2]

关陇地区过去有区种的传统。邓艾屯田上邽（甘肃天水）时，"值岁凶旱，艾为区种，身被乌衣，手执耒耜，以率将士"[3]，这为苻坚推广区种提供了较为有利的条件。随着这一较为先进的耕作方法的推广，前秦曾获得过好收成。建元十八年（382），"上田亩收七十石，下者三十石"，麻、豆"上田亩收百石（约当今二十九石），下者五十石"，胡三省认为这有悖常理，是妖异之状。他说："农人服田力穑，至于有秋，自古以来，未有亩收百石、七十石之理，而亩收五十石、三十石，亦未之闻也。使其诚有之，又岂非反常之大者乎！使其无之，则州县相与诬饰以罔上，亦不祥之大

1 《北堂书钞》卷39《兴利》。
2 参见黄惠贤《魏晋南北朝时期农耕方式及农业生产水平初探》，《北京师范学院学报》1985年第2期。
3 《三国志·魏书》卷26《邓艾传》。

者也，秦亡宜矣！"[1]胡三省的分析是对的。如果把上述产量作为平均亩产或普遍现象，这确实是吏治大坏、诬饰以罔上的表现。但区种使亩产有所提高，却是不可否认的。个别特殊地段，因条件优越，收成较高，折算起来也可达到百石左右。贾思勰说："谚曰：'顷不比亩善'，谓多恶不如少善也。西兖州刺史刘仁之，老成懿德，谓余言曰：'昔在洛阳，于宅田以七十步之地，试为区田，收粟三十六石。'然则一亩之收，有过百石矣。少地之家，所宜遵用之。"[2]用今天的话来说，这是高产试验田，在当时，大面积推广肯定达不到，一般农民，特别是贫困农民，就更没有刘仁之那样的条件了。

第二，兴修水利。

关中是战国以来我国古代兴修水利最多和水利最发达的地区。两汉时期，这里除战国时兴修的郑国渠外，还兴修了渭水和黄河间的漕渠、泾水和洛水间的白渠，此外还有龙首渠、六辅渠、灵轵渠、成国渠等，基本上形成了一个水利网。曹魏时又修复了成国渠，建筑了临晋陂等。魏晋之际，只是因为政治腐败、战乱不已，关中水利工程才年久失修、丧失效用，干旱为烈不已。苻坚"以关中水旱不时，议依郑白故事，发其王侯已下及豪望富室僮隶三万人，开泾水上源，凿山起堤，通渠引渎，以溉冈卤之田。及春而成，百姓赖其利"。既然如此，对过去年久失修的水利工程，苻坚也可能采取一些相应的措施。

较为清明的吏治、重视农桑、推广先进的耕作方法及水

---

1 《资治通鉴》卷104。
2 《齐民要术》卷1《种谷第三》。

利的兴修，促进了经济的恢复和发展。"田畴修辟，仓库充实，盗贼屏息。"[1]与此相应，工商业也有发展，苻坚还铸钱来适应这一需要。《水经注》卷4曰："秦始皇二十六年（前221）……铸金人十二以象之，各重二十四万斤……谓之金狄……石虎取置邺宫，苻坚又徙之长安，毁二为钱。其一未至而苻坚乱，百姓推置陕北河中，于是金狄灭。"一次铸钱四十八万斤，数量可谓不小。《晋书·苻坚载记上》总叙当时的经济情况曰："关陇清晏，百姓丰乐，自长安至于诸州，皆夹路树槐柳，二十里一亭，四十里一驿，旅行者取给于途，工商贸贩于道。百姓歌之曰：'长安大街，夹树杨槐。下走朱轮，上有鸾栖。英彦云集，诲我萌黎。'"不管怎样溢美，这无论如何也是一幅自魏晋以来十六国时期仅见的兴旺图象。苻坚和王猛在短短的十余年间，能取得这样的成果，其功绩是应该肯定的。正是在这种"兵强国富，垂及升平"的基础上，苻坚才实现了北方的统一。

众所周知，封建社会里个体小生产的劳动生产率十分低下，技术进步缓慢，生活条件极端艰苦，扩大再生产的可能性接近于零。投入更多的劳动力成了封建社会发展生产的最主要途径，因此，经济的发展常和人口的增加成正比。在这里，且就前秦的人口略说几句。

今存史籍没有前秦人户的统计数。搞清前秦人户十分艰难，所幸史籍中留下了两个数字，可供我们进行极粗略的估算。

其一，前燕尚书申绍曾曰："中州丰实，户兼二寇。"[2]

---

1 《资治通鉴》卷101。

2 《晋书》卷111《慕容暐载记》。

这里的"二寇",指的是东晋和前秦。前燕灭亡后,苻坚收其图籍,有"户二百四十五万八千九百六十九,口九百九十八万七千九百三十五"。南方人户最多的时候是宋孝武帝大明八年(464),计有"户九十万六千八百七十,口四百六十八万五千五百一"[1]。我们知道,刘宋统治地域比东晋要大,其间又经过宋文帝元嘉之治的休养生息,户口比东晋要多,只怕没有疑问,如果把这时的户口数算作东晋的,那么前秦统治区的人户虽然达不到150万户550万人左右,但与南方相差无几,或者略有超过的可能性是存在的。

其二,淝水之战前夕,苻坚估计,"人十丁遣一兵","略计兵杖精卒,可有九十七万"[2]。他的估计是比较切合实际的。淝水之战中,苻坚倾国而动,所出兵马为"戎卒六十余万,骑二十七万",加上吕光所统西征的七万五千人,总兵力在九十五万左右。淝水之战中,苻融所统前锋为二十五万,加上淮淝地区原有的守军,合起来为三十万左右。[3]从军事角度来看,苻坚绝对不可能把刚征发来的乌合之众作为先锋,这应是一支训练有素的常规部队。苻坚在统一北方时,动用兵力最大的一次是灭代,也是三十万。两个数字恰好一样。这绝非偶然,应该说,这正是苻坚在正常情况下所能使用的最大兵力,加上驻防京师和各地的兵马,苻坚在发动淝水之战前,总兵力大概在五十万到六十万之间。那么淝水之战中,苻坚的兵力有三十五万到四十五万是按十丁抽一的办法临时征集起来的。如果

---

1 《通典》卷7《历代盛衰户口》。

2 《晋书》卷114《苻坚载记下》。

3 《资治通鉴》卷105。

这一估计大致可以的话，此时符坚境内应有三百五十万到四百五十万丁，以每户一丁计，则在三百五十万至四百五十万户，扣除前燕境内的人户，关陇及河东一带应有一百一十万至二百一十万户。取其低数，与申绍所做出的估计大致相同。我们从前述抚夷护军领户三万，而集中在关中三原、九嵏、武都、汧、雍五地的氐户就有"十五万户"之类的情况看，前秦在灭燕前拥有一百一十万户人口的可能性是存在的。若按高数，前秦的人户与前燕大体持平，申绍的奏议就成了自吹自擂，这又绝无可能。因为申绍的奏议是针对前燕弊政、痛心疾首地说出来的。

西晋全盛时，雍、秦两地有户近十三万。[1]前秦灭燕前，其人户为西晋时该地的八倍到十倍，这当然不可能是自然增殖，应包括前秦在各次战争中掠徙及从各地流徙而来的在内。这种情况在十六国时期并非绝无先例。前燕统治辽东时，就出现过"流人之多旧土十倍有余"[2]的现象。退一步讲，上述估算纯属臆断，前秦统治境内的人户远远超过西晋时该地的人户数，也是确定无疑的，因为仅关中氐户及抚夷护军所统人户已达十八万，河东有胡晋十余万户，[3]西州仅拥戴姚苌的就达"五万余家"，北地、新平、安定还有"羌胡十余万户"[4]，等等。这几个数字加起来已超过四十三万户了，更何况还有在数量上超过少数民族于关陇地区生生不息的汉族人民呢。

---

1 《晋书》卷14《地理志》。
2 《晋书》卷109《慕容儁载记》。
3 《晋书》卷110《慕容儁载记》。
4 《晋书》卷116《姚苌载记》。

苻坚统一北方

〖第四章〗

第一节 王猛灭燕

一、前燕概述

前燕由鲜卑慕容部建立，开国于晋武帝太康六年（285），灭亡于前秦建元六年（370），开国之君是慕容廆。

慕容部曾先后参加过檀石槐领导的鲜卑部落联盟和小种鲜卑轲比能领导的部落联盟。曹魏初年，轲比能部落联盟瓦解，慕容部迁徙辽东。晋惠帝元康四年（294），慕容部在其酋长慕容廆的率领下，数经迁徙，始定居于大棘城（辽宁锦州附近），"教以农桑，法制同于上国"[1]，自此，慕容部由游牧转向农业定居，并逐步模仿西晋建立国家制度。

慕容部人数较少，力量薄弱。西晋末年，它面临的形势相当复杂，西有强敌鲜卑段部和宇文部，东有强邻高句丽，大棘城周围又经常受到附塞鲜卑素连及木津部[2]的骚扰。宇文部、段部和高句丽这三股势力曾在西晋东夷校尉崔毖的策动之下联合起来，围剿慕容部。慕容部常有危如累卵之感，不得不卑辞厚礼以事宇文部和段部。

---

1 《晋书》卷108《慕容廆载记》。
2 此据《晋书·慕容廆载记》。《资治通鉴》卷97"素连"作"素喜连"，"木津"作"木丸津"。

慕容廆是一个受汉文化影响较深、富有才干的人物。为谋出路，他力图搞好和汉族的关系，利用民族矛盾日趋尖锐、人心思晋的形势，接受其子慕容翰的建议，称臣于晋，借"拥晋"和"勤王"号召汉族人民，直到慕容氏称帝中原前，慕容廆及其后继者始终坚持这一策略。慕容部虽比匈奴、羯族落后，但在此策略影响下，它没有搞汉、赵以来的"胡汉分治"。在慕容部建国的历史上，大量、残酷地屠杀和掠徙汉族人民的事例比较少见。前燕是十六国前期与汉族关系较好，主动、积极地吸收汉文化的一个少数民族政权，其措施主要有以下几项。

第一，招徕流民，劝课农桑。

西晋永嘉以后，中原丧乱，锋镝余生的汉族人民到处流徙。他们为安身立命，有的结聚坞堡，有的远徙江南，有的北投幽、冀，相当一部分拥进了辽东。慕容廆时，流徙辽东的已达数万家；慕容皝时，流入人数已超过辽东土居十有余倍，大概当时汉族人民除乔迁江南最多外，其次要数辽东了。

辽东比较安定，慕容部又打着晋室旗号，这都是前燕能吸引流民的原因，但更重要的还是慕容氏制定了一条对流民极有吸引力的招徕政策，其内容：一是来去自由，史称"民失业，归慕容廆者甚众，廆禀给遣还，愿留者即抚存之"[1]。二是设立侨郡县安置流民。《资治通鉴》卷 89 曰："是时中国流民归廆者数万家。廆以冀州人为冀阳郡；豫州人为成周郡；青州人为营丘郡；并州人为唐国郡。"《资治通鉴》系此事于西晋建兴二年（314），可见前燕设置侨州郡比东晋

---

1 《资治通鉴》卷 87。

还早。在东晋，籍注侨州郡的民户享有免除赋役的权益，前燕情况不明。可是《晋书·慕容德载记》曰："矜迁氓之失土，假长复而不役。"南燕对流民实施"长复不役"的优惠政策，应该是继承了前燕的措施。当然这种优惠不会长期维持下去，《晋书·慕容皝载记》曰："罢成周、冀阳、营丘等郡。以渤海人为兴集县，河间人为宁集县，广平、魏郡人为兴平县，东莱、北海人为育黎县，吴人为吴县，悉隶燕国。"侨郡县的取消，目的显然是征收租赋，估计其内容大概和东晋的土断相差无几。不管怎样说，在当时北方诸少数民族政权中，前燕对汉族流民的政策是最好的。

劝课农桑和招徕流民相辅相成。如果不把流民用于农业，就无法解决其流亡问题，也不能保证前燕对他们的剥削。为此，慕容廆特意从东晋引来桑种。慕容皝时，针对大量流民的涌入、"人殷地狭，故无田者十有四"[1]的状况，开放苑囿牧场，模仿曹魏，实施屯田。采用四六分成或对半分成的剥削方法，对一些贫困无力的人，还分赐粮种和耕牛一头，扶植他们从事生产。同时，前燕还设置了专职机构管理和兴修水利。

第二，提倡儒学。

慕容廆是一个醉心于汉文化、染上重文慕儒之风的少数民族统治者。他占有辽东后，设置学校培养子弟及汉族地主阶级的子孙，有时还亲至学校听讲。慕容皝的汉文化修养高于乃父，定都龙城（辽宁朝阳）后，进一步扩大了学校的规模，生徒达千余人。在辽东的历史上，这是史无前例的。慕

---

1 《晋书》卷 109《慕容皝载记》。

容皝亲自撰写了汉文课本《太上章》，代替了汉文帝时编写的课本《急就篇》，又著《典诫》十五篇作为贵族子弟的政治课本。他经常到学校去讲授或主持考试，选拔生员中优异者为官。其子慕容儁继位后，又设立小学教育慕容权贵子弟，而后进入太学深造，学校建置更趋完备。史称慕容儁"雅好文籍，自初即位至末年，讲论不倦，览政之暇，唯与侍臣错综义理，凡所著述四十余篇"。[1] 前燕最后一个统治者慕容暐也是"好学""多艺"[2]的人物。前燕统治者热心提倡儒学，无疑是为了巩固统治，但却有力地促进了慕容部和汉族的融合。

第三，拉拢世家大族。

慕容廆说："贤人君子，国家之基也，不可以不敬。"[3] 他十分重视人才，竭力笼络汉族世家大族。凡汉族士人来归者，慕容廆都量才录用。汉族士族阳骛"母李氏，博学有母仪，慕容皝常升堂拜敬"[4]。这样对待士族，在少数民族统治者中也不多见。在前燕文武大臣中，有大量汉族士人，而且都有实权。《资治通鉴》卷88曰："段氏兄弟专尚武勇，不礼士大夫。唯慕容廆政事修明，爱重人物，故士民多归之。"十六国时期，各少数民族政权拉拢汉族地主阶级的例子俯拾即是，有些少数民族统治者对汉族士人也十分信任，但就总的情况来看，选用汉族地主之广泛、关系相处之融洽，恐怕还要首推慕容氏政权。正由于此，前燕灭亡后，原先臣属前燕的汉族世家大族们对慕容氏一往情深，处心积虑地为慕容

---

1 《晋书》卷110《慕容儁载记》。

2 《资治通鉴》卷100。

3 《晋书》卷108《慕容廆载记》。

4 《太平御览》卷431引《十六国春秋·前燕录》。

氏的复国奔走呼号，竭尽犬马之力。

前燕对我国辽东地区的开发和促进民族融合是有贡献的。在上述一系列措施下，前燕由弱转强，击灭了鲜卑段部和宇文部，一度击灭了高句丽，并且吞并了幽冀一带的其他鲜卑部落，顶住了后赵的频频进攻。

后赵末年，中原大乱，前燕乘机推进。前秦皇始二年（352）魏昌（河北定州和深泽间）一战，前燕生擒了冉闵。不久，前燕又攻克了邺城（河北临漳西南）。迁都中原，初都蓟城（今北京），后都于邺。此时，晋旗号对前燕已毫无作用，慕容儁坦率地对东晋的使者说："汝还白汝天子，我承人乏，为中国所推，已为帝矣！"[1]前燕全盛时，其疆域"南至汝、颍，东尽青、齐，西抵崤黾，北守云中"[2]，相当于今天的河北、河南、山西、山东的广大地区及辽宁的一部分，成为与前秦据大河对峙的劲敌。

二、前秦和前燕的对峙

前燕所占地盘大于前秦。关东地区自古以来就是我国经济较为发达的所在，秦、燕双方比较，燕的实力远强于秦，用前燕尚书左丞申绍的话来说，叫作"中州丰实，户兼二寇，弓马之劲，秦、晋所惮"[3]。如果说苻健、苻生在位时，前燕正忙于关东地区的征战杀伐，还不足以威胁前秦的话，那么苻坚在位时，情况就大不相同了。建元元年（365），前燕太宰、大都督、录尚书事慕容恪领兵攻占洛阳，生俘东晋

1 《晋书》卷110《慕容儁载记》。
2 《读史方舆纪要》卷3。
3 《晋书》卷111《慕容暐载记》及附《慕容恪传》。

扬武将军沈劲，前锋推进到崤谷和渑池（河南渑池西），"秦中大震"[1]。苻坚被迫亲临潼关，布防陕城（河南三门峡市），直到慕容恪奏凯班师，苻坚才松下一口气来，回到长安。

前燕始终没有兵击前秦的愿望。永兴二年（358）苻坚政变未久，前燕主慕容儁下令各州查核户口，户留一丁，余悉为兵，力求凑一百五十万兵马，"复图入寇（东晋），兼欲经略关西"，当有人力陈"百姓凋弊，召兵非法，恐人不堪命，有土崩之祸"[2]，慕容儁才改为三五占兵，以备来年大举。

前燕进攻前秦的机会相当多，以建元四年（368）前秦魏公苻廋[3]、晋公苻柳、燕公苻武、赵公苻双四人联合作乱的这个机会为最佳。叛乱一起，举国震动，人心惶惶。当时图谶中又有"燕马当饮渭水"之说。苻坚为此焦虑万分，他最害怕前燕乘势而动，支持据有陕城的苻廋和蒲坂（山西永济蒲州镇）的苻柳，从这两地打入其腹心。前燕绝大部分文臣武将主张乘机发兵，范阳王慕容德更为积极，一再上奏，指出前秦"自相疑戮，衅起萧墙"，正是"兼弱攻昧，取乱侮亡"的大好时机，真可谓"时来运集，天赞我也"，如果不乘机而动，那就悔之晚矣，"天与不取，反受其殃"，力主兵发两路，进援陕城和蒲坂，倾国而动作为后援，一举荡平前秦。不料执政慕容评在收受了苻坚的贿赂后却说："秦虽有难，未易可图。朝廷虽明，岂如先帝，吾等经略，又非大宰（慕容恪）之匹，终不能平秦也。但可闭关息旅，保宁疆

---

1 《晋书》卷111《慕容晴载记》及附《慕容恪传》。
2 《晋书》卷110《慕容儁载记》。
3 《资治通鉴》卷101作"苻廋"。

场足矣。"坐失了大好时机，前燕智能之士只有无可奈何地悲叹："谋之不从可如何！"[1]

"闭关息旅，保宁疆场"，这实际上是前燕进入中原后的基本国策。如果说在慕容儁时尚不明确的话，慕容恪辅佐慕容暐时就十分明朗了。慕容恪曾对慕容暐的弟弟安乐王慕容臧说过："今劲秦跋扈，强吴未宾，二寇并怀进取，但患事之无由耳。夫安危在得人，国兴在贤辅……吴王天资英杰，经略超时，司马职统兵权，不可以失人。吾终之后，必以授之。……国家安危，实在于此，不可昧利忘忧，以致大悔也。"临死前又对慕容暐说："吴王文武兼才，管、萧之亚，陛下若任之以政，国其少安。不然，臣恐二寇必有窥觎之计。"[2]

慕容恪是文武才略皆臻于一流的人物，史称"雄毅严重"，"沈深有大度"。他善于用兵，"临机多奇策"，"推锋而进，所向辄溃"。他治军"不事威严，专用恩信；抚士卒务综大要，不为苛令，使人人得便安。平时营中宽纵，似若可犯；然警备严密，敌至莫能近者，故未尝负败"[3]。在前燕统治集团内部矛盾重重、争权夺利愈演愈烈的时刻，慕容恪是稳定时局的中流砥柱。军国大谋，慕容恪决不自专，遇事必和慕容评等商议。慕容恪"虚襟待物，咨询善道，量才处任，使人不逾位，朝廷谨肃，进止有常度"[4]。他很会团结人，"官属、朝臣或有过失，不显其状，随宜他叙，不令失伦，唯以此为贬。时人以为大愧，莫敢犯者。或有小过，自相

---

1 《晋书》卷 111《慕容暐载记》。
2 《晋书》卷 111《慕容暐载记》及附《慕容恪传》。
3 《资治通鉴》卷 101。
4 《晋书》卷 111《慕容暐载记》及附《慕容恪传》。

责曰：'尔复欲望宰公迁官邪！'"[1] 慕容恪亦曾以灭秦为己任：
"每欲扫平关陇，荡一瓯吴，庶嗣成先帝遗志，谢忧责于当
年。"[2] 可是残酷的现实迫使他只好改变策略。

慕容贵族崛起于辽东时，生气勃勃，进取心极强。进入
中原前夕，前燕统治集团已日趋腐朽了。慕容皝统治后期，
前燕已"官司猥多""游食数万"，他本人又追求宫室园苑。
参军王宪、大夫刘敏切谏时弊，竟遭"削黜禁锢"的惩处。
对屯田民的剥削也残酷到无以复加的地步：用官牛者，"公
收其八，二分入私；有私牛而无地者……公收其七，三分入
私"[3]。进入中原后，慕容权贵安富尊荣，进取心丧失殆尽，
征调的繁重，造成"人不堪命"。仅刘贵的上疏开列的时弊
就达十三件之多。明察之士，已预感到前燕"土崩"[4] 的危机
即将来临。

慕容儁死前，遗命慕容恪、慕容评和慕舆根共同辅政。
慕舆根阴险狠毒，他为篡夺帝位，在拉拢党羽的同时，先是
煽动慕容恪废慕容暐自立，继则利用太后可足浑氏干政的野
心，力促太后控制慕容暐，杀死慕容恪和慕容评。当这些阴
谋一一破灭后，他又诱慕容暐还都龙城。一时间飞短流长，
谣言四起，人心惶乱，慕容恪无奈，杀了慕舆根。参与慕舆
根密谋的人相当多，"诛夷狼藉，内外恟惧"[5]。慕容恪好不容
易把政局稳定下来，可足浑氏、慕容评和慕容垂之间的矛盾

1 《资治通鉴》卷101。
2 《晋书》卷111《慕容暐载记》。
3 《晋书》卷109《慕容皝载记》。
4 《晋书》卷110《慕容儁载记》。
5 《资治通鉴》卷101。

又激化了。慕容恪认定慕容垂是皇室中继他之后唯一有才干稳定政局的人物，可乞浑氏和慕容评却非排挤慕容垂不可。慕容恪的精力完全浪费在权贵争权夺利之中了。

慕容暐本性"庸弱"，对朝政毫无兴趣，沉湎于淫逸享乐，却又自命不凡，报复之心极强。慕容儁也认为这个儿子难当重任，有意让慕容恪继位。但慕容恪决心以周公自居。慕容儁对慕容暐仍不放心，征询太子中庶子李绩的看法。这是一个老于世故，却颇为老实、满腹经纶的官僚。他知道，据实陈奏，慕容暐一旦即位，后果不堪设想，昧心而论，又于心不甘，搜索枯肠，终于罗列了慕容暐八大优点，最后期期艾艾地说出了慕容暐有"雅好游田，娱心丝竹"[1]的两件缺憾。慕容暐记恨在心，即位后便图报复。慕容恪屡次举荐李绩，慕容暐坚决不用，被迫无奈，说出了这样的话："万机之事，皆委之叔父，伯阳（李绩字伯阳）一人，暐请独裁。"[2]李绩被贬逐出京，忧郁而死。

慕容暐"后宫四千有余，僮侍厮养通兼十倍，日费之重，价盈万金，绮縠罗纨，岁增常调，戎器弗营，奢玩是务"。上行下效，达官贵人，将相侯王，莫不"侈丽相尚，风靡之化，积习成俗"。吏治腐败已极，各级官吏专权弄势，朋比为奸，擢升罢黜均凭各自所好，举荐征辟大都是亲朋好友，"非但无闻于州间，亦不经于朝廷"。地方大员只讲究贪污敲剥，每有征发，"无不舍越殷强，首先贫弱，行留俱窘，资赡无所，人怀嗟怨，遂致奔亡"。"百姓穷弊，侵赇

---

1 《晋书》卷110《慕容儁载记》。

2 《资治通鉴》卷101。

无已。"军纪松弛败坏，士兵厌战情绪与日俱增，逃亡现象根本无法遏止。逃亡士兵"相招为盗贼"，社会治安已无从谈及。如此腐败的统治使农业和家庭手工业急剧衰落，国库空虚，赋役激增，即便如此，百官的俸禄和士兵的粮饷还是发不出来。结果是"人无聊生"，"进阙供国之饶，退离蚕农之要"。达官贵人和地方豪右乘机兼并鲸吞，前燕人户隐匿现象非常严重，尚书左仆射悦绾奏言：

> 太宰政尚宽和，百姓多有隐附。《传》曰：唯有德者可以宽临众，其次莫如猛。今诸军营户，三分共贯，风教陵弊，威纲不举，宜悉罢军封，以实天府之饶，肃明法令，以清四海。[1]

"营户"是指前燕继承了曹魏以来的士家制度，士兵世代为兵，父死子继，兄终弟及，家属随军或集中居住，身份地位低下，亦耕亦战，是封建政府控制的依附民。"军封"是"军营封荫之户"[2]的简称。西晋时实行过给兵制度，作为皇帝对立有军功的将相大臣的一种功劳报偿，受封者有权役使所给之兵，但调度权仍属封建政府。前燕继承了这项制度，把一部分世袭兵户（或称军户、营户等）分赐给公卿大臣，听凭他们役使。权贵们借政治腐败之机，大肆侵吞，"三分共贯"讲的就是军户中有三分之一被他们占荫为依附人口了。前燕的军事力量受到了严重的削弱。

---

1 《晋书》卷111《慕容暐载记》。
2 《资治通鉴》卷108。

《晋书·慕容暐载记》只谈军营封荫之户,是极不全面的,《资治通鉴》卷101所载的情况,远比它严重得多:

> 燕王公贵戚多占民为荫户,国之户口,少于私家,仓库空竭,用度不足。尚书左仆射广信公悦绾曰:"今三方鼎峙,各有吞并之心。而国家政法不立,豪贵恣横,至使民户殚尽,委输无人,吏断常俸,战士绝廪,官贷粟帛以自赡给,既不可闻于邻敌,且非所以为治,宜一切罢断诸荫户,尽还郡县。"

可见除了军营封荫户外,原先属于郡县的人户亦被大量荫占,依附人口之多已超过了封建政府控制的户口数。

慕容暐同意了悦绾清查隐附的建议,悦绾稍一查检,便搜括出了二十余万户。悦绾的清查极不彻底,却在达官贵人中引起了轩然大波,"举朝怨怒"[1],悦绾被暗杀了,清查隐漏人户的活动不了了之。[2]

"颓风弊俗亦革变靡途,中兴之歌无以轸之弦咏。"[3]这是前燕有识之士面对现实所发出的哀鸣。前燕已病入膏肓,行将就木了。

如此状况,守成已是不易,还谈何进取。前燕和前秦,能称得上战争的,只有前燕挺进中原时的一次,即苻生寿光二年(356),东晋派遣将军刘度攻略前秦的青州(寄治弘

---

1 《资治通鉴》卷101。

2 清查隐漏人户及悦绾被暗杀,均在慕容恪死后,但这些弊政在他生前已十分严重是不言而喻的,故书于慕容恪死前。

3 《晋书》卷111《慕容暐载记》。

农郡的卢氏，今属河南），前燕乘机派将军慕舆长卿打入轵关（河南济源西北）。前秦令建节将军邓羌御敌，轵关附近裴氏堡一战，慕舆长卿损兵两千有余，龟缩回去了。自此前燕再无大举。符坚即位后，既以息兵养民为基本国策，双方也就相安无事，充其量只是接境地带，诸如今天的山西、河南两地有一些小摩擦。这些小摩擦又主要是前赵的残余势力张平、李历、高昌等人依违于秦、燕之间，时背时顺引起的。这三股势力覆灭后，这类小摩擦也极少见了。

三、周密的战前准备

前燕不图进取，给了前秦十年生聚的时间。

前秦国富兵强，符坚和王猛急于逐鹿中原了。只是慕容恪还在，他们稍有担忧。慕容恪死了，慕容评辅政，这是一个目光短浅，既无统军之能，又无治政之才，贪鄙成性，心胸狭窄，嫉贤妒能，权势欲旺盛的家伙。他和太后可足浑氏狼狈为奸，肆意妄为，"政以贿成，官非才举，群下切齿"[1]。

对符坚和王猛来说，这是初试锋芒，是和貌似强大的前燕为敌，稍有不慎，必然兵结连年，后患无穷。为求把握，建元三年（367），前秦西戎主簿郭辩假扮成游牧于杏城（陕西杏城西南）一带的匈奴酋帅曹毂的副使，借朝贡之名，混进了邺城。郭辩编造公卿，刺探虚实，只是在太尉皇甫真那儿才碰了一次壁。他奏报符坚："燕朝无纲纪，实可图之。鉴机识变，唯皇甫真耳。"符坚放心了，正确地判断："以六

---

1 《晋书》卷111《慕容暐载记》。

州之地，岂无智识士一人哉！"[1]前燕可灭，苻坚积极准备，调集大量粮草，储藏于陕城，以备不时之需。

一切准备就绪，不料祸起萧墙，苻生的四个弟弟联兵造反了。桓温亦在窥探时机，为抬高声望，取晋而代之，他急需辉煌的战绩。前燕无人，前秦忙于内乱，桓温抓住良机，在建元五年（369）提兵五万，捷足先行，水陆并进，扑向前燕。

前秦内乱甫平，一时无力，只有坐观时局。

桓温破关斩将，势如破竹，短短的三个月，推进到了枋头（河南浚县西南），距燕都邺城只有二百来里。保持原有势头，前燕唾手可得。

前燕惊恐万状，慕容暐和慕容评计划窜回龙城。慕容垂挺身请缨，被授命为使持节、南讨大都督，统军五万迎敌。散骑常侍李凤和散骑侍郎乐嵩先后奉使前秦，呼请前秦兵出洛阳，侧击晋军，牵制桓温。

是否发兵，前秦朝廷内意见纷纭。绝大部分大臣提出，昔日前燕坐视桓温兵进关中，今天何必救他，这叫一报还一报。有人建议，借此胁迫前燕称藩。王猛不愧高人一筹，密报苻坚："燕虽强大，慕容评非温敌也。若温举山东，进屯洛邑，收幽、冀之兵，引并、豫之粟，观兵崤、渑，则陛下大事去矣。今不如与燕合兵以退温；温退，燕亦病矣，然后我承其弊而取之，不亦善乎！"[2]于是命将军苟池、洛州刺史邓羌统兵两万，驰援前燕。他们兵经洛阳，进屯许昌。

1 《晋书》卷111《慕容暐载记》附《皇甫真传》。

2 《资治通鉴》卷102。

桓温的老毛病又犯了，和上次兵进关中一样，在大好形势面前犹豫不决，观望止步。时及秋冬，河水枯竭，粮草告罄，晋军被迫舍舟登陆，由黄河南岸的东芜（河南延津东北）经仓垣（河南开封东北），步行七百余里，撤向襄邑（河南睢县西）。桓温归心似箭，斗志全消。七百里的行军，晋军精疲力竭。襄邑在望了，慕容垂也跟踪而至，他早就命令慕容德在襄邑设伏。时机终于来临，燕军前后夹击，一天之中，桓温损兵三万，夺路逃命，向谯城（安徽亳州）奔窜。苟池和邓羌亦已等得极不耐烦，遥见晋军败退而来，一个冲杀，又歼灭桓温军士一万有余。

此举对前秦太有利了：第一，桓温遭受重创，淮南等地尽陷敌手，内部议论纷纷，他再也无力窥视北方了。第二，前燕大受削弱，军政方面的弊病暴露无遗。第三，昔日郭辩要假借他人的名义混入邺城，见人还得说上几句"辩家为秦所诛，故寄命曹王"[1]，骗取人家的信任。现今前秦有恩于前燕，散骑侍郎姜抚和黄门侍郎石越等使节频繁出入燕境，他们负有和郭辩同样的使命。但他们是上宾，堂而皇之，登堂入室，谈笑风生，这还是瞧得起前燕的那些公卿！王猛也不清闲，殷勤接待前燕来使，曲意结交愿意吐露实情的郝晷等人，把前燕的内幕摸了个一清二楚。第四，苟池和邓羌出入河南，前燕在这一线的军防部署，他们亦已了如指掌。

慕容垂确实非同小可，襄邑一战，才干毕露，声誉日隆，已是众望所归，苻坚和王猛又多了一个劲敌。慕容评和可足浑氏更加坐卧不安，过去他们只是排挤慕容垂，现在是

---

1 《晋书》卷111《慕容㑇载记》附《皇甫真传》。

非置之死地不可了。慕容垂走投无路，这年十一月，带着儿子投奔了苻坚，一块石头也落地了。

慕容垂奔秦，一石激起千重浪，前燕朝廷内外人言汹汹。有人建议慕容评：请一个素孚众望的人物出来，给他个官做，消一消大家的怨气。与慕容垂关系不错、才被免官的关东士族首领高泰被请出来做了尚书郎，但没有实权，这就是慕容评治政的唯一妙法。

前燕不是没有明白人，尚书左丞申绍针对时弊，写了洋洋数千言的奏议，呼吁整顿、改革。慕容㣉看都没有看，扔到一边去了。梁琛多次奉使前秦，对前秦的意图了解甚深，警告慕容评："秦扬兵讲武，运粟陕东，以琛观之，无久和之理。兼吴王西奔，必有观衅之计，宜深备之。"慕容评不以为然："秦岂可受吾叛臣而不怀和好哉！"梁琛书呆子气发作："邻国相并，有自来矣。况今并称大号，理无俱存！苻坚机敏好断，纳善如流。王猛有王佐之才，锐于进取……桓温不足为虑，终为人患者，其唯王猛乎！"这居然被认为是颂扬敌国君臣，有通敌之嫌，梁琛落了个锒铛入狱的下场。皇甫真憋不住了，与其坐以待毙，不如早作防范，建议增兵洛阳、并州（州治晋阳，今山西太原）、壶关（山西壶关县东南），挡住前秦进兵的必经之路，有备无患嘛。慕容㣉心动了，慕容评立刻反对："秦国小力弱，杖我为援，且苻坚庶几善道，终不纳叛臣之言。不宜轻自扰惧，以动寇心也。"[1]一切安然如常。

前秦的使臣石越又来了，昂首阔步，旁若无人。慕容评的接待穷极奢侈豪华，歌舞声色，莫不俱备。"越言诞而视

---

1 《晋书》卷111《慕容㣉载记》。

远，非求好也，乃观衅也。宜耀兵以示之，用折其谋。今乃示之以奢，益为其所轻矣。"[1] 这是高泰和太傅参军刘靖在万不得已之际所献的计策。慕容评置之不理，依然故我。高泰愤然不已，称病辞职归家，不愿做这个腐朽至极的政权的殉葬品了。至此，"吾属今兹将为秦虏（矣）"[2] 已成为前燕官员的普遍看法。

机不可失，时不待我，此时不举，更待何时！苻坚和王猛需要的只是一个合适的借口。

四、王猛灭燕

我们把虎牢关（亦称武牢关，今河南荥阳汜水镇）以西的土地割让给你们，这是慕容暐及慕容评在桓温驻兵枋头，急欲向前秦救助时许下的诺言。现在忧患已除，他们后悔了："顷者割地，行人失辞，有国有家，分灾救患，理之常也。"[3] 这是他们对前秦索地使节的回答。

背信弃义，还有比这更好的借口吗？确实再没有比慕容暐和慕容评"大方慷慨"的政治人物了。他们把唯一能与苻坚、王猛抗衡的人才排挤给了前秦，又及时送去了前秦足以兴兵的理由。

建元五年（369）十一月，王猛为帅，建威将军梁成和洛州刺史邓羌为副，前秦的三万步骑杀出陕城（河南三门峡），如入无人之境，十二月便包围了洛阳。王猛致书燕荆州刺史武威王慕容筑（前燕以东汉南阳郡为荆州，刺史驻节

---

1 《资治通鉴》卷102。
2 《资治通鉴》卷102。
3 《晋书》卷113《苻坚载记上》。

洛阳）："国家今已塞成皋（即虎牢关）之险，杜盟津（黄河渡口，今河南孟津东北，孟州西南）之路，大驾虎旅百万，自轵关（河南济源西北）取邺都，金墉（洛阳西北军防重地，城小，但十分坚固）穷戍，外无救援，城下之师，将军所监，岂三百弊卒所能支也！"[1]慕容筑惶急无计，开城出降。王猛兵不血刃，据有了关东名城洛阳。

小小的战斗还是难以避免的。驻守新乐（河南荥阳境内）的燕卫大将军安乐王慕容臧在石门（即汴口，河南荥阳境内，古代战略要地）一战，小挫秦师，俘获秦将杨猛，进据荥阳。梁成、邓羌立刻率精锐万人猛扑而来，慕容臧狼狈败退。

河南终于为前秦所有，王猛部署守备后，奏凯班师，准备集结更大的兵力，一举击灭前燕。

建元六年（370）六月，王猛统杨安、邓羌、张蚝、苟苌等战将十员，精兵六万，再击前燕。苻坚亲至灞上饯行："今授卿精兵，委以重任，便可从壶关、上党（郡治壶关）出潞川（浊漳河），此捷济之机，所谓迅雷不及掩耳。吾当躬自率众以继卿后，于邺相见。已敕运漕相继，但忧贼，不烦后虑也。"王猛成竹在胸，视灭燕如摧枯拉朽，以宗庙社稷为理由婉言谢绝了苻坚亲临的一片美意："臣庸劣孤生，操无豪介，蒙陛下恩荣，内侍帷幄，出总戎旅，藉宗庙之灵，禀陛下神算，残胡不足平也。愿不烦銮轸，冒犯霜露。臣虽不武，望克不淹时。但愿速敕有司，部置鲜卑之所。"[2]

王猛兵分两路，令镇南将军杨安攻晋阳，他亲统主力挺

1 《资治通鉴》卷102。
2 《晋书》卷113《苻坚载记上》。

进壶关，想乘前燕无备，迅速打开通向邺城的大门。

大敌压境，前燕倾国而动，慕容评领精兵四十余万驰援晋阳和壶关。[1]

王猛一路相当顺利，所过之处，前燕郡县望风披靡。七月，秦军攻克壶关。

晋阳雄踞天下之肩背，东阻太行山和常山，西有蒙山，南有霍太山和高壁岭，北扼东陉和西陉两关，号称四塞之地，易守难攻，是通向中原的北门，自古以来就是并州首屈一指的军事重镇。前燕在此兵精粮足，守城将士的家属全被扣留邺城为质，因此只有拼命死守。杨安久攻不下。八月，王猛移师晋阳，地面强攻不成，改挖地道。虎牙将军张蚝领精兵数百由地道冲入，大呼斩关，秦军一拥而入，活捉了燕并州刺史东海王慕容庄。

慕容评畏敌如虎，进至潞川，驻兵不动，坐视两城陷落。他依恃人多，妄图与王猛作持久之计，迫使王猛知难而退。能否击败慕容评部，成了灭燕的关键。十月，王猛集中兵力而来，未及安营扎寨，将军徐成便受命侦察燕军虚实，规定日中回来，徐成却在黄昏时才汇报敌情。王猛决定以军法论处，骁将邓羌赶来求情。"若不杀成，军法不立。"这是王猛的回答。邓羌火起，回营勒兵，要和王猛拼个死活。强敌当前，岂容内乱，王猛让步了。邓羌致谢。王猛乘机安抚："吾试将军耳，将军于郡将（徐成曾为邓羌故乡太守）尚尔，况国家乎，吾不复忧贼矣！"[2]一场祸乱消弭于无形。

---

1 此据《苻坚载记》及《慕容暐载记》，《资治通鉴》卷102曰"三十万"。
2 《资治通鉴》卷102。

慕容评爱财如命，潞川附近水源极少，他将此看成搜刮钱财的大好时机，所有山、泉都被严格看管起来，军民用水，一律缴钱纳绢，绢一匹，水两石；樵采柴草，现钱交易。[1]慕容评大发其财，"积钱绢如丘陵"[2]，将士们怨声载道。王猛得知欣喜过望："慕容评真奴才，虽亿兆之众不足畏，况数十万乎！"[3]夜晚，游击将军郭庆统精骑五千，由小路绕到燕军后方，一把火把慕容评的辎重粮草烧个精光。大火烛天，夜照邺城。慕容暐才知危急，特命钦使刘兰连夜持节赶到了前线："王，高祖（慕容廆庙号）之子也，宜以宗庙社稷为忧，奈何不务抚养勋劳，专以聚敛为心乎！府藏之珍货，朕岂与王爱之！若寇军冒进，王持钱帛安所置也！皮之不存，毛将安傅！钱帛可散之三军，以平寇凯旋为先也。"[4]慕容评终于害怕了，心存侥幸，决定黎明挥军一击。

王猛岂能放过敌方"三军莫有斗志"[5]的大好时机。他慷慨誓师："王景略受国厚恩，任兼内外，今与诸君深入贼地，宜各勉进，不可退也。愿勠力行间，以报恩顾，受爵明君之朝，庆觞父母之室，不亦美乎！"[6]秦军个个奋勇，士气倍增。

一比七，燕军在人数上占有绝对优势。强将精兵，绝大部分是邓羌的部下。此部不动，胜利无望。"今日之事，非将军莫可以捷。成败之机，在斯一举，将军其勉之！"邓羌乘机要

1 《水经注》卷10《浊漳水》。
2 《晋书》卷111《慕容暐载记》。
3 《资治通鉴》卷102。
4 《晋书》卷111《慕容暐载记》。
5 《晋书》卷111《慕容暐载记》。
6 《晋书》卷113《苻坚载记上》。

挟："若以司隶见与者，公无以为忧。"王猛作难了，"此非吾
之所及也，必以安定太守、万户侯相处"[1]，邓羌不悦而退。

燕军尽数出动，人山人海，逼杀过来。秦军破釜沉舟，
丢弃粮包，轻装迎战，奋勇冲杀。众寡悬殊，秦军颇现不支。
王猛数次催令邓羌出击。邓羌高卧不动，置若罔闻。事态十
分危急，王猛驰骑邓羌营帐，许其所求。邓羌一跃而起，大
呼拿酒来，与张蚝、徐成等猛饮一通，跨马操矛，直插敌阵，
来回冲杀，搴旗斩将，所向披靡。日中，燕军溃散。慕容评
损军五万，弃军逃窜邺城。王猛挥军追杀，又俘斩十万。

奉命增援慕容评的宜都王慕容桓听说前线溃败，率部龟
缩内黄（河南内黄西）。

崔鸿评论潞川之役曰：

> 邓羌请郡将以挠法，徇私也；勒兵欲攻王猛，无上
> 也；临战豫求司隶，邀君也；有此三者，罪孰大焉！猛
> 能容其所短，收其所长，若驯猛虎，驭悍马，以成大
> 功。《诗》曰："采葑采菲，无以下体。"猛之谓矣！[2]

恰如崔鸿所言，统率骄横跋扈之将，若不随机应变，从权从
宜，岂能独收大功，王猛不愧为人杰。

秦军长驱而东，包围了邺城。王猛军纪严明，令出必
行，法简政宽，所过之处，一无所犯。邺城周围，远近帖
然，奔走相告："不图今日复见太原王（慕容恪）！"[3]前燕已

---

1 《晋书》卷113《苻坚载记上》。
2 《资治通鉴》卷102。
3 《资治通鉴》卷102。

完全解体，君臣成了釜中之鱼，邺城唾手可得。

王猛报捷苻坚，请求授予权宜处置之权："顺陛下仁爱之志，使六州士庶不觉易主，自非守迷违命，一无所害。"[1]苻坚的命令来了：休养将士，待他亲临，再部署攻城。十一月，李威受命辅佐太子苻宏留居长安，处理军国要务；苻融镇守洛阳；苻坚亲统十万精锐，急如星火，七天之内，赶到了安阳。君臣相会，决策：邓羌追歼慕容桓，王猛攻邺。慕容桓闻讯，统部逃窜龙城。

邺城混乱不堪，惶惶不可终日。燕散骑侍郎扶余人余蔚集结扶余、高句丽等人质五百余人，夜开邺城北门，迎接秦军。秦军蜂拥而入，慕容暐、慕容评在千数卫士保护下，计划逃奔龙城。比及出城，侍从只剩下了十余骑。

元凶漏网，后患无穷，游击将军郭庆统部追擒。慕容暐狼狈已极，途中又遭强盗抢劫，身旁只剩下了安乐王慕容臧和定襄王慕容渊两人，窜到高阳，即为郭庆部将巨虎所缚，押送给苻坚。

慕容评逃得最快，窜回龙城，立脚不住，又窜至高句丽。喘息未定，被高句丽缚送苻坚，慕容桓被郭庆部将朱嶷击杀。

此役战绩辉煌，前燕君臣要人无一漏网，版图悉为前秦所有，王公已下鲜卑四万余户被逼迁长安。不久，苻坚下令："徙关东豪杰及诸杂夷十万户于关中，处乌丸杂类于冯翊（郡治陕西大荔）、北地（郡治陕西耀州区）、丁零、翟斌于新安（今属河南），徙陈留（河南开封东）、东阿（山

---

1 《资治通鉴》卷102。

东阳谷东北）万户实青州（州治山东益都西北）。"恩许"诸
因乱流移，避仇远徙，欲还旧业者，悉听之"[1]。

为庆贺胜利，苻坚诏令大赦："朕以寡薄，猥承休命，
不能怀远以德，柔服四维，至使戎车屡驾，有害斯民，虽百
姓之过，然亦朕之罪也。其大赦天下，与之更始。"[2]

王猛受权处置善后，除各州刺史外，其余守令一切照
旧，废除了前燕一些弊政，关东地区初步安定下来。

立国八十五年、传主四代的前燕灭亡了。

第二节　击灭仇池和取有梁、益

一、苻雅击灭前仇池国

前仇池国是由略阳清水（甘肃清水西北）氐人杨氏集团
建立的。开国于西晋惠帝元康六年（296），亡于前秦苻坚
建元七年（371）。开国之君是杨茂搜。

汉末，清水氐杨氏中"勇健多计略"[3]的杨驹率部据有仇
池（甘肃成县）。其孙杨千万为酋帅时，发展到万余户，受
汉献帝封为百顷氐王。[4]建安十六年（211），杨千万全力支
持马超与曹操为敌。马超溃败奔蜀，杨千万只身追随，部众
被逼迁天水（甘肃天水）、南安（甘肃陇西渭水东岸）等地。

1　《晋书》卷113《苻坚载记上》。《资治通鉴》卷108"十万户"作"十五万户"。
2　《资治通鉴》卷103。
3　《宋书》卷98《氐胡传》。
4　《魏书》卷101《氐传》曰："仇池地方百顷，因以为号。"

西晋初年，杨千万孙杨飞龙纠集部众，势力渐强，率部返回略阳。晋武帝拜杨飞龙为假平西将军。[1]

西晋惠帝元康六年（296），关陇地区爆发了以氐帅齐万年为首的起义，杨飞龙养子杨茂搜乘机率氐族四千户打回仇池，自号辅国将军、右贤王。晋愍帝为引诱这支势力抗御匈奴汉国，进杨茂搜为骠骑将军、左贤王。杨茂搜表面上接受晋封，实际是一方割据势力，故史称其控制的地域为前仇池国。

仇池地处偏远，形势险峻，易守难攻，水源充足，利于农耕。在各股势力互相争逐之际，这一小块地盘都不大引起注意。仇池成为战乱时期较好的避难场所，这里历来为氐族的生息之地，杨茂搜在此立国，必然会得到他们的支持，况且杨茂搜又推行了一些较好的措施。

第一，安抚流亡。"关中人士奔流者多依之，戊（即茂）搜延纳抚接，欲去者则卫护资遣之。"[2]永嘉六年（312），阴平郡（治甘肃文县西北）人民反晋，归顺成汉，氐、羌等族纷纷外迁，杨茂搜乘机招诱抚纳，扩张势力。其时梁州（治今陕西汉中）灾荒，他又放粮赈济。杨茂搜之子杨难敌自豪地对晋梁州刺史张光说："使君初来，大荒之后，兵民之命，仰我氐活。"[3]

第二，积极与周围贸易往来，解决军国费用（此在第一章中已有叙述）。

永嘉四年（310），汉、沔地区流民起义余部进入梁州。

1　据《魏书·氐传》。《宋书·氐胡传》曰："假征西将军。"
2　《宋书》卷98《氐胡传》。
3　《资治通鉴》卷88。

张光向杨茂搜求助，茂搜遣难敌支援，难敌却与流民领袖李运等联手，张光败死，难敌自称梁州刺史。

前仇池国鼎盛时，"种众强盛，东破梁州，南连李雄，威服羌戎"[1]。南与成汉接界，西与吐谷浑为邻，北与前赵毗连，统治地域相当于今天的陇南、四川的西北边地及陕西南部的部分地区。

仇池国小力薄，再图拓展，十分困难；力求自保，四周的一些强邻又不允许。吐谷浑固然没有威胁仇池，成汉及前赵却时刻虎视眈眈。

建兴二年（314），流民起义将领之一杨武投奔了成汉，梁州人张威等又起兵反抗，杨茂搜兵败，"于是汉嘉、涪陵、汉中之地，皆为成有"[2]。仇池仅存武都（甘肃成县西）及阴平二郡之地。[3]

对仇池威胁最大的是前赵。东晋大兴三年（320），刘曜击溃西晋残余势力南阳王司马保，乘胜耀武仇池。迫于前赵声威，杨难敌遣使称藩，接受前赵的官爵封号。次年，前赵再次兴兵而来，杨难敌大败，与其弟杨坚头潜逃汉中，归顺成汉。前赵占有仇池，命镇南大将军田崧留守。刘曜大军一退，杨难敌便统部回到武都。不久，击杀成汉镇守汉中的安北将军李稚和中领军李玲。太宁三年（325），杨难敌突然袭击仇池，俘杀了田崧，夺回了这块根据地。自此，杨难敌或顺或叛于成汉和前赵之间。前赵灭亡后，杨难敌又或顺

---

1 《华阳国志》卷2《汉中志》。
2 《资治通鉴》卷89。
3 杨茂搜死，杨难敌继立，自号左贤王，屯下辩，以杨坚头为右贤王，屯河池，兄弟二人分领仇池之众。

或叛于成汉和后赵之间。

杨初统治前仇池国时，既称臣于后赵，又称藩于东晋，受晋封为征南将军、雍州刺史、仇池公，旋改封为天水公。仇池在杨初时一度中兴，乘后赵内乱，突然袭取了西城（陕西安康西北），并于苻健皇始三年（353）击败了前秦苻飞的来犯。

杨初是在东晋成帝咸康三年（337）杀死杨难敌之子杨毅后夺取统治权的，此举导致了仇池内部连绵不绝的内乱和政变。苻健皇始五年（355）正月，杨毅姑子梁式王政变，杀杨初。杨初子杨国又勒兵杀梁式王。杨国在位未及一年，其从叔杨俊又杀杨国自立；杨国子杨安投奔了前秦。建元六年（370），杨俊子杨纂继兄杨世统治仇池，其弟武都太守杨统不服，起兵争权，兄弟间又出现了一场火拼。杨纂兄杨世在位时，苻坚对其既称臣于秦，又称臣于晋已极端不满，因忙于灭燕，只好暂时搁置一旁。杨纂既立，内部有火拼，加上宣布与秦绝交，苻坚再也忍耐不住了。

建元七年（371）三月，苻坚命西县侯苻雅统益州刺史王统、射声校尉徐成、羽林左监朱肜、扬武将军姚苌等步骑七万[1]讨伐杨纂，以杨安为向导。

杨纂倾国而动，提兵五万，击秦兵于鹫峡（仇池北面），并向东晋呼救。晋梁州刺史杨亮遣督护郭宝、卜靖领骑千余助战。鹫峡一战，杨纂损兵近两万，郭宝和卜靖均为秦军击杀。杨纂退守仇池，杨统据武都投降了前秦。苻雅乘胜进逼，包围了仇池。杨纂部将杨他密遣儿子降秦，约定里应外

1　此据《晋书·苻坚载记上》。《资治通鉴》卷103与此同，《魏书·司马睿传》曰"五万"。

合。杨纂走投无路，面缚请降。立国七十六年，传主九人的前仇池国灭亡了。苻坚"徙其民于关中，空百顷地"[1]，任杨统为南秦州刺史，加杨安都督南秦州诸军事，镇仇池。

二、吐谷浑及鲜卑乞伏部的降秦

吐谷浑，魏晋之际游牧于今辽宁阜新、义县、锦州一带，因始祖吐谷浑而得名。史称："吐谷浑，慕容廆之庶长兄也，其父涉归分部落一千七百家以隶之。"[2]因此，吐谷浑应是慕容鲜卑的分支。慕容部在迁居辽河流域时，嫡长子世袭制已确立，吐谷浑所统应是慕容部的一小部分。

慕容涉归死后，慕容廆和吐谷浑两部"马斗相伤"[3]，实质是因争夺牧场失和。吐谷浑势小力薄，周围又有其他鲜卑部落的挤迫，乃率部西迁，经阴山、河套，度陇而西，在东晋太宁年间（323—326）达于枹罕（甘肃临夏东北）。这一带是前凉和前赵争夺的战略要地，你来我往，吐谷浑两面受敌，难以立足，只能向西、向南谋取生存之地。前秦开国前后，吐谷浑部终于据有"自枹罕以东千余里，暨甘松（甘肃迭部县东）西至河南，南界昂城（四川阿坝）、龙涸（四川松潘）。自洮水西南，极白兰（青海柴达木盆地都兰一带）"数千里之地[4]，过着有"城廓而不居，随逐水草，庐帐为屋，

---

[1] 《宋书》卷98《氐胡传》。

[2] 《晋书》卷97《西戎·吐谷浑传》。《宋书·鲜卑吐谷浑传》曰"分七百户与浑"。

[3] 《宋书》卷96《鲜卑吐谷浑传》。

[4] 《宋书》卷96《鲜卑吐谷浑传》。参见周伟洲《吐谷浑史》，宁夏人民出版社，1985。

以肉酪为粮"[1]的游牧生活。

吐谷浑在迁徙之中，吸收了匈奴、羌族等零星部落，当它游牧于今青海西南部至四川西北部这一片广大地区时，已发展成为一个与鲜卑慕容部略有不同，具有自己特色的新的游牧部族了。《晋书·西戎·吐谷浑传》曰："其官置长史、司马、将军，颇识文字。其男子通服长裙，帽或戴羃䍦。妇人以金花为首饰，辫发萦后，缀以珠贝。其婚姻，富家厚出聘财，窃女而去。父卒，妻其群母；兄亡，妻其诸嫂。丧服制，葬讫而除。国无常税，调用不给，辄敛富室商人，取足而止。杀人及盗马者罪至死，他犯则征物以赎。地宜大麦，而多蔓菁，颇有菽粟，出蜀马、牦牛。"据此可知：

（1）无论服饰、婚丧嫁娶等习俗，吐谷浑均有自己的特色。

（2）吐谷浑已有少量的农业生产，产品是以饲养大牲畜的大麦、蔓菁为主。菽、粟的产量极少，蜀马、牦牛是其主要的畜产品。吐谷浑经济生活的主体是游牧。

（3）社会上已有"富家"和"富室"，商业交往已发展起来。贫富分化已十分明显，并有简单的律令保护私有财产。

（4）作为国家存在的经济体现的捐税已经出现，尽管十分原始，尚未形成定制，但已和部落氏族组织难以相容。

（5）早在汉魏之际，鲜卑各部便"颇学文字，故其勒御部众，拟则中国"[2]。吐谷浑之父慕容涉归已开始模仿汉族改变其落后旧习，这对吐谷浑必然留有深刻影响，其上层"颇识文

1　《晋书》卷97《西戎·吐谷浑传》。
2　《三国志·魏书》卷30《鲜卑传》。

字"便是反映。这有力地促使吐谷浑上层建筑的变革，凌驾于公众之上的长史、司马、将军之类的官职及政府部门出现了。

总之，在前秦建国前后，吐谷浑已走到了原始社会的尽头，快要跨进文明社会的门槛了。苻坚时，碎奚[1]统领吐谷浑部。他好学但懦弱，前秦击灭仇池，碎奚胆栗，主动归顺，史称"碎奚以杨纂既降，惧而遣使送马五千匹、金银五百斤。坚拜奚安远将军、漒川侯"[2]，前秦声威远布青海高原。前秦虽然没有对吐谷浑直接行使行政职权，但这是吐谷浑首次与中原王朝交往，对吐谷浑自身的发展，还是有积极影响的。

乞伏部是鲜卑的一支。汉魏之际，它自漠北南出大阴山，向陇西迁徙，与如弗斯、出连、叱卢三部联合，共推乞伏部以雄武著称、"骁勇善骑射、弯弓五百斤"的纥干为首领，尊纥干为乞伏可汗托铎莫何。"托铎"，鲜卑语，意为"非神非人"[3]。自此，这四部便以乞伏为号。西晋初年，乞伏祐邻时，乞伏部逐渐强盛起来，拥众五千余户，进至高平川（宁夏南部清水河），数度鏖战，击败拥众七万余落的鲜卑鹿结部，鹿结南奔略阳，祐邻尽并其众。高平川是有名的苦水之地，不宜放牧，乞伏部又翻越牵屯山（宁夏固县西），进入苑川水（甘肃榆中东北）一带，先后击溃鲜卑吐赖部及尉迟权数部，收其众三万余落。继后又讨灭鲜卑莫侯部，降其众两万余落。乞伏部以苑川为中心，游牧于北起麦坚山（甘肃靖远东北）和度坚山（靖县境内），南达勇士川（甘

---

1 此据《晋书·苻坚载记》。但同书《吐谷浑传》"碎奚"作"辟奚"。
2 《晋书》卷113《苻坚载记上》。但同书《吐谷浑传》"马五千匹"作"五十匹"。
3 《晋书》卷125《乞伏国仁传》。

肃榆中东北）[1] 这一狭长地带。这里水草肥美，既宜放牧，又利农耕，乞伏部在此定居下来，势力大有发展。

乞伏祐邻三传至乞伏述延时，乞伏部逐步摆脱了原始社会，向阶级社会飞跃，初步建立国家。述延以叔父乞伏轲埿为师，委以国政；斯引乌泥为左辅将军，出连高胡为右辅将军，叱卢那胡为率义将军。这仍是一个以部落为核心的、军政合一的原始组织。

东晋咸和四年（329）乞伏述延死，子乞伏傉大寒立。时值石勒击灭前赵，威镇关陇，傉大寒慑于后赵声势，率部迁于麦田无孤山（甘肃泾川北）。这次迁徙使乞伏部大受损失，至傉大寒子乞伏司繁统领乞伏部时，仅止五万余落了。前秦击灭仇池不久，乞伏司繁统部迁至度坚山。前秦早就有意吞并前凉，当然不允许有一个强敌横亘其间。建元七年（371），仇池战火才熄，益州刺史王统便移师陇西，进攻乞伏司繁。

乞伏司繁尽锐而出，帅骑三万拒王统于苑川。王统颇有军事头脑，他正面佯攻，吸引住乞伏司繁的主力，暗遣一军突然袭击乞伏司繁的大本营度坚山，尽俘乞伏部五万余落。前线不战自溃，纷纷叛降前秦。乞伏司繁归无所投，叹谓左右曰："智不拒敌，德不抚众，剑骑未交而本根已败，见众分散，势亦难全。若奔诸部，必不容我。吾将为呼韩邪之计矣。"[2] 诣王统军门请降。苻坚拜乞伏司繁为南单于，留居长安为质，以司繁叔父吐雷为勇士护军，统领乞伏部。不久，

1　参见王仲荦《魏晋南北朝史》上册。

2　《晋书》卷125《乞伏国仁载记》。

鲜卑勃寒部打入陇右，苻坚放回乞伏司繁，授予使持节、都督西讨诸军事、镇西将军名号，讨伐勃寒。勃寒请降，司繁留镇勇士川，发展成一方势力。

三、取有梁、益二州

前秦在取得东晋的梁（州治今陕西汉中）、益（州治今四川成都）二州前，与东晋也时有战争，计其大者如下。

其一，王猛兵略汉阳。

建元二年（366），王猛统前将军杨安、扬武将军姚苌等步骑两万，进攻东晋荆州北部，兵达南乡（河南淅川南，湖北均县北）。这次出动，目的在于观衅。晋右将军、监荆扬雍三州军事、荆州刺史桓豁领兵赶到新野（今属河南），王猛便后撤，掳掠汉阳民万余户而归[1]。

其二，援助据寿春（安徽寿县）叛晋的袁瑾和朱辅。

建元五年（369），桓温北伐前燕，兵驻枋头时，特命西中郎将、豫州刺史袁真领兵直扑荥阳（河南荥阳东北），任务是打开荥阳石门，引黄济汴，沟通淮、泗水运，解决粮草问题。不料慕容垂老谋深算，一接掌兵权，便令其弟范阳王慕容德领精骑一万五千严守石门，导致桓温粮尽兵撤、舍舟陆行的一系列惨败。桓温怒气难消，决定以袁真为替罪羊，回到山阳（江苏淮安）后，迫不及待地奏免袁真为庶人。袁真老奸巨猾，早就料到桓温会来这手，立即上奏自理，遭到拒绝后，便据寿春降燕，遣使燕、秦呼救。前燕发布袁真为使持节、都督淮南诸军事、扬州刺史、宣城公。不

---

[1] 《资治通鉴》卷 101 曰"掠安阳民万余户而归"。此从《晋书·苻坚载记》。

久，袁真死，陈郡太守朱辅拥袁瑾为建威将军、豫州刺史。前燕发布袁瑾为扬州刺史，朱辅为荆州刺史，同时，命左卫将军孟高领骑兵驰援寿春。

寿春"南引荆、汝之利，东连三吴之富，北接梁、宋，平涂不过七日，西援陈、许，水陆不出千里；外有江湖之阻，内保淮淝之固"[1]，是淮、淝间的军事要冲，建康的一大门户，历来为兵家必争之地，桓温当然不能坐视，亲统精兵两万讨伐。恰值前秦大举伐燕，孟高奉命回援邺城，桓温轻易地包围了寿春。

前燕灭亡，袁瑾和朱辅立刻称臣于秦，吁请救助。过去苻坚忙于灭燕，虽然对这块战略要地垂涎三尺，但鉴于远隔一方，只能派遣小量部队虚张声势。现今前燕已灭，苻坚的触角即将伸向南方，当然不愿坐失良机。因此苻坚在发布袁瑾为扬州刺史、朱辅为交州刺史后，在建元七年（371）即命武卫将军王鉴、前将军张蚝统步骑两万驰救。

对于桓温来说，此役非同小可。寿春若失，非独建康寝食难安，他自己也必然声名大损，为此他精选良将，以其侄宁远将军、南顿太守桓石虔为主，统建威将军、淮南太守桓伊、谢玄[2]等迎战。石桥（淝水北岸）一役，王鉴、张蚝大败，士卒、战马损丧甚多，只有后撤。

寿春之役虽然损兵折将，对前秦来说，不过是一次小挫折，无害大局。淮淝一线历来是东晋军防重地，既然这里难以得手，苻坚便掉转兵锋，去夺取东晋统治薄弱的梁、益二州了。

---

1 《晋书》卷92《文苑·伏滔传》。
2 《晋书·桓温传》及《资治通鉴》卷103谈及此役，将领并无谢玄，《桓伊传》曰："与谢玄共破别将王鉴、张蚝，以功封宜城县子。"证实谢玄参与此役。

西晋末年以来，益州一直为成汉据有。东晋永和三年（347）初，桓温初试锋芒，一举击灭成汉，益州并入了东晋的版图。成汉后期，统治十分腐朽。李寿晚年"广修宫室"，"务于奢侈"，"百姓疲于使役，呼嗟满道，思乱者十室而九矣"。后继者李势变本加厉，"性爱财色，常杀人而取其妻，荒淫不恤国事。夷僚叛乱，军守离缺，境宇日蹙。加之荒俭，性多忌害，诛残大臣，刑狱滥加，人怀危惧，……亲任左右小人，群小因行威福"[1]。桓温灭了成汉，对成汉的弊政丝毫未加厘革，只是任命汝南名门望族周氏之后镇西将军周抚为益州刺史。自此，直到前秦攻占梁、益二州，益州一直是周抚及其子周楚、侄周仲孙的天下，这三人为益州刺史相继达四十一年之久。

周抚在益州的时间最久，计三十余年。这是一个善于攀附权势、昧于财货的人物。曾参与王敦之乱，与王敦谋主沈充、钱凤等狼狈为奸，"凶险骄恣，共相驱扇，杀戮异己；又大起营府，侵人田宅，发掘古墓，剽掠市道"[2]。官任益州后当然好不了多少。周楚是否酷似其父，史文缺载，周仲孙则是"在州贪暴，人不堪命"[3]。因此，益州地区的阶级矛盾十分尖锐，农民起义连绵不绝。其间以邓定和隗文、李金根和李弘这两次起义的规模较大。

永和三年（347），邓定和隗文起义，一度占有成都，拥范贲为帝，至永和五年（349）才被扑灭。

苻坚建元六年（370），广汉（甘肃文县西北）人李金

---

1 《晋书》卷121《李寿、李势载记》。
2 《晋书》卷98《王敦传》。
3 《晋书》卷58《周仲孙传》。

根又聚众起义，众达万余，拥李弘为圣王，建年号凤凰，进攻樟橦（今属四川），后被血腥镇压。

自成帝咸康三年（337）起，梁州就是晋济南王司马遂之后司马勋的天下，他以征虏将军、监关中军事、梁州刺史衔据有汉中达二十九年之久。他"为政暴酷，至于治中、别驾及州之豪右，言语忤意，即于坐枭斩之，或引弓自射。西土患其凶虐"[1]。他之所以能够长期据有汉中，得益于汉中占有地理形势之利，更重要的是鉴于民族矛盾尖锐，有汉族人民的支持。此人野心勃勃，常想据益州自雄。苻坚建元元年（365），司马勋乘周抚刚死，自号梁、益二州牧，成都王，拥众打入剑阁（四川剑阁东北），过涪城（四川绵阳东），兵次成都，为周楚及江夏相朱序擒获，传首建康。自后杨亮为梁州刺史，此人亦无治才，阶级矛盾依然十分尖锐。建元六年（370），爆发了陇西（甘肃陇西南）人李高的起义。李高诈称李雄子，攻破涪城，杨亮狼狈逃入益州。李高起义后为周楚血腥镇压。

桓温在击退王鉴和张蚝，攻下寿春后，紧锣密鼓地部署代晋。建元七年（371），桓温废晋帝司马奕为海西公，立司马昱为简文帝。东晋君巨，惶惶不可终日。苻坚评论此事曰："温前败灞上，后败枋头，十五年间，再倾国师。六十岁公举动如此，不能思愆免退，以谢百姓，方废君以自悦，将如四海何！谚云：'怒其室而作色于父'者，其桓温之谓乎！"[2]东晋朝廷的此种状态，当然更无力关顾梁、益，形势对前秦十分有利。

---

1 《晋书》卷37《司马勋传》。

2 《晋书》卷113《苻坚载记上》。

第 四 章
苻坚统一北方

建元九年（373），桓温死，东晋统治集团忙于权力的再分配，而此时苻坚已击灭仇池，打开了通向汉中的大门，正欲进兵，偏偏晋梁州刺史杨亮不识进退，竟于是年八月袭击仇池。秦梁州刺史杨安反击，杨亮一败涂地，各地守戍纷纷弃城而逃。杨安乘胜推进汉中。

机不可失，时不待我，苻坚当机立断，兵分两路，猛攻梁、益。益州刺史王统、秘书监朱彤率军两万兵出汉川；前禁将军毛当、鹰扬将军徐成率军三万直扑剑阁。

杨亮兵力不济，纠集当地少数民族巴僚万余人拒守。青谷（陕西南郑南）一战，王统和朱彤大败杨亮。杨亮东奔西城（陕西安康西），丢掉了这块"北瞰关中，南蔽巴蜀，东达邓、襄，西扼秦、陇"[1]的战略要地。汉中为前秦所得，通往成都的喉隘打通了。

"剑阁峥嵘而崔嵬，一夫当关，万夫莫开。"这是唐代大诗人李白《蜀道难》中的名句。大剑山和小剑山峰峦重叠，峭壁直插汉霄，隘路如门，历来为蜀地巨防。昔年姜维失去汉中，退据于此，守天险而阻钟会，迫使邓艾只有间道阴平（甘肃文县西北）偷袭成都。孰料面对前秦的进攻，晋梓橦太守周虓（周楚之孙）竟然只是防守涪城，置剑阁于不顾，这一天险又为徐成轻取。

前秦兵进梓橦（郡治四川绵阳东），周虓所思竟是合家的安危。他的兵力本来不足，现在又分遣步骑数千护送母、妻循西汉水前往江陵（今属湖北）。朱彤闻讯而动，俘获周虓家小。周虓便在孝的名义下，打开城门，投降了杨安。

---

1 《读史方舆纪要》卷 56。

晋征西将军、荆州刺史桓豁得知前秦兵进梁、益，派遣江夏相竺瑶率军救援。竺瑶是个胆小鬼，听到广汉太守赵长战死，立刻丧气而退。

益州刺史周仲孙企图在绵竹（四川绵竹东南）阻拦秦军。不料他刚与朱彤对阵，毛当所部三万已逼近成都。周仲孙无心恋战，率骑五千逃窜南中，成都亦为前秦轻取。

不到两个月，前秦就夺得了东晋的梁、益二州。西南少数民族邛、莋、夜郎等部酋帅纷纷遣使归附，前秦声播南中。

接替桓温执权的桓冲（桓温弟）还想挣扎一下，他罢免了周仲孙，以冠军将军毛虎生为益州刺史，虎生子毛球为梓橦太守，统部去收复益州。毛虎生虚与委蛇，进达巴西（郡治阆中，今属四川），借口粮草匮乏，退屯巴东（郡治鱼腹，今四川奉节）。东晋对梁、益二州已无能为力了。

和灭燕不同，灭燕后，在王猛的主持下，苻坚还关心一下关东六州百姓的疾苦，遣使巡行燕境，废除了前燕过于明显的酷政。这次除了赏赐有功将士，任命杨安为益州牧（镇成都）、毛当为梁州刺史（镇汉中）、姚苌为宁州刺史（屯垫江，今四川合川）、王统为南秦州刺史（镇仇池）外，别无其他措施，而是一心一意地去笼络失守之士周虓。在接连不断的军事胜利面前，苻坚的政策亦变化了。对前秦来说，这实在是个不祥之兆。

益州地区的阶级矛盾并没有因换了主人而变化。建元十年（374）五月，爆发了张育和杨光领导的起义，众达两万，遣使东晋呼救。

晋益州刺史竺瑶见有机可乘，会同威远将军桓石虔，合兵三万，杀向垫江（四川合川）。姚苌战败，退守五城（四川中江）。

少数民族之一的巴僚酋帅张重、尹万起而响应，会合张育，义军人数激增达五万有余[1]。张育自号蜀王，建元黑龙，浩浩荡荡杀向成都。

成都被围，益州告急。镇军将军邓羌奉命统精兵甲士五万配合益州牧杨安镇压。张育与张重因分权不匀而内讧，杨安、邓羌乘机反击，张育和杨光退屯绵竹，张重和尹万屯集于成都南郊。

成都威胁初解，邓羌便统部支援姚苌。竺瑶和桓石虔兵败后撤，足以震动巴蜀人心、激起更大反抗情绪的东晋的威胁解除了。杨安和邓羌重新做出了部署：杨安镇压张重、尹万，邓羌镇压张育、杨光。九月，这四位起义的领袖相继牺牲，秦军在益州进行了残酷的屠杀，仅张重、尹万部，便有二万三千余人牺牲。

第三节　灭凉

一、前凉概述

前凉是十六国时期汉人在北方建立的政权。开国于晋惠帝永宁元年（301），亡于前秦苻坚建元十二年（376）。开国之君是张轨。

张轨，字士彦，安定乌氏（甘肃平凉西北）人。晋惠帝

1　此据《晋书·苻坚载记》。《资治通鉴》卷103曰万余人。

前期，历官太子舍人、散骑常侍等。时值八王之乱，中原战乱频起，洛阳政局动荡不定。凉州地处边远，西晋中央各派政治势力无力顾及，"秦中川，血没腕，惟有凉州倚柱观"[1]。河西走廊确实是避乱趋福的理想场所。张轨深谋远虑，积极活动，力图官任凉州。永宁元年（301），终于如愿，被晋廷发布为凉州刺史。自此，凉州成了张氏的天下。

十六国初期，占据关陇的前赵和统一中原的后赵曾频频加兵前凉，迫于对方强盛，前凉先后称藩于前赵、后赵。其间，对前凉威胁较大的有三次。

东晋明帝太宁元年（323），前赵主刘曜在击灭陇右大患陈安后，借得胜之余威，亲统戎卒 28.5 万，西击前凉。刘曜沿黄河列营，"百余里中，钟鼓之声沸河动地，自古军旅之盛未有斯比"，前凉"临河诸戍，皆望风奔退"[2]。这是张氏据有凉州以来碰到的第一次大危机，刘曜扬言将百道渡河，直捣前凉首府姑臧（甘肃武威）。张茂（张轨子，继其兄张寔之后在 320 年即位）在参军马岌和陈珍的建议下，亲统士兵，屯石头（姑臧城东），坚壁抗战，利用有利地形坚守。刘曜深知自己"军势虽盛，然畏威而来者（指被裹胁参战的氐、羌等族）三分有二，中军疲困，其实难用"[3]，背后有石勒伺隙而动，他不宜在这里久持，所以目的只是胁迫前凉归附。双方对峙十余天，张茂遣使称藩，贡献大量珍宝及牛羊，刘曜满足而退。

东晋穆帝永和二年（346），后赵凉州刺史麻秋借张骏

1 《晋书》卷 86《张轨传》。
2 《晋书》卷 103《刘曜载记》。
3 《资治通鉴》卷 92。

（张寔子，325年张茂死后即位）新死，子张重华即位之机，统兵杀来，或陷金城（甘肃兰州西北），凉州震动。张重华以"资兼文武，明识兵略"[1]的谢艾为中坚将军，统五千步骑，一举得胜，斩首五千级。

次年四月，麻秋在后赵主石虎的严命下拥众八万猛攻前凉。镇守枹罕（甘肃临夏）的前凉晋昌[2]太守郎坦拟弃外城，退守内城。武威太守张悛及宁戎校尉张琚反对，全力固守。麻秋围城数重，百道俱攻，云梯地道，无所不用，士兵死伤数万，毫无进展。后赵将军刘浑又率步骑两万配合麻秋攻城。郎坦畏敌而降，张悛赖张琚力战，终于使麻秋失利而退。

不久，麻秋又会合征西将军石宁再次进攻前凉。前凉将军宋泰等望风披靡，帅户两万有余投降。事态危急，张重华召回被排挤出去的谢艾，授予使持节、军师将军衔，统兵三万，临河阻击。谢艾计激麻秋。麻秋躁动，谢艾猛攻，斩敌一万三千有余，麻秋匹马而逃。

七月，麻秋、石宁纠集步骑十二万有余，长驱渡河，直逼姑臧。谢艾督军再战，又获大胜。麻秋退屯金城，哀叹："我用兵于五都之间，攻城略地，往无不捷。及登秦陇，谓有征无战。岂悟南袭仇池，破军杀将；筑城长最，匹马不归；及攻此城，伤兵挫锐。殆天所赞，非人力也。"暴君石虎也为之气沮："吾以偏师定九州，今以九州之力困于枹罕，真所谓彼有人焉，未可图也。"[3]

前凉之所以能以偏僻之乡、一州之地，顶住强敌的频频

---

1 《晋书》卷86《张重华传》。
2 此据《资治通鉴》卷97。《晋书·张重华传》作"晋阳"，误。
3 《晋书》卷86《张重华传》。

进攻，绝非偶然，这是张轨及其后继者们所采取的各项措施的结果。

其一，始终以晋室思臣自居，借以招徕汉族人民。

张轨及前凉初期的几个统治者都很有政治头脑。张氏到达凉州后，先后剪除了"势倾西土"、足以左右政局的大豪族张越、曹祛、麹佩、麹儒、贾摹等辈，吸收声望卓著、富有才干的宋配、阴充、氾援、阴澹等参加政权，尽力护佑统治基础。在"豪右屏迹"[1]的同时，颁令有司"推详立州已来清贞德素，嘉遁遗荣；高才硕学，著述经史；临危殉义，杀身为君；忠谏而婴祸，专对而释患，权智雄勇，为时除难；谄佞误主，伤陷忠贤，具状以闻"[2]。一句话，在舆论及措施上压抑奸邪，弘扬正气，借以巩固统治。

永嘉之乱中，张轨是各地方镇中勤王最得力的一个。一首歌谣盛传于京师洛阳："凉州大马，横行天下，凉州鸲苔，寇贼消；鸲苔翩翩，怖杀人。"[3]凉州声威远播中原。西晋灭亡后，张轨后裔"舞六佾，建豹尾，所置官僚府寺拟于王者"[4]，前凉完全是一个独立的政权，却始终称臣于晋。晋元帝即位，张氏积极劝进，讨取晋室的封号，对东晋贡使不绝。前凉除了不用东晋的正朔外，俨然一个矢志不渝的晋室忠臣。张骏的一举一动皆模仿王者，可是当群僚请他仿照曹操故事称王时，他却坚决拒绝，颁令"此非人臣所宜言也，

---

1 《晋书》卷86《张茂传》。
2 《晋书》卷86《张轨传》。
3 《晋书》卷86《张轨传》。
4 《晋书》卷86《张骏传》。

敢有言此者，罪在不赦"[1]。

在民族矛盾尖锐复杂，成为十六国前期北方社会主要矛盾的时候，晋室是民族和国家的象征，张氏这一手对汉族人民有巨大的吸引力，加上相对安定的环境，"中州避难来者日月相继"[2]，凉州成为西晋崩溃后汉族人民流迁的又一个主要场所。前凉除置武兴郡及晋兴郡等侨郡县安置流民外，又兴学校，提倡经学，凉州成为当时中国经学最兴盛的地方，直到隋唐，凉州经学对中原仍有巨大影响。

其二，恩威并施，慑服少数民族。

河西走廊历来是我国西部、北部游牧民族进入中原的主要干道，值此少数民族大量内迁之际，这里的民族成分更为复杂。其时，活动于河西走廊的少数民族除氐、羌外，还有匈奴、鲜卑及卢水胡沮渠部等。张轨入凉，讨伐了恃众不服的鲜卑，后又一举压服拥众十余万的鲜卑若罗拔能部，威名大震。对于归顺的少数民族，张氏又妥为安置。前凉军队的主力，绝大部分由"氐、羌之锐"[3]组成。1972年嘉峪关市新城乡发掘的魏晋墓葬中，有大量画像砖，其中不少是短衣窄袖、宽裤、编发的少数民族套牛耕地的画面，较为真实地反映出少数民族安居乐业并逐步向农耕定居转变的情况。

其三，省简刑狱，轻徭薄赋，劝课农桑，兴修水利。

张氏据有河西，相当重视刑狱，一度获得"刑清"[4]的美

---

1 《晋书》卷86《张骏传》。
2 《晋书》卷86《张轨传》。
3 《晋书》卷86《张骏传》。
4 《晋书》卷86《张骏传》。

称。剥削亦较轻，"轻赋敛，除关税，省园囿以恤贫穷"[1]。每遇灾荒，必然开仓赈济。张氏对河西最大的贡献还在于兴修了一些高质量的水利工程。

河西走廊降水量极小，近年统计，东端武威年降水量为河西走廊之冠，为一百七十余毫米。西端敦煌仅有二三十毫米；蒸发量却十倍或数十倍于降水量。所幸祁连山冰川贮水量异常丰富，合理开发和利用冰雪融化下泄的流水，成为河西地区农业发展的关键。张氏统治前期，重视农田水利事业，仅在敦煌便开凿了阳开渠、北府渠、阴安渠等。其中北府渠全长四十五里，工程浩大，质量上乘。敦煌石室本《沙州图经》曰："前凉时，刺史杨宣以家粟万斛买石修理，于今不坏，其斗门垒石作，长四十步，阔三丈，高三丈。"直到盛唐还充分发挥着作用。敦煌并非前凉的心脏地区，这里的水利工程尚且如此，其他地区也必然会有水利事业在兴修。

前凉是继汉武帝在河西走廊军垦民屯以后的第二个开发期，对其贡献应该予以肯定。

其四，打通丝绸之路，发展中西贸易。

在海运尚未发展起来以前，丝绸之路是世界各文明古国和中国开展经济文化交流的唯一孔道。河西走廊位于丝绸之路的主线上，是中外经济文化往来的必由之路。张氏利用这一地域上的优势，加强西城长史（驻海头，今新疆罗布泊西）的兵力，改戊己校尉为高昌郡（新疆吐鲁番高昌故城）。晋成帝咸康元年（335），前凉西越流沙，兵伐称雄于丝绸

---

1 《晋书》卷 86《张重华传》。

之路、阻碍中西贸易往来的鄯善和龟兹，"于是西域并降"[1]，纷纷遣使前凉，姑臧成了当时中西文化经济交流的中心。为使西来的珍宝能进入中原，换取更多丝绸满足西来商旅使臣的需要，解决前凉的军国开支，前凉又采取了下列行动：遣使后赵，借"朝贡"之名打开通向中原的道路；结好成汉，假道成汉和仇池（时仇池称藩于东晋），与东晋频繁地交往。这些措施不但有利于中外经济文化的交流，前凉也从中获取了厚利。

在上述措施下，前凉"民富兵强"[2]，经济有所发展，一改汉魏以来荒凉不堪、钱币不行的旧貌，商品经济稍呈活跃的趋势。为适应这一需要，前凉铸五铢钱，"立制准布用钱，钱遂大行，人赖其利"[3]。

前凉全盛时，精兵甲士十万有余，其疆域"南逾河、湟，东至秦、陇，西苞葱岭，北暨居延"[4]，相当于今天的甘肃和宁夏的西部、新疆的东部及内蒙古的南部一角。

二、前秦和前凉的和战

前秦初建，立足未稳，前凉一反往日保境自守的姿态，频频袭扰陇右，虽不足以致前秦于死地，却也曾迫使前秦忙于应付。不过，此时前凉已日趋腐朽，自苻健皇始三年（353）起，前凉就内乱频作。

皇始三年（353），张重华尸骨未寒，其兄张祚便排挤

---

1 《晋书》卷86《张骏传》。
2 《资治通鉴》卷95。
3 《晋书》卷86《张轨传》。
4 《读史方舆纪要》卷3。

了谢艾、马岌等才干出众的臣僚，废重华子张耀灵（不久被杀）自立。次年，张祚称凉王，建元和平。此人"淫虐无道，上下怨愤"[1]，其族人河州刺史（镇枹罕）张瓘兵力颇盛，成了张祚的眼中钉。张祚遣兵三万偷袭枹罕，张瓘起而反抗，大败来军，乘胜推进姑臧。敦煌人宋混、宋澄兄弟在姑臧西合兵万余，配合张瓘。姑臧城破，张祚被杀，张耀灵弟张玄靓被立为凉王，张瓘自立为都督中外诸军事、尚书令、凉州牧，控制大权，以宋混为尚书仆射。张瓘猜忌苛虐，专以个人爱憎为赏罚，前凉政治大坏，与宋混的矛盾也激化起来。甘露元年（359），宋混起兵，诛杀张瓘，自己执权。在宋混的劝说下，张玄靓去凉王号，降称凉州牧。甘露三年（361），宋混死，张玄靓族人张邕乘机起兵，诛灭宋混一族。张玄靓叔父张天锡与张邕共同执政。张邕骄矜淫纵，任用私人，大肆刑杀，人心离散。同年，张天锡起兵攻杀张邕，灭其一族。甘露五年（363），张天锡贼杀张玄靓，自立为大都督、大将军、凉州牧。

　　十年之内，前凉四易其主，四度火拼，迅速衰落下去。苻坚正是利用前凉内乱方作的有利时机，迫使前凉称藩的。苻坚即位，一时无力外顾，亦曾封赠前凉。自寿光二年（356）起，前凉对前秦贡使不绝，秦、凉间保持了将近十年的和平。建元二年（366），张天锡宣布与秦绝交，双方关系恶化。年底，略阳羌酋敛岐拥众四千余家叛秦，自称益州刺史，投降据有枹罕的李俨，由此导致了秦、凉之间一场较为严重的冲突。

1　《资治通鉴》卷100。

李俨，陇西（甘肃临洮南）人。寿光元年（355）借前凉内乱之机据枹罕自立，打起东晋的年号，一时间"百姓悦之"[1]，势力有所壮大。李俨野心勃勃，初起之时，为求自存，时而附秦，时而降凉，取巧于秦、凉之间。敛岐投降而来，李俨势力有所壮大，自度凭借有利地形及手中实力足可自立，乃与秦、凉绝交，封拜牧守，居然以一国之君自居，招致了秦、凉同时发兵讨伐。

苻坚当然决不容许敛岐逍遥法外，何况略阳（甘肃秦安东南）又是陇右重镇，关陇门户。建元三年（367）二月，王猛统率陇西太守姜衡、南安太守邵羌、扬武将军姚苌、立忠将军彭越等步骑一万七千余人讨伐。秦军甫动，张天锡也兵分三路，自领三万余人马，杀向枹罕。

敛岐所部本是昔日姚弋仲的部下，王猛指令姚苌参战，目的就在于利用这一关系瓦解敛岐部众。此举果然有效，敛岐部属全部归降，王猛轻取略阳。敛岐逃窜至白马（甘肃西和西南），为邵羌所擒。

张天锡进军亦十分顺利，李俨迅速败北，退守枹罕，遣使前秦谢罪，吁请前秦救助。苻坚早就垂涎这一河湟间的战略要地，乃命前将军杨安、建威将军王抚统骑兵两万，均由王猛节制，驰救李俨。枹罕城东一战，王猛俘斩张天锡甲士一万七千有余，双方对峙于枹罕城下。

王猛虽胜，据此兵力灭凉，殊无把握；何况前燕声势正盛，威慑关西，苻坚颇为担忧，双方若久耗下去，势必授前燕可乘之机。鉴此，王猛致书张天锡："吾受诏救俨，不令

---

1 《晋书》卷86《张玄靓传》。

与凉州战，今当深壁高垒，以听后诏。旷日持久，恐二家俱弊，非良算也。若将军退舍，吾执俨而东，将军徙民西旋，不亦可乎！"[1] 张天锡吃过王猛的苦头，此时审时度势，夺回枹罕绝无可能，既然王猛已给了台阶，也就引兵后撤了。

张天锡已去，李俨松了一口气。将领谋士们建议乘王猛无备，突然袭击。李俨考虑再三，认为不是上策，决定凭坚固守，拒绝秦师入城，幻想王猛师老兵疲，主动退兵。

王猛成算在胸，决定计取。他书生打扮，轻车简从，招李俨开城相见。李俨中计，请王猛入城。车至城门，精选出来的勇士们突然发难，劫持城门，埋伏在附近的秦兵一拥而入，活捉了李俨，押送长安。昔日石虎费尽心机想要夺取的这个山川险要，号称犄角河西、肘腋陇右的军事重镇，轻易落入了前秦之手。苻坚任李俨为光禄勋，封归安侯；升彭越为平西将军、凉州刺史，镇枹罕，河、湟一带已为前秦所有，前秦的西部防线更巩固了。

内乱、外患削弱了前凉，张天锡龟缩河西，不图振作，纵欲享乐，置政事于不顾。贪官污吏横行，内部争权夺利进一步加剧，"人情怨惧"[2]，前凉政局江河日下。

三、苟苌击灭前凉

两汉以来的历史表明："欲保秦陇，必固河西。"[3] 前秦奠都长安，出于秦陇安全考虑，河西志在必得。只是在较长一段时间内，苻坚忙于东线和西线的战事，才使前凉又苟延残

---

1 《资治通鉴》卷101。
2 《晋书》卷86《张天锡传》。
3 《读史方舆纪要》卷63。

喘了十来年。

建元七年（371），苻坚击灭仇池，兵进梁、益，为防张天锡从中作梗，乘机兵进陇右，特意派遣梁殊和阎负出使前凉，严厉警告张天锡："昔贵先公称藩刘、石者，惟审于强弱也。今论凉土之力，则损于往时；语大秦之德，则非二赵之匹；而将军翻然自绝，无乃非宗庙之福也欤！以秦之威，旁振无外，可以回弱水使东流，返江、河使西注，关东既平，将移兵河右，恐非六郡士民所能抗也。刘表谓汉南可保，将军谓河西可全，吉凶在身，元龟不远，宜深算妙虑，自求多福，无使六世之业一旦而坠地也。"[1]

慑于前秦声威，张天锡被迫遣使，谢罪称藩。苻坚因关东地区尚未巩固，牵扯精力甚多，进取梁、益的战争又将爆发，一时难以分兵前凉，只有权且拜张天锡使持节、都督河右诸军事、骠骑大将军、开府仪同三司、凉州刺史、西平公，等待时机。但前秦对前凉的小规模袭扰年年都有，西线兵力也时有增加。当此大厦将倾的时刻，张天锡虽然忧心忡忡、寝食难安，却依然故我。他寄希望于东晋，频频遣使，乞求东晋发兵前秦，使苻坚不敢贸然进攻。

苻坚被激怒了，梁、益战事已经结束，前秦再无他忧，乃借口张天锡"臣道未纯"，决心对前凉大动干戈了。

建元十二年（376）八月，使持节、武卫将军苟苌受命统左将军毛盛、中书令梁熙、步兵校尉姚苌等步骑十三万伐凉。秦州刺史苟池、河州刺史李辨、凉州刺史王统等率三州之众为后继。苻坚亲至长安城西饯行，颁赏从征将士。秦军

---

[1] 《资治通鉴》卷103。

兵马雄壮,装备精良,"戎狄以来,未之有也"[1]。此战必胜,苻坚绝无疑问。兵马才动,他已在长安造好了安置张天锡的房舍。

梁殊、阎负奉诏先行,征张天锡入朝。前凉君臣议论纷纷,主战主降争吵不休。主战者强调:"吾世事晋朝,忠节著于海内。今一旦委身贼庭,辱及祖宗,丑莫大焉!且河西天险,百年无虞,若悉境内精兵,右招西域,北引匈奴以拒之,何遽知其不捷也!"张天锡为群情所动,攘袂大言曰:"孤计决矣,言降者斩!"[2]乱箭射杀前秦使者,倾国而动,遣龙骧将军马建带精兵两万先行,征东将军掌据[3]带兵三万扼守洪池(甘肃武威洪池岭谷口),自统五万人马屯金昌(武威附近)。

秦军三道并进:梁熙、姚苌、李辨、王统在清石津(黄河与湟水交汇处)渡过黄河,兵击河会城(黄河与湟水交汇处),凉骁烈将军梁济据城降秦;苟苌统中军在石城津(甘肃兰州西北)渡河,攻拔缠缩城(甘肃永登南);扬武将军马晖、建武将军杜周统骑兵八千西出恩宿(甘肃永昌南),截断张天锡西逃之路,防备西域方面的来兵。

马建是主战的,气壮如牛,却畏敌如虎,不战自退。姚苌带三千精兵追击,马建率万余人临阵投降,余部四散。洪池一仗,掌据兵败自杀。赤岸(枹罕东南)再战,前凉又损兵三万八千名,司兵(相当于五兵尚书)赵充哲当场丧命。张天锡整兵再出,驻扎赤岸,士兵哗变,只剩数千骑窜回姑

---

1 《资治通鉴》卷104。
2 《资治通鉴》卷104。
3 此据《晋书·苻坚载记》。《张天锡传》"掌据"作"常据"。

臧。秦军兵临城下，张天锡图穷，只有投降。苻坚封张天锡
为归义侯，拜比部尚书。

前秦兵出前凉，东晋调集兵马千方百计掣肘。兖州刺史
朱序、江州刺史桓石秀游军汉、沔，豫州刺史桓伊兵出寿阳
（即寿春），淮南太守刘波泛舟淮、泗[1]。三道齐出，声势颇
为浩大。桓冲又上奏晋廷，要求会同征西大将军桓豁"观兵
伺衅，更议进取"[2]，亦即乘机展开北伐，晋廷立即批准。无
奈秦军进兵神速，前凉之腐败无能大出东晋所料，仅仅一个
月，立国 76 年的前凉就被击灭了。东晋只有徒呼奈何。

是役，前秦尽有河西走廊，掠徙凉州豪右七千户于关
中。梁熙被任命为西中郎将、凉州刺史，坐镇姑臧。

第四节　灭代

一、拓跋部曲折的建国历程

代国是由鲜卑中的拓跋部建立的。灭亡于前秦建元十二
年（376）。严格说来，代并不是一个割据政权，只是即将
跨进阶级社会的强大的军事部落联盟。

拓跋部发源于今内蒙古自治区鄂伦春自治旗阿里河镇西
北十余公里的嘎仙洞周围，活跃于大兴安岭北部东麓、嫩江
西岸支流甘河上游一带，过着"畜牧迁徙，射猎为业"的生

1　此据《资治通鉴》卷104。《晋书·桓冲传》曰："宣城内史朱序、豫州刺史
桓伊率众向寿阳。"

2　《晋书》卷74《桓冲传》。

活。传说在拓跋毛时，拓跋部组成了一个"统国三十六，大姓九十九，威振北方"的部落联盟。拓跋毛五传至拓跋推寅，正是东汉初年，北匈奴西迁，南匈奴入塞，大漠草原出现了势力真空，拓跋推寅乘机统部"南迁大泽，方千余里，厥土昏冥沮如"[1]，即进入了呼伦湖周围，成了呼伦贝尔大草原的主人。拓跋推寅又七传至拓跋邻，决定再次南迁，未果而卒。其子拓跋诘汾继承父志，历经"山谷高深，九难八阻"，终于据有匈奴故地。这两次大迁徙使拓跋部离开了山高林密的大兴安岭，在呼伦贝尔和漠北大草原的抚育下，经济飞速发展，原始的猎人终于成了大草原上的牧民，拓跋部迅速壮大起来，为日后南下、逐鹿中原奠定了初步的基础。鉴于第二次迁徙由拓跋邻倡导，所以族人亦尊称拓跋邻为"推寅"。[2]

拓跋诘汾死后，部落联盟一度内乱，其子拓跋力微依附没鹿回部，收拾余众，北居长川（内蒙古兴和一带），"积十数岁，德化大洽，诸旧部民，咸来归附"。十余年后，力微吞并了没鹿回部，东讨西伐，发展成"控弦上马二十余万"的一支势力。曹魏甘露三年（258），力微迁至盛乐（内蒙古和林格尔北）；四月，召集"祭天"大会，杀了"观望不至"的白部大人。这是一个巨大的转折，自此，拓跋部在部落联盟中大酋长的地位确立起来了，拓跋部终于摆脱了它的传说时代。

拓跋力微死后，"诸部离散，国内纷扰"，至晋惠帝元康五年（295），力微少子拓跋禄官又统一诸部。禄官仿照匈奴旧制，将联盟一分为三：自率东部，游牧于上谷（郡治

---

1 《魏书》卷1《序纪》。本节引文凡不注出处者，皆出自该卷。
2 "推寅"，鲜卑语，意为聪明有武略，善于钻研问题的人。所以在拓跋部传说中有两个推寅。

今河北张家口怀来东南）之北、濡源以西（河北沽源东北）；力微孙拓跋猗㐌率中部，游牧于代郡的参合陂（山西阳高东北）以北；猗㐌弟弟拓跋猗卢率西部游牧于盛乐。禄官、猗㐌相继病死后，猗卢总摄三部，"控弦骑士四十余万"，成了塞上劲旅。时值永嘉之乱，中原动荡，据有晋阳（山西太原南）的西晋残余势力并州刺史刘琨为求取猗卢的支持，与汉国刘渊为敌，在永嘉四年（310）奏请晋怀帝封猗卢为代公；晋愍帝建兴二年（314），又进封猗卢为代王，并割陉岭以北（山西代县西勾注山以北）马邑（山西朔县）、阴馆（山西代县西北）、楼烦（山西宁武附近）、繁峙（山西浑源西）、崞（山西浑源西）五县为其封地。尽管猗卢控制的地方还称不上是一个政权，旧史中却以代国名之了。

自力微至猗卢，拓跋部有了巨大的变化。

首先，过去这个部落联盟的酋长是不能世袭的，自力微起，联盟大酋长为拓跋部垄断，父死子继、兄终弟及的世袭制才开始确立起来。《魏书·序纪》详细记载了力微以后的世系。

其次，往日部落内部事务由各部落自行解决，既无法律，更无刑狱。自力微起，联盟酋长及四部大人会议成了最高权力机构，"国俗宽简，民未知禁"的状况逐渐改变。猗㐌（桓帝）和猗卢（穆帝）共领拓跋部时，已经是"治国御众，威禁大行"[1]了。猗卢后期，进一步发展，乃至"明刑峻法，诸部民多以违命得罪，凡后期者皆举部戮之，或有室家相携而赴死所"。《魏书·刑罚志》进一步明确记载了猗卢的"刑"、"法"及"命"："乃峻刑法，每以军令从事。民

---

1 《魏书》卷23《卫操传》。

乘宽政，多以违命得罪，死者以万计。"虽然猗卢的刑法只是以军令从事，但拓跋部原始的刑律毕竟是出现了。

最后，过去联盟内部只有部落大人的名称，猗卢后期"备置官属"[1]，出现了各种将军、侯爵之类的名号，居于他们之上的是"左右辅相"[2]。这些名号虽然是由西晋移植过来的，极不完善，甚至其职权和西晋的官名也可能大相径庭，拓跋部毕竟有了原始的职官。

概言之，自力微至猗卢，随着军事活动和掠夺战争的频繁展开，部落权贵逐渐成了凌驾一般成员之上的人物，联盟酋长更具备了向皇帝转化的可能，拓跋部已走到了文明时代的门口。这个变化并非偶然，有其深刻的社会根源，其中有两点值得注意。

其一，拓跋部迁移漠北后，逐步吞并了残留于大草原上的乌丸及匈奴的余部。

其二，拓跋部和中原地区的交往日益频繁。力微长子沙漠汗曾作为质子长期留居洛阳，拓跋部与曹魏"聘问交市，往来不绝，魏人奉遗金帛缯絮，岁以万计"。"聘问""奉遗"当然不可信，但拓跋部与中原王朝的往来却于此可见。西晋时，这种往来有增无减。西晋末年，中原地区汉族人民苦于战乱，大量流徙四边，其中亦有进入拓跋部者。代郡名门望族卫操"与从子雄及其宗室乡亲姬澹等十数人同来归国"，卫操劝说猗㐌和猗卢"招纳晋人，于是晋人附者稍众"[3]。今天，难以统计此时流入拓跋部的汉族人口，《魏书·卫操附

1　《魏书》卷 23《莫含传》。
2　《魏书》卷 23《卫操附从子雄传》。
3　《魏书》卷 23《卫操传》。

从子雄传》载，猗卢死后，拓跋部大乱，卫雄等"率乌丸、晋人等数万众"投奔了刘琨。《资治通鉴》卷89记载的数字更具体一点："晋人及乌桓三万家，马牛羊十万头。"需要说明的是，这仅是随卫雄等投奔刘琨的乌丸及汉族人民，可以断言，还有相当数量的汉族人民仍然留居在拓跋部。那么，投奔拓跋部的汉人肯定超过上述数字。

匈奴、乌丸和汉族人民的文明程度远高于拓跋部，特别是汉族，他们与拓跋部的结合，毫无疑问，必然给拓跋部带来积极的影响。最明显的一点是拓跋部的生产力有了较大的提高，经济繁荣，剩余产品的积累日益增加，史称"自始祖以来，与晋和好，百姓乂安，财畜富实"。与此俱来的便是私有财产的出现，部落权贵占有财富的欲望与日俱增。沙漠汗就是在部落权贵们接受了西晋征北将军卫瓘的贿赂后，被权贵们谗害而死的。同时，拓跋部和四周的贸易往来也日趋频繁。《水经·河水注》曰："皇魏桓帝十一年（305），西幸榆中，东行代地，洛阳大贾赍金货随帝后行。"雁门繁峙地区"家世货殖，赀累巨万"的大商人莫含亦"常来国中"。部落权贵们财富积累的速度加快了，拓跋部内部贫富分化日益明显。正是这个变化，才促使拓跋部迅速向阶级社会迈进。在这方面，汉族士大夫起了较大的作用，莫含就是猗卢请求刘琨一再说项，留居拓跋部，成了猗卢的左右手，"常参军国大谋"[1]的。

激烈的变化必然引起拓跋部内部新旧势力的冲突；猗卢协助刘琨不断与刘聪、石勒进行的战争，加深了一般部民的

---

1 《魏书》卷23《莫含传》。

苦难。晋愍帝建兴四年（316），内乱爆发，猗卢被杀，部落离散。拓跋部建国的历程首次受挫。

代国瓦解了，拓跋部仍然是草原上的强劲势力，"西兼乌孙故地，东吞勿吉以西，控弦上马，将有百万"。经过二十三年的你争我夺，沙漠汗的曾孙拓跋什翼犍在东晋咸康四年（338）即代王位，拓跋部的建国历程加速了。

什翼犍"雄勇有智略，能修祖业，国人附之"[1]。即位后，他通好前燕，缔结婚姻，仰仗前燕力求扩张，又采取了下列措施。

第一，置百官，分掌众职。《魏书·官氏志》较详细地记载了什翼犍时的职官建置："命燕凤为右长史，许谦为郎中令矣，余官杂号多同于晋朝……初置左右近侍之职，无常员，或至百数，侍直禁中，传宣诏命，皆取诸部大人及豪族良家子弟仪貌端严，机辩才干者应选。又置内侍长四人主顾问，拾遗应对……"这些左右近侍由各部落的权贵子弟组成，既是代王的亲信，又是代王控制各部落的人质，代王的权力进一步扩大。

第二，制定了一些律令。规定"当死者听其家献金马以赎；犯大逆者亲属男女无少长皆斩；男女不以礼交皆死；民相杀者听与死家马牛四十九头及送葬器物以平之。无系讯连逮之坐。盗官物一备五，私则备十"[2]。和猗卢的"以军令从事"不同，这些律令的核心是：维护代王的最高统治权，保护私有财产，相应改革了血族复仇及自由两性关系的旧习。

第三，咸康六年（340），定都云中盛乐宫，次年，在盛

---

1 《资治通鉴》卷96。

2 《魏书》卷111《刑罚志》。

乐故城南八里修建了盛乐新城，代有了较固定的政治中心。

第四，咸康七年（341），召集诸部"设坛埒，讲武骑射，因以为常"，建立起由代王控制的常备军，被什翼犍叫作"六军"。它和昔日部落武装已完全不同，成为代王平定内部和对外扩张的工具。

总之，什翼犍时，拓跋部朝着建立国家的方向跨进了一大步，拓跋部的势力进一步壮大，"东自秽貊，西及破落那，南距阴山，北尽沙漠，率皆归服"[1]。就在文明时代的曙光即将照临之时，苻坚挟其雷霆万钧之力杀向代北，拓跋部的建国历程再次受挫。

二、苻洛灭代

建元十二年（376）十月，河西走廊的战火才熄灭，苻坚又立刻任命苻洛为北讨大都督，统兵伐代，发动了灭代之役。

有关这次军事行动，诸史记载有所出入。《晋书·苻坚载记》曰："坚既平凉州，又遣其安北将军、幽州刺史苻洛为北讨大都督，率幽州兵十万讨代王涉（什，笔者注）翼犍。又遣后将军俱难与邓羌等率步骑二十万东出和龙，西出上郡，与洛会于涉翼犍庭。翼犍战败，遁于弱水。苻洛逐之，势窘迫，退还阴山。其子翼圭缚父请降，洛等振旅而还，封赏有差。"《魏书·序纪》则曰："苻坚遣其大司马苻洛率众二十万及朱彤、张蚝、邓羌等诸道来寇，侵逼南境。冬十月，白部、独孤部御之，败绩。南部大人刘库仁走云中。帝复遣库仁率骑十万逆战于石子岭，王师不利。帝

时不豫，群臣莫可任者，乃率国人避于阴山之北。高车杂种尽叛，四面寇钞，不得刍牧。复度漠南。坚军稍退，乃还。十二月，至云中，旬有二日，帝崩，时年五十七。"《北史·魏本纪第一》叙事同于《魏书》，对什翼犍死因稍做补充："皇子寔君作乱，帝暴崩。"诸史相同处在于：这次灭代的统帅是苻洛，前秦是数道并进的。不同在于：前秦动用的兵力究竟有多少？什翼犍是否被俘？

从相同点可以看到，苻洛具有节制诸路的权力，但他直接控制的只是幽州兵马。建元十六年（380），苻洛据幽州叛乱，倾城而出，全部兵马仅有"十万"[1]，这就证实《晋书》的记载较为可信。所以《资治通鉴》卷104曰："秦王坚以幽州刺史行唐公洛为北讨大都督，帅幽、冀兵十万击代；使并州刺史俱难、镇军将军邓羌、尚书赵迁、李柔、前将军朱彤、前将军张蚝、右军将军郭庆率步骑二十万，东出和龙，西出上郡，皆与洛会……"也就是说，这次动用的兵力是三十万。此外，尚需补充的是，除此数道兵力外，苻坚还命扬武将军马晖和建武将军杜周统精骑八千，由居延海（内蒙古额吉纳旗）奔赴代北。总之，这是苻坚在统一北方的战争中，动用兵力最大的一次。

苻坚所以动用如许兵力，原因有二。

其一，拓跋部力量强大。苻坚诏书有具体的说明："索头[2]世跨朔北，中分区域，东宾秽貊，西引乌孙，控弦百万，虎

1　《晋书》卷113《苻坚载记上》。

2　和鲜卑其余各部剃去部分头发不同，拓跋部有留发结辫的习俗，故时人称拓跋部为"索头鲜卑"，简称"索头"或斥为"索虏"。

视云中。"[1] 控弦百万过于夸大，经过苻坚认真订正，"控弦之士数十万"[2] 是较可信的。这确实是不可轻视的实力。

其二，拓跋部是游牧部族，迁徙无常，活动地域相当辽阔。苻坚早就有意灭代，一再借秦代通使之机侦察代国的虚实。《魏书·燕凤传》载："坚曰：'卿辈北人，无钢甲利器，敌弱则进，敌强退走，安能兼并？'凤曰：'北人壮悍，上马持三杖，驱驰若飞。主人雄隽，率服北土，控弦百万，号令若一，军无辎重樵炊之苦，轻行速捷，因敌取资。此南方之所以疲弊，而北方之所常胜也。'"对付如此来去无常、擅长骑射、专门以掠夺他人财物作为后勤补给的游牧部族，兵力少了显然不行。只有出其不意，抓住其集结或基本集结的时刻，数道包抄，扼其咽喉，方能奏效。什翼犍有每年七月召集诸部大会云中讲武驰射的习俗。胡天八月即飞雪，云中一带的自然条件优于大漠草原其他地区，七月大会后，云中基本上成为拓跋部的越冬地。苻坚正是抓住这个时机进兵的。可见灭代之役，苻坚的考虑相当周密。

代国回旋于大漠草原，前秦称雄于中原，表面上看，秦代通使往还，相安无事，史籍所载秦代间的战争极为鲜见，何以苻坚击灭前凉后，如此迫不及待地兵进代北呢？关键在于拓跋部力求南进，严重威胁着前秦。每遇中原大乱，时机有利，拓跋部便想推进中原。汉国后期，国力衰竭，乱象一现，拓跋部酋长郁律便宣称："今中原无主，天其资我乎？"向中原推进的意图溢于言表。后赵崩溃，中原涂

1 《资治通鉴》卷104。
2 《魏书》卷24《燕凤传》。

炭，什翼犍认为时机已到："石胡衰灭，冉闵肆祸，中州纷梗，莫有匡救，吾将亲率六军，廓定四海。"只是他即位未久，在联盟中的地位尚不稳定，未能成行。但什翼犍始终没有放弃推进中原的目标，代国的使臣在苻坚面前也决不讳言什翼犍是"一时雄主，常有并吞天下之志"[1]。既然如此，苻坚岂能不防。燕凤所言"此南方之所以疲弊，北方之所以常胜"，表明双方在边界地带的掠夺和反掠夺的战争相当频繁，拓跋部似乎占了不少便宜，而前秦则是防不胜防。建元元年（365），拓跋部部落联盟中的一员铁弗部的内侵，曾造成前秦巨大的恐慌。这一年，铁弗酋长刘卫辰和匈奴曹毂联手，在联盟中另一成员乌延部的支持下举众深入，大肆掳掠杏城（陕西黄陵西南）以南郡县，苻坚被迫御驾亲征。《晋书·苻坚载记》曰："坚率中外精锐以讨之，以其前将军杨安、镇军毛盛等为前锋都督。毂遣弟活距战于同官川（陕西铜川一带），安大败之，斩活并四千余人，毂惧而降。坚徙其酋豪六千余户于长安。进击乌延，斩之。邓羌讨卫辰，擒之于木根山。"在苻坚前期的军事活动史上，因解除外来威胁而被迫御驾亲征的事件只有两次，都发生在这一年。第一次是前面讲到的慕容恪兵占洛阳，耀武崤渑；再一次就是刘卫辰的内侵。两者比较，后一次威胁更大，以致苻坚倾国而动。需要注意的是，铁弗仅是拓跋联盟中的一员，如果什翼犍冒险倾巢而出，那对前秦威胁就更为严重了。面对什翼犍的威胁，苻坚的对策如下。

首先，利用代国内部矛盾，分化瓦解，在秦、代间培植

---

1 《魏书》卷24《燕凤传》。

第三势力，建立缓冲地带。具体做法是支持刘卫辰。刘卫辰
是南匈奴北部帅的后裔，该部在西晋初年叛出塞外，加入了
拓跋部的部落联盟，与拓跋部世通婚姻，"北人谓胡父鲜卑
母谓铁弗"[1]，该部自此以铁弗为号，实际上是南匈奴与拓跋
鲜卑混合而成的一个新的部落。在联盟内部，各部酋长的地
位最初是平等的，都可角逐联盟的领导权。铁弗部强大起来
后，成为与拓跋部争夺联盟领导权的劲敌。双方数度兵戎相
见，铁弗部屡告败北，曾先后投降过汉国和后赵，想借助外
力来争权。前秦初年，什翼犍利用铁弗部酋长刚死的机会突
然兵临，迫使铁弗部屈服。但铁弗酋长刘卫辰却在甘露二年
（360）潜通苻坚，"请田内地，坚许之"。其时苻坚政变未
久，内部有待巩固，国力亟须增强，且外受强敌前燕和东晋
的威胁，无力过问大漠草原的风云变幻，而且对刘卫辰的归
附疑虑重重，所以当苻融提出"匈奴为患，其兴自古。比虏
马不敢南首者，畏威故也。今处之于内地，见其弱矣，方当
窥兵郡县，为北边之害。不如徙之塞外，以存荒服之义"[2]，
苻坚欣然同意，处刘卫辰于朔方。刘卫辰目的难以达到，次
年掠夺边民五十口作为奴婢送给苻坚，借以邀赏，又遭苻坚
斥责。一怒之下，背秦附代。尽管刘卫辰对前秦时叛时降，
并勾结曹毂等内侵，但苻坚毕竟认为这是一股可以利用的势
力，擒获以后，仍封刘卫辰为阳夏公，护送朔方，帮助其恢
复势力。由于什翼犍是前燕的外甥，此时刘卫辰也只有依靠
前秦才能与什翼犍争权，所以更加依赖前秦。由此，什翼犍

---

1 《魏书》卷95《铁弗刘虎传》。
2 《晋书》卷113《苻坚载记上》。

视刘卫辰为眼中钉，非除之而后快。双方数次对垒，刘卫辰均告失利，其间以建元三年（367）损失尤为惨重，数十万头牲畜及大部分部落成员为什翼犍俘获。刘卫辰每次失败，都是在苻坚的保护下回到朔方重整旗鼓的。苻坚此招可谓高明，他把秦、代之间的矛盾转化为拓跋部落联盟的内部矛盾，极大地牵制了什翼犍，使他无暇南进。代国灭亡后，燕凤建议将代国一分为二，由刘卫辰和刘库仁分别统领。苻坚欣然接受。表面上看，这是燕凤建言之功，实质是苻坚对付拓跋部传统政策的继续。

其次，派遣亲信，统率重兵，布防边地，谨防什翼犍乘虚而入。永兴三年（359），苻坚政变不到两年，即任命参与其政变的核心人物之一、具有统兵治军之才的梁平老为使持节、都督北垂诸军事、镇北大将军，屯朔方之西，职责就是对付代国。与此同时，苻坚还建置了云中护军，以丞相长史贾雍为长官，屯云中南，和梁平老合力防御北线。前燕灭亡后，苻坚又在和龙（辽宁朝阳）、蓟城（北京西南）、晋阳（山西太原南）等重镇屯驻重兵，统治该地，兼防什翼犍的突然袭击。此外，他还在和龙设护鲜卑中郎将，晋阳设护匈奴中郎将，平城（山西大同西北）设护赤沙中郎将，协助上述三镇防务。苻坚用以防卫东晋的兵力经常维持在六万左右，用以防卫北边的兵力，仅幽州（州治今北京西南）和蓟城，就达十三万，梁平老、贾雍及三个中郎将手控多少兵马，史文不明，仅从幽、燕两地兵力，即可推知什翼犍统率下的代国牵制前秦多少兵力了。

苻坚的志向在于一统中国，在相继击灭前燕、前凉，夺取了梁、益二州后，苻坚即将调转兵锋去夺取南下的前哨阵地。苻坚深知，与东晋交锋，绝非轻而易举，那么在此之前，他必须扫除腹背之患。值得注意的是，拓跋部和晋室的关系一直不错。西晋末年，刘琨在晋阳坚持甚久，是因为有拓跋猗卢的支持。代王名号亦来自晋室。东晋后期，姚兴谋夺洛阳，晋雍州刺史杨佺期向北魏呼救，对北魏的使者说："晋、魏通和，非唯今日……与君便为一家。"在他看来，与其让后秦夺取洛阳，还不如"宁使魏取"[1]的好。可见相当长的一段时间内，东晋统治者是把拓跋部当作"一家"人看待的。什翼犍统治拓跋部时，晋代间有无交往，史文缺载，也许他并没有把东晋当作一国看待，但一直称代王，这多少是一种姿态。苻坚精通历史，对此岂能没有疑虑？何况以什翼犍之雄俊，当然会明白秦晋对峙，他可坐收渔利的道理。一旦苻坚重兵南进，他可挟其骑兵的优势长驱直进，有三种方案可供选择：奔袭幽、冀、并三州，席卷河北，造成中土倒悬之势；突破前秦朔方防线，直指关中，袭击前秦腹心；西引乌孙，横扫凉州，威逼关陇。这些用兵策略，在历史上既不乏先例，就苻坚本人来说，也深有体察。以苻坚之明，当然会顾忌这种种可能。三种方案中任何一种，都会使苻坚南进的意图成为泡影，陷入腹背受敌的窘境。只有击灭代国，苻坚才能真正筹措南进，这是显而易见的。

需要指出的是，在冷兵器时代，骑兵是具有极大威慑力的兵种。大漠草原的良马早就名闻海内，无疑对苻坚有强大的吸引力。他不厌其烦地询问燕凤，代国到底有多少战马，就充分反映了这种心态："坚曰：'彼国人马，实为多

---

1 《魏书》卷33《张济传》。

少？'凤曰：'控弦之士数十万，马百万匹。'坚曰：'卿言人众可尔，说马太多，是虚辞耳。'凤曰：'云中川自东山至西河二百里，北山至南山百有余里，每岁孟秋，马常大集，略为满川。以此推之，使人之言，犹当未尽。'"[1] 有战马，还需要彪悍勇敢的骑士，才能组建强劲的骑兵。终年生活在马背上的拓跋丁壮，娴熟骑术固不待言，他们又和乌丸一样，有"贵兵死"[2] 的传统，无疑是组建骑兵的最佳人选。昔年，曹操征服乌桓，征发其丁壮，组成了天下名骑，此时苻坚亦想效仿之。灭代后，苻坚不但在拓跋部中求将，更主要的是在其中求兵，下令"三五取丁"[3]，即三丁取二、五丁取三。这种措施在苻坚统一北方过程中是极罕见的。这些被征发的丁壮可能是最早进入中原和汉族融合的一批。求取战马，征发拓跋丁壮，组建骑兵，也是苻坚急于灭代的一个重要原因。

建元十一年（375），刘卫辰在什翼犍追击下南逃，于次年向苻坚求救。此时苻坚正集中兵力灭凉，无暇他顾。击灭前凉，北方再无其他势力可以掣肘前秦，灭代的时机已经成熟。秦军有刘卫辰做向导，进军神速。十月出动，十一月便扑近盛乐南郊，什翼犍措手不及，屡告败北，逃窜阴山。秦军追击不及，退驻君子津（内蒙古托克托西南二百余里的黄河渡口），以待后举。什翼犍在阴山又遭高车等部抗击，放牧无所，在十二月返回云中。什翼犍晚年，内部继承权的斗争已在酝酿，军事上的惨败加速了事变的爆发。什翼犍回

---

1 《魏书》卷25《燕凤传》。

2 《三国志》卷30《乌丸传》注引《魏书》。同卷《鲜卑传》曰，鲜卑习俗同于乌丸。

3 《晋书》卷113《苻坚载记上》。

到云中才十二天，其庶长子拓跋寔君勾结拓跋斤（什翼犍之侄）突然发难，什翼犍被害，其余诸子大都被杀。苻洛得报，命李柔、张蚝连夜出动，尽俘拓跋部。寔君及斤被送往长安，车裂而死。

苻坚灭代后，采取的措施是"散其部落于汉鄣边故地，立尉、监行事，官僚领押，课之治业营生，三五取丁，优复三年无税租。其渠帅岁终令朝献，出入行来为之制限"[1]。此外，将代国分为二，黄河以东归刘库仁，以西归刘卫辰管辖。其中"散其部落"、设官统治和征收赋役之类，对拓跋部日后的历史有巨大的影响。稍隔不久，拓跋珪复国，建立北魏，实行"离散诸部，分土定居"[2]，并最终取得成功，正是直接继承了苻坚的上述措施。它对拓跋部由部落组织向地域组织转化，跨进阶级社会有积极的作用。

最后就前秦是否俘执什翼犍略说几句。有关于此，历来有两说。其一是《晋书·苻坚载记》，持俘执之说："其子翼圭缚父请降"，甚至还有苻坚与什翼犍之间问学、求将的对话。其二是《魏书》《北史》持什翼犍被寔君杀害之说。唐长孺先生认为后者可信："于是内乱发生，什翼犍被儿子所杀，部落被前秦征服。"[3]笔者采唐先生之说。

首先，诚如唐先生所言，《魏书·昭成子孙传》虽然基本上据《北史·魏诸宗室传》补足，但未必尽出《北史》。两者略有不同，此种不同系出自《高氏小史》。它们记载一致，并与本纪相吻合，当非纯出偶然。

---

1 《晋书》卷113《苻坚载记上》。
2 《北史》卷80《外戚贺讷传》。
3 唐长孺:《魏晋南北史论丛》，三联书店，1959，第203页。

其次，《晋书》所本，是《宋书》《南齐书》。《宋书·索虏传》曰：什翼犍为"苻坚所破，执还长安，后听北归。犍（即什翼犍）死，子开即涉珪代立"。《南齐书·魏虏传》曰：苻坚遣将"破龙庭，禽犍还长安，为立宅，教犍书学……子珪，字涉圭……"，其间翼圭是个关键人物。什翼犍有九子，"庶长曰寔君，次曰献明帝，次曰秦王翰，次曰阏婆，次曰寿鸠，次曰纥根，次曰地干，次曰力真，次曰窟咄"[1]，并无翼圭其人。所谓翼圭者，当系《宋书》中的涉珪及《南齐书》中的涉圭之误。涉珪即拓跋珪，北魏开国君主，什翼犍之孙，苻坚灭代时仅六岁，没有缚送什翼犍的可能。

最后，苻坚虽然崇尚儒学，但把重病染身、年近六旬的老翁送入太学，之后还有问学等语，方之情理，实难讲通。苻坚灭代后被当作人质留居长安并入学的倒确有其人，这就是什翼犍诸子中唯一幸存的少子窟咄。《魏书·太祖纪》曰："初，帝叔父窟咄为苻坚徙于长安。"《北史·魏诸宗室传》更曰："窟咄，昭成崩后，苻洛以其年长，逼徙长安。苻坚礼之，教以书学。"因此所谓求将、问学，应是苻坚与窟咄间的对话。

就在击灭代国的那一年底，苻坚又命庭中将军魏曷飞统骑兵两万七千人，配合殿中将军张甸招抚凉州西部尚未臣服的氐羌各部。魏曷飞纵兵大掠恃险不服的部落，遭到苻坚的怒斥，先锋储安问斩，所掠悉数归还。凉州西部八万三千余落氐羌在恩威并济之下，尽皆归附。

北方强大的势力和苻坚认为会引起动乱的祸苗已全数扫平，苻坚可以考虑放手南下，一统中国了。

---

1 《北史》卷15《魏诸宗室传》。

第五节　吕光西征

一、吕光西征的原因

十六国时期，因为北方割据政权林立，战乱频仍，杀伐正酣，各政权统治地域极不稳定，所以各个政权极少考虑与周边各地，特别是西域等地的经济文化交流。只有前凉、后凉和前秦等例外。

前凉和后凉虽然占有地理上的优势，注意和西域的交往，使其都城姑臧（甘肃武威）一度成为西域和中原及南方经济文化交流的媒介，西来商旅使臣荟萃，但他们毕竟只是偏居一隅的割据政权，与统一了北方的前秦相比，不啻有天渊之别。

前秦前期的几个统治者对发展与周边各地的经济文化交流都相当重视。早在皇始二年（352），也就是前秦建国的第二年，苻健就留意"通关市，来远商"了。次年，苻健借"西虏"乞没军邪遣子入侍的机会，又在长安平朔门外设置了来宾馆，"以怀远人"[1]。苻生遣使胁迫前凉称藩，恐怕也有假道前凉、与西域进行经济文化交流的意图。前秦和四周交往的全面展开及进入全盛，无疑是在苻坚统治时期，特别是统一北方以后。此时，长安成为和周边各地经济文化交流的中心，来到关中，居住在长安的商旅使臣相当多。《太平御览》卷362《人事部·形体》引车频《秦书》曰："苻坚时，四夷宾服，凑集关中，四方种人皆奇貌异色。晋人为之题

---

[1] 《晋书》卷112《苻健载记》。

目：谓胡人为侧鼻，东夷为广面阔颊，北狄为匡脚面，南蛮为膛蹄，方方以类名。"其中尤其引人注目的是前秦与西域的交往。见于史籍记载，西域各地大规模的"朝贡"就有建元十四年（378）、十七年（381）、十九年（383）三次。十七年那次规模尤大。《晋书·苻坚载记上》曰："鄯善王、车师前部王来朝，大宛献汗血马，肃慎贡楛矢，天竺献火浣布，康居、于阗及海东诸国凡六十有二王，皆遣使贡其方物。"西来使臣带来的主要是名马、宝玉、土特产及珍禽异兽。苻坚的回赠非常丰厚，其中最主要的是深受西域各地人民喜爱的缯彩锦帛之类的丝绸。西域各国切盼与中原王朝扩大往来，建元十八年（382），苻坚在西堂接见车师前部（王廷交河，今新疆吐鲁番交河故城遗址）王弥寘和鄯善（王廷媠羌，今新疆若羌附近）王休密驮，赐予朝服时，他们提出了"年年贡献"的要求。苻坚以"西域路远，不许，令三年一贡，九年一朝，以为永制"[1]。但这个规定仅限于西域诸王及使臣，商旅不在此限。不过，此时西域诸国中的绝大多数固然切盼与中原王朝扩大交往，但也有一些势力较大的城邦国家则抱有敌对情绪。为进一步经营西域，确保丝绸之路的通畅，建元十九年（383）正月，苻坚毅然命令吕光为使持节、都督西讨诸军事，发动了对不从命者的征讨。

苻坚之所以要用兵西域，首先是顺应了西域各国的要求。建元十三年（377），车师前部王弥寘和龟兹（王廷延城，今新疆库车）王白纯[2]的弟弟来朝时，明确地提了"请

---

1 《晋书》卷114《苻坚载记下》。

2 此据《高僧传·鸠摩罗什传》。《太平御览》卷125"白纯"作"帛纯"。

兵往定，以求内附"的要求。[1] 建元十八年（382），车师前部王弥寘和鄯善王休密驮进一步提出："大宛（今俄罗斯费尔干那盆地）诸国虽通贡献，然诚节未纯，请乞依汉置都护故事。若王师出关，请为向导。"[2]

请求前秦出兵的诸国，情况和目的各不相同。白纯的弟弟是为了借助前秦的力量夺取王位，车师前部王及鄯善王则希望"按汉置都护故事"。众所周知，西汉设置西域都护，职责是宣扬和推行中原王朝的政令，协调西域各城邦国家的关系，保护各国的利益，确保丝绸之路的畅通。二人之所以要求前秦出兵，关键是此时丝绸之路上阻隔甚多，影响了他们的利益。

自东汉中后期至三国，由于中西间频繁交往，由敦煌（今属甘肃）出玉门关（敦煌西）进入西域的丝绸之路中段，已由原来的南、北两道，发展成南、中（以前的北道）、新（新北道）三道。《三国志·魏书·乌丸鲜卑东夷传》注引《魏略·西戎传》曰：

> 从玉门关西出，经婼羌（新疆若羌附近）转西，越葱岭，经县度，入大月氏（今阿姆河流域），为南道。从玉门关西出，发都护井（新疆东端，在居卢仓东南，今已淹没在沙漠之中），回三陇沙（都护井北方）北头，经居卢仓（都护井西北方，已为沙漠淹没），从沙西井（居卢仓与白龙堆之间，已为沙漠淹没）转西北，过龙堆

1 《高僧传》卷2《鸠摩罗什传》。
2 《晋书》卷114《苻坚载记下》。

（即白龙堆，今新疆罗布泊东），到故楼兰（在古鄯善境
内，今新疆罗布泊，已为沙漠淹没），转西诣龟兹，至葱
岭，为中道。从玉门关西北出，经横坑，辟三陇沙及龙
堆，出五船北，到车师界戊己校尉所治高昌（今新疆吐
鲁番东南高昌故城遗址），转西与中道合龟兹，为新道。

曹魏及西晋时期，对西域经营颇为尽心，"西域流通，无烽
燧之警"[1]。随着西晋王朝的衰落和崩溃，中原王朝对西域的
控制相对削弱，西域各国势力消长变化很大。十六国初期，
鄯善、焉耆（王廷焉耆，今新疆焉耆回族自治县）、龟兹等
称雄西域，互相争夺，影响了中西间的交流往来。为打通丝
绸之路，东晋永和元年（345），前凉主张骏"使其将杨宣
率众越流沙，伐龟兹、鄯善，于是西域并降"[2]。这里没有涉
及焉耆，其实这次西征的重点却是焉耆，因此《晋书·穆帝
纪》曰："冬十二月……凉州张骏伐焉耆，降之。"张骏在这
次西征后又加强了西域长史的兵力，丝绸之路中段畅通了，
姑臧一度成为西来使臣商旅的终点站。

　　经过张骏那一次经营，鄯善与中原的交往相当频繁，关
系亦好，但焉耆和龟兹则不同，前秦时关系更坏。

　　鄯善是丝绸之路南道上的大国，此时，南道畅通。焉耆和
龟兹是中道和新道上的大国，由于他们从中作梗，中道和新道
受阻。大宛和康居（巴尔喀什湖和咸海之间）等更西一些国家
虽然可以借行南道，但以中道最为简捷。因为中道也得经过鄯

---

1 《晋书》卷94《隐逸·范粲传》。

2 《晋书》卷86《张骏传》。

善国境，新道则经过车师前王国，中道和新道受阻，这就使鄯善和车师前王国的过境贸易受到了损害。他们深知，如果直截了当指责焉耆和龟兹，万一前秦不同意出兵，必然使双方结怨更深，招来兵祸。所谓大宛等国"诚节未纯"仅仅是一个借口，真正所指却是焉耆和龟兹。

焉耆位于高昌和龟兹之间，占地方四百里，地理形势十分显要。《晋书·四夷·焉耆国》曰："四面有大山，道险隘，百人守之，千人不过……其俗……好货利，任奸诡。"焉耆力图利用地理上的优势及在丝绸之路上的有利位置，谋取更大的利益，曾一度"霸西胡，葱岭以东莫不率服"。它先遭张骏打击，后又为龟兹所败，势力削弱，但前秦时仍控制其周围的尉犁国（焉耆南）、危须国（焉耆东北）、山王国等为数较多的小城邦，有相当大的影响。前秦时，西域来使虽多，却未见有焉耆使节的记载，说明双方关系很不好。

龟兹（新疆库车）位于焉耆之西，塔里木河流经境内，自然条件优越，既宜农耕，又宜放牧，物产丰富，手工业发达，尤其是冶铸业，"恒充三十六国之用"[1]。王廷延城修得十分坚固，"城有三重，广轮与长安地等，城中塔庙千数。（龟兹王）帛纯宫室壮丽，焕若神居。胡人奢侈，富于生养，家有葡萄酒至千斛，经十年不败"[2]，用吕光的话来说，"龟兹据三十六国之中，制彼王侯之命"[3]，是比焉耆影响更大的国家。前秦时，龟兹使者亦曾到过长安，但自建元十三年（377）苻坚遣使索要鸠摩罗什后，双方的关系便恶化了。

---

1 《水经·河水注》。
2 《太平御览》卷 125 引《十六国春秋·后凉录》。
3 《太平御览》卷 895 引《十六国春秋》。

其次是前秦发展中西经济文化交流及自身战略和政治上的需要。

前秦早就关注西域，苻坚击灭前凉后，对于经营西域更为关注。建元十三年（377），即苻坚击灭前凉的第二年，就派遣使臣前往西域，直达龟兹。次年，其凉州刺史梁熙又遣使西域，"称扬坚之威德，并以缯彩赐诸国王"[1]。前引《魏略·西戎传》表明，丝绸之路南、中、新三道的东端，实际均以玉门关为终点，由此经凉州才能进入中原。按照前秦的政区建置，玉门关属酒泉郡（治今甘肃酒泉），但从地理位置看，它距敦煌（郡治今甘肃敦煌）更近。要充分发挥玉门关的作用，确保丝绸之路中段，威震西域，显然必须加强对敦煌的经营和开发。鉴于此，苻坚曾先后大量徙民敦煌郡："初，苻坚建元之末，徙江、汉之人万余户于敦煌。中州之人有田畴不辟者，亦徙七千余户。"[2]若以每户五口计，徙置敦煌的人口达八万五千余人，加上原有土著，敦煌的人户一下高达两万三千余户，共十一万五千余人。这在敦煌前期的历史上，可谓空前。《晋书·地理志》载，西晋全盛时敦煌有"户六千三百"，就是整个河西走廊，亦仅有两万四千七百户左右。现在敦煌聚集的人户几乎与西晋全盛时河西走廊人户相等，而达昔日敦煌人户的四倍左右。即此一事，也不难窥见苻坚经营西域的迫切心理。

重视西域的经营是一回事，是否直接出兵又是一回事。对于后者，前秦内部的争论很大。《晋书·苻坚载记》曰：

---

1 《晋书》卷113《苻坚载记上》。
2 《晋书》卷87《凉武昭王李玄盛传》。

"苻融以虚耗中国，投兵万里之外，得其人不可役，得其地不可耕，固谏以为不可。坚曰：'二汉力不能制匈奴，犹出师西域。今匈奴既平，易若摧朽，虽劳师远役，可传檄而定，化被昆山，垂芳千载，不亦美哉！'朝臣又屡谏，皆不纳。"可见是反对者居多，赞同者极少。仅从这一段话来看，苻融的言论和西汉盐铁会议中贤良方正们的言论如出一辙，不可取。他们不明白，古往今来，经济文化交流既是各国历史发展的必然，也是各国经济文化发展不可或缺的部分，有着巨大的促进作用。而苻坚则明显出于好大喜功、扬威异域的欲望，同样不可取。其实，结合当时的形势及苻坚即将发动淝水之战的决心，可以看到双方都有合理的成分。

吕光西征前夕，苻坚已经统一了北方，取得了进击东晋的前哨阵地，平定了内部叛乱，表面上，前秦正处在极盛时期。苻坚踌躇满志，正在盘算倾全国兵力消灭东晋。他没有看到，长期的战争消耗了大量的人力物力，民族矛盾和阶级矛盾日趋激化，潜在的政敌正盼望着这种形势进一步发展。苻融对此却有较清醒的认识，"虚耗中国"虽不足以表明此时他内心的忧虑，此后不久，坚决反对发动淝水之战，则把他的忧虑和盘托出了。

灭燕后，苻坚的骄侈性急剧发展，吕光西征前夕，已达到顶点，非但不能清醒地估计形势，甚至连任何不同意见也听不进去了。在生活上，他追求美女和宫室器玩，乐而不疲。陇右河西虽然盛产玉石珍宝，但璆琳和琅玕等玉石中的上品，据《魏略·西戎传》，此时主要来源于大秦（东罗马帝国）。这当然只有确保丝绸之路的畅通才能取得。苻坚求取这类奢侈品的心情如此迫切，西来使节们一眼就能看穿，

以致龟兹王白纯的弟弟就以"西域多产珍奇"[1]为理由，敦促苻坚发兵。但除了好大喜功和满足其奢侈生活的需求外，苻坚之所以在淝水之战前夕力排众议，命令吕光西征，还是有其战略及政治上的考虑的。

第一，确保后方安全，集中全力伐晋。苻坚深知东晋是劲敌，消灭东晋并非轻而易举，因此一再召集群臣，筹划倾国而动。这样，确保后方的安全就至关重要。两汉以来的历史证明："欲保秦陇，必固河西；欲固河西，必斥西域。"[2] 前秦奠都长安，陇右河西的安危无疑是和长安唇齿相依的。尽管苻坚灭掉了盘踞凉州数十年的张氏及游牧于代北的拓跋鲜卑建立的代国，又收服了陇右河西的氐族和羌族，但前秦在凉州的统治并不十分稳固。这里的民族成分十分复杂，除了汉、氐、羌三族外，还有鲜卑秃发部、乞伏部、卢水胡沮渠部和匈奴等。如果这些少数民族的酋帅和西域联合起来，就会在侧背威胁关中。这在历史上既不乏先例，在前秦的征战杀伐中，亦有轨迹可寻。建元十二年（376），前秦发兵灭凉，张天锡就企图联合西域抗击。苻坚灭燕，实际用兵七万，灭凉，用兵十三万，灭代则达三十万，原因之一，是凉想联合西域，代则有乌孙（伊犁河和伊塞克湖一带）等国的支持，苻坚不得不考虑这些因素。因此，在即将倾国而动前夕，加强陇右河西的统治，制伏西域，势必提上日程。

第二，确保河西战马供应，进一步取得西域的战马。《太平御览·地部》转引《凉州记》载，张掖及酒泉二郡间的祁

1 《高僧传》卷2《鸠摩罗什传》。
2 《读史方舆纪要》卷63。

连山脉，东西二百余里，南北百余里，"冬暖夏凉"，是一个十分优良的天然大牧场。而焉支山东西亦达百余里，南北二十余里，"水草茂美"，自然景观及气候与祁连山相同。除此之外，敦煌附近也有优良的天然牧场。据传，汉武帝所得的天马，其中有一种就产于今敦煌南湖一带。[1] 所以《汉书·地理志》曰："自武威以西……水草宜畜牧，[故] 凉州之畜为天下饶。"苻坚取得凉州后，在这里同样设置了一些官牧场。在当时来说，骑兵是机动力和战斗力极强的战略部队，在筹划大举南下时，确保战马来源，是理所当然的。淝水之战前夕，苻坚下令公私马匹一律充作军用，不难看出，前秦马匹并不富余，凉州战马显然不敷所需。西域地区的汗血马等优良品种，历来为中原称道，获有"天马"的美称。建元十三年（377），"大宛献天马千里驹，皆汗血、朱鬛、五色、凤膺、麟身，及诸珍异五百余种"，但苻坚却说"吾思汉文之返千里马，咨嗟美咏。今所献马，其悉返之，庶克念前王，仿佛古人矣"[2]，并下令群臣作《止马诗》以示大宛使者，好像无意于西域名马。其实，这不过是故作姿态，笼络西域罢了。因此当建元十七年（381）大宛再献汗血马时，苻坚就不再退还了。吕光西征龟兹后上奏给苻坚的奏疏曰："入其国城，天骥龙麟，腰褭丹髦，万计盈厩，虽伯乐更生，卫赐复出，不能辨也。"[3] 在这里，吕光是把马当作头等重要事项向苻坚奏报的。吕光班师之日，又带回龟兹战马万余匹。这就说明，取

1　笔者有幸在1981年参加了唐史研究会举办的丝绸之路考察，在上述诸地逗留考察甚久，确如史籍所载。
2　《晋书》卷113《苻坚载记上》。
3　《太平御览》卷895引《十六国春秋》。

得西域名马，是吕光西征的重要任务。

第三，罗致高僧，借助佛教，为其做一统天下之主打强心针（详见第七章）。

二、吕光西征

吕光是在建元十九年（383）正月由长安出发的。行前，苻坚亲自在建章宫饯送，并授以方略曰："西域荒俗，非礼仪之邦。羁縻之道，服而赦之，示以中国之威，导以王化之法，勿极武穷兵，过深残掠。"[1]对此，《高僧传》卷 2 的记载更浅显："夫帝王应天而治，以子爱苍生为本，岂贪其地而伐之。"表明此行不在于取地掠人，而是威服西域。

这次西征所动用的兵力，《太平御览》卷 125 引《十六国春秋·后凉录》曰："率将军姜飞、彭晃、杜进等步骑七万讨西域。"《晋书·吕光载记》在吕光所统的将军中多了一个康盛，谈及兵力则为"总兵七万，铁骑五千"。《苻坚载记》亦曰："配兵七万。"据此，铁骑五千应在七万之内，西征兵力似乎可以断言。但是《晋书·周虓传》里却突然冒出了一个"二十万"的数字："及吕光征西域，坚出饯之。戎士二十万，旌旗数百里，又问虓曰：'朕众力如何？'虓曰：'戎狄以来，未之有也。'"《建康实录·晋烈宗孝武皇帝》完全抄录了《周虓传》中的记载。那么究竟动用了多少兵力呢？

《晋书·苻坚载记》载，建元十八年（382），"坚兄法子东海公阳与王猛子散骑侍郎皮谋反，事泄……皆赦不诛，徙阳于高昌，皮于朔方之北"。参加这次谋反的还有周虓，《晋

---

1 《晋书》卷 114《苻坚载记下》。

书》本传曰："后又与坚兄子苞（《晋书》校点本校勘记指出
'苞'为'阳'之误。）谋袭坚，事泄，坚引虓问其状……遂
挞之，徙于太原。"因此《资治通鉴》卷104太元七年（秦
建元十八年，382）条曰："秦大司农东海公阳、员外散骑侍
郎王皮、尚书郎周虓谋反，事觉，收下廷尉……皆赦，不诛，
徙阳于凉州之高昌郡，皮、虓于朔方之北。虓卒于朔方。"这
里有关周虓发配的地方虽有龃龉，但他在建元十八年已被发
配他地，不在京师是可以确定的。也就是说周虓根本就不能
参与饯行西征军的盛会，所谓"二十万"云云，完全是张冠
李戴。吕光西征所统兵力，只可能是七万。

吕光西征的路线及战争过程，史文记载十分简略，《晋
书·吕光载记》曰："行至高昌，闻坚寇晋，光欲更须后命。
部将杜进曰：'节下受任金方，赴机宜速，有何不了，而更
留乎！'光乃进及流沙，三百余里无水，将士失色。光曰：
'吾闻李广利精诚玄感，飞泉涌出，吾等岂独无感致乎！皇
天必将有济，诸君不足忧也。'俄而大雨，平地三尺，进兵
至焉耆，其王泥流（《晋书·四夷·焉耆传》作'龙熙'）率
其旁国请降。"当时，河西走廊已为前秦据有，吕光又有陇
西董方、冯翊郭抱、武威贾虓、弘农杨颖为"佐将"，因此，
他是经由河西走廊，由敦煌出玉门关西进，估计不会出多大
的问题。疑难在于大军出玉门关以后，经什么路线到达高昌
的。对此，胡三省认为："自玉门出，渡流沙，西行至鄯善，
北行至车师。"[1]这一判断很有见地。

自鄯善到车师前王国（王庭交河，今新疆吐鲁番西北

---

1 《资治通鉴》卷105。

交河故城遗址）是历来西行的必经路线。延光二年（123），班勇就是由楼兰（后改名鄯善）到达车师前王庭的。前引《魏略·西戎传》指出，当时丝绸之路中道必须经过鄯善更说明了这一点。为确保这一通道，在蒲昌海（今新疆罗布泊）西边的海头设西域长史府，西晋、前凉继之。苻坚既有经略西域的意图，当沿袭不变。

吕光从长安出发前，鄯善王休密驮、车师前部王弥寘请求为向导。苻坚如其所请，加鄯善王休密驮为使持节、散骑常侍、都督西域诸军事、宁西将军，车师前部王弥寘为使持节、平西将军、西域都护，"率其国兵为光向导"[1]。这种安排显然与吕光进军路线有关。

由玉门关至焉耆王庭，最大的险阻是玉门关以西的三百里流沙，寸草不生。幸赖天公作美，有惊无险。焉耆国王面临前秦大军压境，不战自降，这一路可谓顺利。真正的战斗是在龟兹王庭延城南面展开的。《十六国春秋辑补·后凉录》撾拾史乘，进行了很有条理的叙述，激烈的场景清晰可见。

> （建元）十九年（383）……十二月，至龟兹。龟兹王帛纯捍命不降。光军其城南，五里为一营，深沟高垒，广设疑兵，以木为人，被之以甲，罗之垒上，以为持久之计。帛纯徙城外人入于城中，附庸侯王，各婴城自守……光有喜色，又进攻龟兹城……光攻城益急。将军窦苟，洛阳人，以壮勇知名，从吕光攻龟兹，每登云梯、入地道，或时坠落，苏而复上，光深奇之。

---

1 《晋书》卷114《苻坚载记下》。

二十年（384）五月，帛纯乃倾国财宝，请救于狯
胡。[1] 狯胡遣弟呐龙侯将馗率骑二十余万，并引温宿、尉
头等国王及诸胡，内外合七十余万人以救之。胡便弓
马，善矛矟，铠如连锁，射不可入，乃以草索为羁，策
马掷人，多有中者，众甚惮之。诸将咸欲每营结阵案兵
以距之。光曰："彼众我寡，众营又相远，势力分散，非
良策也。"于是迁营相接，案阵为勾锁之法，精骑为游
军，弥缝其阙。秋七月，战于城西，大败之，斩万余
级。帛纯收其珍宝逃弃。王侯降者三十余国。

吕光胜利了，前秦军队的军纪也荡然无存。氐族本来好酒，
在这葡萄酒遍地的龟兹王城，"士卒沦没酒藏者相继矣"。

经此一战，过去被龟兹控制的三十六国全被击溃，都
归顺了吕光。吕光可谓收得了全功。此战使前秦威名大震，
"桀黠胡王昔所未宾者，不远万里，皆来归附"[2]。吕光因功被
苻坚拜为使持节、散骑常侍、都督玉门以西诸军事、安西将
军、西域校尉。

吕光西征，往返时间为两年九个月，可以说十分顺利。
原因是：当时从东北到西北塞外，没有一支强大的势力掣肘；
西域各国都是城邦国家，各自为政，这就难以和吕光强大的
军队抗衡；最主要的一点是西域各国的欢迎和支持。鄯善、
车师姑不待言，即使是龟兹王国，也有许多上层分子愿意归
附，白纯的弟弟早就企图勾结秦兵；鸠摩罗什也早蓄东来之

1　周一良先生认为狯胡即羯胡，今从。参见《魏晋南北朝史札记·狯胡条》，
中华书局，1985。
2　均见《晋书》卷122《吕光载记》。

意，预见到白纯称雄必然会招来兵祸，反对白纯的所作所为，主张若敌兵来犯，应以归顺为好。鸠摩罗什是"声满葱左，誉宣河外"的一个人物，"西域诸国咸伏什神俊。每至讲说，诸王皆长跪座侧，令什践而登焉"[1]。一个精神领袖的态度，当然会对各国产生巨大的影响，否则七十余万兵力，又占地理之利，怎至于对吕光的军队无可奈何呢？

吕光有心霸据西域，考虑到这里情况复杂，难以割据，在鸠摩罗什的劝说下，于建元二十一年（385）三月奏凯班师。行前，吕光立白纯之弟白震为龟兹王，劝他不要像其兄一样奢侈靡丽，为此特意令其参军段业写了一篇《龟兹宫赋》以示警诫。同时又"以驼二万余头致外国珍宝及奇伎异戏，殊禽怪兽千有余品，骏马万余匹"[2]东返，于是年九月进入姑臧（甘肃武威）。当然，鸠摩罗什亦为他所罗致。

自张骞通西域以来，动用七万兵力经营西域，是史无前例的，而返回时拥有两万余头的驼队，更是蔚为壮观。由"致"字可以看出，这样庞大的驼队，并非掠夺所得，是丝绸之路通畅后，在吕光抚循西域、"威恩甚著"的情况下蜂拥而来的商旅使者队伍。他们想在吕光大军的庇护下进入中原。《洛阳伽蓝记·城北》曰："（神龟元年即518年）宋云与惠生……从鄯善西行一千六百四十里，至左末城（罗布泊西部）……（城）中国（图）佛与菩萨乃无胡貌。访古老，云是吕光伐胡所作。"这就说明吕光西征并非一次单纯的军事行动，他还把中原的文化传到了西域。因此吕光西征既是

---

1 《高僧传》卷2《鸠摩罗什传》。
2 《晋书》卷122《吕光载记》。

一次庞大的军事行动，又是一次规模盛大的经济文化交流。

吕光西征以胜利告终，珍宝、名马及鸠摩罗什为其罗致，还引来了西域的大商队，但苻坚的目的并未达到，原因是在吕光出发后不久，苻坚大败于淝水，庞大的前秦帝国迅速瓦解，中原又陷入了分裂割据，以至于吕光只有在歼灭梁熙后才能进入姑臧。这样，丝绸之路又只好以姑臧为其东端暂时的终点站了。吕光所率的队伍及其西征所得，成了他割据河西、建立后凉的基础。淝水之战苻坚的失败，关键是民族矛盾和阶级矛盾的激化，吕光西征也是造成这种激化的一环。

苻坚的目的虽然没有达到，吕光西征却仍有其巨大的意义及影响。

鸠摩罗什的东来，对中原的佛经翻译起了巨大的作用，加速了佛教中国化的过程，是我国佛教史上值得大书的一件大事。

名马珍宝，犹如过眼浮云，"奇伎异戏"实乃西域文化珍品，它对我国古代精神文明具有巨大而又长远的影响。《隋书·音乐志》中有数段记载，证明了"奇伎异戏"的作用。

> 杂乐有西凉鼙舞、清乐、龟兹等。然吹笛、弹琵琶、五弦及歌舞之伎，自文襄以来，皆所爱好，至河清以后，传习尤盛……
>
> 西凉（乐）者，起苻氏之末，吕光、沮渠蒙逊等据有凉州，变龟兹声为之，号为秦汉伎。魏太武既平河西得之，谓之西凉乐。至魏、周之际，遂谓之国伎。今曲项琵琶、竖头箜篌之徒，并出自西域，非华夏旧器。《杨泽新声》《神白马》之类，生于胡戎。胡戎歌非汉魏遗曲，故其乐器声调，悉与书史不同……其乐器有钟、

磬、弹筝、搊筝、卧箜篌、竖箜篌、琵琶、五弦、笙、箫、大筚篥、长笛、竖小筚篥、横笛、腰鼓、齐鼓、担鼓、铜拔、贝等十九种，为一部。……

龟兹（乐）者，起自吕光灭龟兹，因得其声。吕氏亡，其乐分散，后魏平中原，复获之。其声后多变易。至隋有西国龟兹、齐朝龟兹、土龟兹等，凡三部。开皇中，其器大盛于闾闬。

鄯善王及车师前部王要求苻坚"依汉置都护故事"经营西域，特别是经历了两个多世纪，西域各国，甚至是遥远的地区都完好地保存着两汉所给的节传，在吕光打败龟兹后，不远万里向吕光"上汉所赐节传"[1]，要求得到中原王朝的认可和新的任命，充分说明两汉以来对西域的经营，中原地区高度发展的物质文明及和西域的交往，在西域有着十分深远的影响，使西域各国十分重视和中原王朝的联系。这是一种强大的向心力，随着历史的进展，中原和西域的联系更为广泛和深入，这种向心力也向前发展，广大的西域终于成为我国领土不可分割的一部分。吕光西征既得力于这种向心力，又加强了这一向心力。西域诸国，经吕光西征后，和后凉一直保持着良好的关系，焉耆、龟兹等使臣来往不绝，焉耆王还令其子到姑臧学习汉文化等等，便是有力的例证。

---

1 《晋书》卷122《吕光载记》。

淝水之战

〖第五章〗

第一节　夺取襄阳和兵败淮南

一、夺取襄阳

苻坚久有一统中国之心，在统一北方后，为实现这个目的，便在建元十四年（378，东晋孝武帝太元三年）春二月任命苻丕为征南大将军、都督征讨诸军事、守尚书令，总兵十七万有余，发动了夺取襄阳（湖北襄阳）的战役。苻坚做此决策，既有历史的渊源，又有现实的军事需要。

就历史渊源而言，苻坚是借鉴了晋武帝灭吴之役。西晋咸宁五年（279）十一月，晋武帝五道俱进，只用了四个多月，就击灭东吴，统一了中国。这是我国历史上第一次取得成功的由北方统一南方的军事行动，对以后历史上类似的军事行动有着巨大的影响。所谓"五道俱进"，实际是以巴蜀、荆襄和淮南作为进击基地，其中襄阳最为关键。襄阳"北通汝、洛，西带秦、蜀，南遮湖、广，东瞰吴、越"[1]，在地理形势上对晋武帝的灭吴能否成功有着举足轻重的地位。正是羊祜和杜预对襄阳的苦心经营和建议，才促成了晋武帝灭吴的战略部署。下述史实表明，苻坚最初确有效仿晋武帝的设想。

1　《读史方舆纪要》卷 79。

其一，苻坚屯田沔北（汉水以北），早怀经略汉沔的意图。

其二，淝水之战前一年，苻坚命巴西、梓橦太守裴元略打造战舰，以便顺流东下。

其三，在襄阳攻城战展开不久，苻坚又调集重兵，在淮南展开了攻势（详见下文）。

其四，襄阳久攻不下，苻坚便欲御驾亲征，苻融和梁熙上疏谏阻，其中梁熙的奏议可谓和盘托出了苻坚整个战略意图："晋主之暴，未如孙皓，江山险固，易守难攻。陛下必欲廓清江表，亦不过分命将帅，引关东之兵，南临淮、泗；下梁、益之卒，东出巴峡。又何必亲屈鸾驾，远幸沮泽乎！"[1]

其五，淝水之战中，慕容暐及慕容垂各率一支兵马，耀武江汉，伺隙东下。

就现实军事态势而言，襄阳"与关、陇咫尺，北去洛、河，不盈千里，土沃田良，方域险峻，水路流通，转运无滞。进可扫荡秦、赵，退可保据上流"[2]。东晋占有襄阳，无疑像一支引弓待发的利箭，时刻威胁着前秦的安全。事实上，东晋立国后，有许多次北伐便是将襄阳作为桥头堡的。前秦立国不久，桓温北伐，迅速兵临长安附近，就是由襄阳出发的。此等历史教训，苻坚岂能一刻或忘。前秦若夺取了襄阳，一可解除东晋对河、洛，特别是其腹心关陇地区的威胁；二可腰斩东晋，直逼建康（江苏南京），至少也能凭借

---

1 《资治通鉴》卷104。
2 《晋书》卷73《庾翼传》。

襄阳优越的地理位置，牵制东晋一半兵力，大大减少日后从淮南进击东晋的阻力。

总之，前秦若取有襄阳，秦、晋间的攻防态势将有巨大改变。因此，夺取襄阳，对于苻坚来说，是在他酝酿发动灭晋战争前必然采取的军事行动。

苻丕受命后，兵分四路：亲统武卫将军苟苌和尚书慕容暐等主力七万直扑襄阳，以荆州刺史杨安统邓、樊之众为先锋；征虏将军石越统率精骑一万为东路，兵出鲁阳关（河南鲁山县西南边境）；京兆尹慕容垂和扬武将军姚苌统步骑五万，兵出南乡（湖北均县东南）；领军将军苟池、右将军毛当、强弩将军王显领众四万，兵出武当（湖北均县北）。约期会师汉水北岸，合击襄阳。同时又遣偏师一支由梁州刺史韦钟统领进攻魏兴（郡治今陕西安康西北），迫使晋军数处应敌。

四月，秦军进抵沔北。

东晋镇守襄阳的是朱序。他出身世代将门，通晓军事，能守善战，积军功为使持节、监沔中军事、南中郎将、梁州刺史。秦军来攻时，他出镇襄阳未及一年，此时兵力不足两万，双方实力悬殊，无力沿线布防，乃收缴全部船只，集中襄阳城内，企图依靠汉水做屏障，迫使秦军知难而退。不料石越彪悍绝伦，富于智计，抓住时机，挑选精骑五千泅渡汉水，直扑襄阳城下，打了朱序一个措手不及。朱序惶迫无计，退守中城待援。

石越攻破襄阳外城，缴获船只百余艘，秦军主力全数渡过汉水，围攻中城。不久，慕容垂攻克南阳，与苻丕会师。秦军声威更盛。

时东晋荆州刺史，江、荆、宁、梁、益、交、广七州都督桓冲拥众七万，闻讯后移节上明（湖北松滋西北），声援襄阳，但迫于秦军声威，不敢轻动。次年正月，在诏命的逼迫下，桓冲才令南郡相刘波帅师八千援襄阳。刘波胆小如鼠，接令后按兵不动。襄阳在前秦重兵包围下，成了一座孤城。

朱序母韩夫人久经战阵，"深识兵势"[1]。秦军来攻，韩夫人协助朱序守御，亲自巡察防务，发现城西北角年久失修。当时城中丁男已全数出动，人力极为不足，韩夫人当机立断，丈度地势，亲自统率府中婢女百余人构筑新城。城中百姓闻讯，群起支援，依靠妇女的力量，长二十余丈、坚固宽厚的一堵新城墙拔地而起，堵住了这一漏洞。时人称此为"夫人城"。

襄阳城有两重，东北背汉水而城，城墙便是汉水大堤，苻丕的兵力只有在其他几面展开。中城高，城坚，外城和中城间又筑有许多堡砦，可以逐次阻击来敌。城中军民同仇敌忾，朱序防守又颇为得宜。苻丕日夜猛攻，没有得到什么便宜。朱序时刻度势组织小部队不断偷袭秦军，秦军伤亡惨重。好不容易攻塌了西北角，秦军奋勇冲进时，又被夫人城挡住，寸步难进。苟苌建议："今以十倍之众，积粟如山，但掠徙荆楚之人内于许洛，绝其粮运，使外援不接，粮尽无人，不攻自溃，何为促攻以伤将士之命？"[2]苻丕采纳，在掠徙襄阳周围居民的同时，分遣步骑五万，由苟池、石越、毛当等统领，扬威于江陵，迫使桓冲不敢轻举妄动。

挥师十七万有余，自春及冬，居然一无所成，在苻坚即

1 《元和郡县图志》卷21。
2 《晋书》卷113《苻坚载记上》。

位后的军事征服中，可谓史无前例。朝野为之震动，巴西人赵宝乘机在凉州发动了起义，自称晋西蛮校尉、巴郡太守。虽然被迅速镇压，但襄阳攻坚战已对前秦造成了不利的政治影响。御史中丞李柔为此上章弹劾："长乐公丕等拥众十万，攻围小城，日费万金，久而无效，请征下廷尉。"[1] 苻坚恼怒万分，不得不亲自出来打圆场："丕等广费无成，实宜贬戮。但师已淹时，不可虚然中返，其特原之，令以功成赎罪。"在平息朝议后，苻坚命黄门侍郎韦华持节钺及尚方宝剑奔赴襄阳监战，手诏苻丕："来春不捷者，汝可自裁，不足复持面见吾也！"[2] 同时又命令苻融引关东之师，梁熙统河西之众，为御驾亲征做准备。

苻丕惊惶万分，再度挥师猛攻，其主簿王施进言："以大将军英秀，诸将勇锐，以攻小城，何异洪炉燎羽毛。所以缓攻，欲以计制之。若决一旦之机，可指日而定。今破襄阳，上明自逼，复何所疑！愿请一旬之期，以展三军之势。如其不捷，施请为戮首。"[3] 苻丕接受，挥军后撤，麻痹朱序。

襄阳军民鏖战经年，疲惫已极，亟待休整。苻丕后撤，朱序误认为对方损失过重，师老兵疲，粮饷将尽，不可能再来，戒备为之一松。孰料其督护李伯护早有降秦之心，暗送其子至秦营，约为内应。苻丕得报，乘朱序防守稍懈，在建元十五年（379）二月突然卷土重来，全力猛攻。秦军使用苟苌监制的飞云车翻越城墙，又有李伯护在内配合，襄阳终于为前秦所得。苻坚任梁成为荆州刺史，留兵一万，镇守襄

---

1 《资治通鉴》卷104。
2 《晋书》卷115《苻丕载记》。
3 《晋书》卷115《苻丕载记》。

阳，不久，改任都贵为荆州刺史。为收罗人心，苻坚起用和礼请了一些襄阳名流，迫使朱序为度支尚书，以"不忠"的罪名杀了李伯护。

偏师韦钟对魏兴郡的进攻同样极不顺利。晋魏兴太守吉挹在城南九里的峻山上筑寨防御，韦钟猛攻三个月，损兵折将，毫无进展，乃决定移师襄阳，会合苻丕。不料吉挹颇富智计，设伏半道，袭杀韦钟部五千余人，死死咬住韦钟不放。韦钟被迫再次回师。双方对峙了整整三年，直到建元十六年（380）四月，韦钟在重创东晋右将军毛虎生所统的三万援军，魏兴城中兵尽粮绝后，才得以破城而入。吉挹被俘后，闭口不言，绝食而死。

襄阳失陷，长江中游南部地区祖裸于前秦军前，建康亦蒙受威胁，桓冲当然于心不甘。但迫于前秦防守甚严，一时难以进攻。建元十七年（381）冬，都贵为扩大襄阳外围，从东面威逼江陵，令其司马阎振、中兵参军吴仲统步骑两万进攻竟陵（湖北潜江西北）。阎振、吴仲留辎重于管城（涓水北岸），水陆两路轻装奔袭。晋南平太守桓石虔、卫军将军参军桓石民统陆军水师两万据涓水阻击。相持月余，桓石虔夜渡涓水，偷袭秦营，阎振、吴仲败退管城。桓石虔乘胜追击，攻拔管城，俘斩秦军一万七千人有余，阎振、吴仲丧生，军资辎重尽为晋军所得，此战促发了桓冲收复襄阳的欲望。次年十月，桓冲命扬威将军朱绰进逼襄阳，目的在于刺探秦方虚实，焚烧了前秦沔北的屯田，掠徙六百余户而回。建元十九年（383）五月，桓冲纠集十万兵力亲攻襄阳，仿前秦数道并进之计，令前将军刘波攻沔北诸城，辅国将军杨亮攻蜀，连克五城后，推进涪城（四川绵阳东北）；鹰扬将军郭铨攻武当；遣偏师

一支攻筑阳（湖北谷城）。配合长江中游的攻击，龙骧将军胡彬由淮南兵击下蔡（故寿春城北三十里）。

苻坚分路抵挡，征南将军苻睿、冠军将军慕容垂和左卫将军毛当率步骑五万救襄阳，兖州刺史、扬武将军张崇救武当，后将军张蚝和步兵校尉姚苌救涪城。苻睿和慕容垂一路以石越为先锋，进次沔水，苻睿屯新野（今属河南），慕容垂屯邓城（湖北襄樊北），互为犄角。桓冲退守沔南。入夜，慕容垂和石越"命三军人持十炬火，系炬于树枝，光照数十里中，冲惧退还上明"[1]。此役，东晋方面仅郭铨掠得两千户而归。

桓冲的这次进攻虽然没得手，但破坏了苻坚原先数道灭晋的设想。苻坚只有集中全力于淮南，在那里发动了灭晋之役，这就是淝水之战。

二、兵败淮南

建元十四年（378）七月，襄阳战事正酣，兖州刺史彭超上奏苻坚："晋沛郡太守戴逯以卒数千戍彭城（江苏徐州），臣请率精锐五万攻之，愿更遣重将讨淮南诸城。"[2]"为镇南棋劫之势，东西并进，丹阳（建康）不足平也。"[3]此奏正中苻坚下怀，苻坚随即发布彭超为都督东讨诸军事，命后将军俱难统后禁将军[4]毛盛、洛州刺史陵江将军邵保等步骑七万扑向淮阴（江苏靖江西南）和盱眙（江苏盱眙东北）。八月，秦军数道并进。

---

1 《晋书》卷113《苻坚载记上》。
2 《晋书》卷113《苻坚载记上》。
3 《资治通鉴》卷104。
4 此据《苻坚载记》。《通鉴》卷104"后禁"作"右禁"。

秦军出动，晋右将军毛虎生受命统军五万，布防姑孰（安徽当涂），准备阻击。

秦军进展颇速，包围了彭城。

彭城要兼水陆，"南届大淮，左右清汴，表里京甸（建康），捍接边境"[1]。在南北对峙的形势下，对南北的盛衰，具有重大的战略意义和作用。东晋当然不能坐视不管，急令建武将军、兖州刺史、监江北诸州军事谢玄统北府兵数万及三州人马驰援，并命彭城内史、后军将军何谦之游军淮、泗，声援谢玄。谢玄兵次泗口（江苏清江北），即遭秦军阻击。在秦军猛烈进攻下，谢玄深知保住彭城已无可能，于是计划接出彭城驻军，退守淮南。彭超估计晋军可能会出此对策，防范极严，谢玄信使难至彭城。值此时刻，小将田泓自告奋勇，免冠请缨，潜水泅渡泗水，进抵彭城城下，也为秦军俘虏。秦军厚赂田泓，要他告知戴逯，南军已败，迫使戴逯开城投降。田泓伪装接受，入城后即曰："南军垂至，我单行来报，为贼所得，勉之！"[2]

彭超进围彭城时，留辎重于留城（江苏沛县东南五十里）。谢玄设计，命何谦之伴攻留城。彭超被迫释围，还保辎重。何谦之却突然中途折向彭城，戴逯乘机与其会合，与谢玄会师于泗口。彭超虽然夺得了彭城，所获战利品却极少。

俱难一路颇为顺利，攻克淮阴，生俘晋建威将军、高密内史毛璪之，留邵保镇守，移军淮南，会合彭超，向盱眙推进。秦、晋双方对峙于淮南。

---

1 《读史方舆纪要》卷 29。
2 《晋书》卷 79《谢玄传》。

襄阳战事结束后，苻坚又从这里调遣毛当和王显统兵两万，加强淮南攻势。

建元十五年（379）五月，彭超总兵六万强行推进，包围晋幽州刺史田洛于三阿（江苏宝应）。三阿距江防重镇广陵（江苏扬州）仅一百余里。三阿被围，东晋朝野震恐，沿江布防。晋录尚书事谢安急调其弟谢石统领水师进屯涂中（安徽涂县及全椒一带）；右卫将军毛安之、游击将军王㬎之、淮南太守杨广、宣城内史丘准等统部三万进屯堂邑（江苏六合）。彭超分精骑两万，由毛当、毛盛、王显率领驰袭堂邑。毛安之不战自惊，诸军溃散。晋方态势进一步恶化，不得不再次起用谢玄所统的北府兵。

谢玄受命，驰援三阿，进次白马塘（江苏高邮西南七十里），即遭俱难部下都颜的拦击。塘西一战，晋军大胜，斩杀都颜。谢玄乘胜推进，移师三阿，城下一战，三阿围解，彭超和俱难退守盱眙。谢玄会合何谦之、田洛等部追踪而至，盱眙城北六里君川河北一场激战，彭超、俱难又败，退屯淮阴。谢玄分遣何谦之、刘牢之等统水军溯流而上，夜焚河上大桥，烧尽秦军运粮船舰，击杀邵保，秦军退路被截断。晋军乘机四面围攻，秦军全部覆灭，彭超、俱难只身逃免，军械辎重丧失殆尽。

这是苻坚军事史上前所未有的惨败。彭超和俱难为推诿责任，互相指责。俱难归罪彭超，斩杀彭超司马柳浑。败讯传来，苻坚勃然大怒，槛车征彭超下廷尉候审，俱难削职为民。彭超羞愧难当，自杀身亡。为赏堂邑之功，苻坚以毛当为平南将军、徐州刺史，镇彭城；毛盛为平东将军、兖州刺史，镇胡陆（山东鱼台西南）；王显为平吴校

尉、扬州刺史，成下邳（江苏睢宁西北）。秦晋双方相持
于徐州以南、淮水以北一线。至此，前秦版图"南至邛、
僰，东抵淮、泗，西极西域，北尽大碛"[1]。东晋偏居东南
一隅与秦相抗。

第二节　军事殖民

一、四公联兵及苻洛作乱

前秦初期，专制主义中央集权的制度和措施极不完备，
因此苻生统治时期密谋政变的集团相当多，苻坚不过捷足先
登而已。苻坚即位后，信用王猛整顿改革，加强专制主义中
央集权，有所成效。但如若没有足够的时日，这一政体也难
以巩固，政变也就难免。其中，苻健诸子最活跃，其他宗室
亲贵在权势难以满足时，亦欲一逞。王猛对此是有所觉察
的。甘露六年（364）苻生胞弟谋反伏诛，涉案者甚多，王
猛借机发作，建议尽诛苻生诸弟，解除隐患。苻坚害怕诛夷
太多，引起政局动荡，没有接受。他一方面想通过优容和宽
大的措施满足宗室亲贵的欲望，泯灭其篡夺阴谋；另一方面
则大索史官，大造舆论，宣扬自己的政变是"汤武革命"。
这显然于事无补，宗室亲贵们觊觎皇位的活动始终没有停
止。见于史籍，自甘露六年（364）至建元十九年（383），
短短的二十年中，以宗室亲贵为核心的谋反作乱事件便有六

1 《读史方舆纪要》卷3。

起，平均三年左右就发生一次。其中，对前秦政局影响最大的是四公联兵和苻洛作乱。

建元元年（365），苻生胞弟淮南公苻幼乘苻坚北巡朔方（今内蒙古杭锦旗北）、长安空虚的机会，自杏城（陕西黄陵西南）兴兵，奔袭长安。得到镇守蒲坂（山西永济蒲州镇）的镇东大将军、并州刺史、晋公苻柳和镇守上邽（甘肃天水）的征西大将军、秦州刺史、赵公苻双的支持。苻幼叛乱迅速为李威扑灭，三人密谋由此泄露。苻坚因苻双是苻生同母胞弟，苻柳是苻健爱子，宥而不问。但是苻法无罪，且参与苻坚政变有功，尚且赐死，这二人既有谋逆，此时又何能心安。正如镇守陕城（河南三门峡）的镇东将军、洛州刺史魏公苻廋日后所言：“弟兄屡谋逆乱（苻幼和在甘露六年谋反的苻腾均为其亲兄弟），臣惧并死，故谋反耳。”[1]他们暗中推苻廋为首，联络镇守安定（甘肃平凉）的安西将军、雍州刺史、燕公苻武，共谋兴兵作乱。此事为苻廋主簿姚眺发觉，他正告苻廋：“明公以周、邵之亲，受方面之任，国家有难，当竭力除之，况自为难乎！”[2]苻廋拒绝，姚眺当即告密，苻坚征四公入朝。密谋已经暴露，四公岂能乖乖送死，建元三年（367）十月，四公同时举兵，进逼长安。一时间，前秦“国分为五”，形势万分危急。

苻坚分遣使者劝喻四镇：“吾待卿等，恩亦至矣，何苦而反？今止不征，卿宜罢兵，各定其位，一切如故。”[3]为苻廋等拒绝。

---

1 《资治通鉴》卷101。
2 《资治通鉴》卷101。
3 《资治通鉴》卷101。

从地理形势来看，秦、雍二州连成一片，上邽当关陇之会，介雍梁之间，向有"关陇喉舌"之称；安定更是战略要冲，"外阻河朔，内当陇口，襟带秦、凉，拥卫畿辅，关中安定，系于此也"[1]，但是苻坚更担忧的却是蒲坂和陕城。

并、洛二州同样紧紧相连。蒲坂位处"河中之地……黄河北来，太华南倚"，"有羊肠砥柱之险，浊河孟门之限，以镮辕为襟带，与关中为表里"[2]，距长安三百余里，是并州直扑关中的必由之道。陕城"内屏关中，外维河洛，履崤坂而载华山，负大河而肘幽谷"[3]，历来为兵家必争之地。更重要的是：其一，与秦州紧邻的前凉内乱频作，国力较弱，仅足自保；而与并、洛相邻的前燕却有雄兵数十万，洛阳和晋阳又是前燕重兵云集之所，乘此推进，和叛乱势力联手，前秦势难抵挡。其二，为灭燕计，苻坚在陕城集中了大量的粮草。苻廋、苻柳据地理之便，粮草丰足，外引前燕，长安岌岌可危。

针对此种形势，苻坚作了下述部署：第一，东西两线同时应敌，四线兵分两路，后将军杨成世进攻苻双，左将军毛嵩进攻苻武；集中主力于东线，由王猛节度，王猛亲统建军将军邓羌阻击苻柳，前将军杨安统广武将军张蚝布防陕城以西。借以分割四公，迫使他们各自为战，收逐个击破之效。第二，东线以守为主，西线先行进攻，击灭苻双和苻武后再集中全力结束东线战事。如此，既可解腹背受敌之患，又可免除因进逼太快，苻廋和苻柳狗急跳墙，投降前燕或引狼入

---

1 《读史方舆纪要》卷58。

2 《元和郡县图志》卷12。

3 《读史方舆纪要》卷48。

室。第三，遣使潜入邺城，厚赂前燕执政慕容评，力争前燕对这次前秦大叛乱隔岸观火。

苻坚和苻廋各有自己的打算。苻廋深知，单靠四镇之力难以成功，决心求得前燕的支持。次年春，苻廋据陕城投降前燕，他知道慕容评是一个贪财好利、鼠目寸光的庸才，乃致书军政才干俱佳的慕容垂和皇甫真："苻坚、王猛皆人杰也，谋为燕患久矣，今不乘机取之，恐异日燕之君臣，将有甬东之悔矣！"[1] 苻廋降燕，关中大震，人情惶急，苻坚再也坐不住了，尽锐而出，屯驻华阴（陕城西），凭借天险潼关，部署了第二道防线。慕容评在收取了大量贿赂后，置苻廋的呼吁及慕容垂等建议于不顾，按兵不动。苻坚取得了从容镇压的时机。

西线战事颇不顺手。建元四年（368）三月，杨成世为苻双大将苟兴打败，毛嵩亦被苻武击溃，双双奔还。苻双、苻武合兵一起，以苟兴为先锋，乘胜向东推进。苻坚调整部署，命武卫将军王鉴、宁朔将军吕光、将军郭将统步骑三万赶赴西线。王鉴计划速战速决，吕光衡量利弊，指出："兴初破成世，奸气渐张，宜持重以待其弊。兴乘胜轻来，粮竭必退，退而击之，可以破也。"[2] 不出吕光所料，双方相持二十余天后，苟兴粮尽，士气日渐低落，挥军后撤，拟抢占榆眉（陕西汧阳东三十里），打通粮道，整军再出。王鉴、吕光不待苟兴有喘息之机，衔尾追击。苟兴兵败，苻双、苻武大营受冲，损兵一万五千余人，被迫放弃安定，退居上邽。王鉴等跟进，于建元四年七月攻拔上邽，斩杀苻双和苻

---

1 《资治通鉴》卷101。

2 《晋书》卷122《吕光载记》。

武。苻坚任命左卫将军苻雅为秦州刺史，长乐公苻丕为雍州刺史，西线战事结束。

王猛和杨安统军进抵距蒲坂和陕城三十余里后，便各自安营扎寨，深沟高垒，静观其变。苻柳屡出挑战，王猛闭营不应。苻柳判断失误，认定王猛怯阵。建元四年（368）五月，他命儿子苻良镇守蒲坂，自统两万余兵马西进。为歼敌于坚城之外，王猛听其推进百有余里，随即令邓羌统精骑七千突然夜袭，苻柳狼狈后撤，又遭王猛攻击，只剩下数百骑退回蒲坂。西线战事一结束，东线的猛攻开始。九月，王猛击杀苻柳，攻克蒲坂。不久，王鉴由西线赶来，围攻陕城的战役打响。十二月，王猛攻拔陕城，坐俘苻庾。东线战争亦告结束。

历时一年零三个月的四公联兵被镇压了。时隔十二年后，在幽州又爆发了苻洛的叛乱。苻洛是苻健的兄子，官居征北将军、幽州刺史，爵封行唐公，镇守和龙（辽宁朝阳）。他"雄勇多力，猛气绝人，坐制奔牛，射洞犁耳"[1]，既是力敌万夫的猛将，又是颇知用兵之道的帅才。建元十二年（376），他曾为统帅，一举灭代。苻洛屡立战功，由此深受苻坚疑忌，历任边镇，连京师都进不得。灭代以后，苻洛居功求为开府仪同三司，为苻坚拒绝，由此满腔怒火，萌发异志。建元十六年（380）苻坚发布苻重为镇北大将军，镇蓟城（今北京），又调苻洛前往益州，诱发了这场叛乱。

苻重是苻洛的兄长，爵封北海公，官拜豫州刺史，坐镇洛阳。建元十四年（378）据镇谋反，为其长史拘押。他并没有从这次失败中吸取教训，仍然伺机行动。建元十六年（380），

---

1 《太平御览》卷436引《十六国春秋》。

他出镇蓟城，辖地与幽州相连，无疑更有利于苻洛的行动。兄弟俩合在一起，互通声气，决定孤注一掷了。恰值苻坚认为苻洛长期坐镇幽州，跨有全燕，控扼鲜卑、乌丸，遥制高句丽和百济等，势力过大，乃于是年三月调苻洛为使持节、都督宁益西南夷诸军事、征南大将军、益州牧。为防意外，苻坚特意下令苻洛接旨后不得进京，必须由伊阙（河南伊川西南）直趋襄阳，溯汉水而上，赴成都上任。苻洛亦非傻子，接旨后怒火中烧，召集属下，宣称："孤于帝室，至亲也，主上不能以将相任孤，常摈孤于外，既投之西裔，复不听过京师，此必有伏计，令梁成沈孤于汉水矣。为宜束手就命，为追晋阳之事，以匡社稷邪？诸君意如何？"[1] 其治中平规[2] 进言："逆取顺守，汤、武是也；因祸为福，（齐）桓（公）、（晋）文（公）是也。主上虽不为昏暴，然穷兵黩武，民思有所息肩者，十室而九。若明公神旗一建，必率土云从。今跨据全燕，地尽东海，北总乌桓、鲜卑，东引句丽、百济，控弦之士不减五十余万，奈何束手就征，蹈不测之祸乎！"[3] 计议一决，苻洛乃自称大都督、大将军、秦王，署置百官，拜平规为幽州刺史，吉贞为左长史，赵赞为左司马，王蕴为右司马等，派遣使者赴鲜卑、乌桓、高句丽、百济、新罗等国征兵。又分兵三万协助苻重镇守蓟城。苻洛计划合两镇之力，南出中山（河北定州）和常山（河北正定），推进邺城，逼降苻融，进据冀州，然后总关东之兵，西向夺取长安。

四月，苻洛留平规守和龙，统兵七万，向西南推进。

---

1 《晋书》卷113《苻坚载记上》。
2 此据《资治通鉴》卷104。《晋书·苻坚载记》平规作"平颜"。
3 《资治通鉴》卷104。

幽州叛乱，"关中骚动，盗贼并起"。苻坚屡屡遣使，要求苻洛兄弟罢兵："天下未一家，兄弟匪也，何为而反？可还和龙，当以幽州永为世封。"苻洛的回答狂傲已极："汝还自东海王，幽州褊陋，不足容万乘，须还王咸阳，以承高祖之业。若能候驾潼关者，立为上公，爵归本国。"[1]苻坚无奈，任命苻融为征讨大都督，节度讨伐事宜；以右将军都贵为先锋，统冀州兵三万先行迎敌；左将军窦冲及吕光统关中步骑四万配合镇压；又分遣屯骑校尉石越帅骑兵一万，自东莱（山东莱州）渡海袭击和龙，阻断苻洛归路。

苻洛和苻重会合后，总兵力达到十万有余，进屯中山。

五月，窦冲和都贵会师，全力反攻，一举摧垮叛军，生擒苻洛，械送长安。苻重逃回蓟城，被吕光追杀。

石越顺利渡海，攻克和龙，击杀平规。

苻洛叛乱前后只有三个月就烟消云散了。

"兵赋全资"，据有东北的苻洛和苻重为什么失败得如此之快，究其原因，在于前秦接连不断的军事征伐，给人民带来了莫大的痛苦，军民厌战情绪十分严重。他们反对战乱，更不支持苻洛挑起内战。中原如此，边境各地也是如此。苻洛遣使到鲜卑、乌桓等地征兵，吁请他们支持，得到的回答是"吾等为天子守藩，不能从行唐公为逆"即为最好的证明。即便苻洛赖以叛乱的核心集团，除平规等少数人外，绝大部分也不同意举兵。王蕴、王琳、皇甫杰和魏敷等人因反对甚烈，被苻洛诛杀。吉贞、赵赞等人本来模棱两可，见苻坚使者一到，鲜卑等少数民族又不支持，立刻唱起了罢兵求饶的论调："今诸国不

---

1 《晋书》卷113《苻坚载记上》。

从，事乖本图，明公若惮益州之行者，当遣使奉表乞留，主上亦不虑不从。"[1] 哪怕苻洛、苻重控制的军队，也如吕光所料："彼众迫于凶威，一时蚁聚耳。若以大军临之，势必瓦解，不足忧也。"[2] 正由于此，叛军一触即溃，苻重身首异处，苻洛落得发配西海郡（内蒙古额济纳旗）的下场。

二、军事殖民

镇压苻洛叛乱后的两个月，即建元十六年（380）七月，苻坚采取了一项新的措施：分遣宗室亲贵统领一定数量的氐户分镇各地。

今存资料中有关这一措施的具体内容十分稀少，因此仁者见仁，智者见智。王仲荦先生首创军事殖民说，可惜没有展开论述。[3] 黄烈先生反对军事殖民说，认为主要目的是巩固中央集权及镇抚少数民族，并且对分遣的氐户总数也提出质疑，认为不是十五万户，而是一万五千余户。[4] 我同意王先生之说，现先引述资料，再据以申论。《晋书·苻坚载记上》曰：

> 洛既平，坚以关东地广人殷，思所以镇静之，引其群臣于东堂议曰："凡我族类，支胤弥繁，今欲分三原、九嵕、武都、汧、雍十五万户于诸方要镇，不忘旧德，为磐石之宗，于诸君之意如何？"皆曰："此有周所以祚

1 《资治通鉴》卷 104。
2 《资治通鉴》卷 104。
3 参见王仲荦《魏晋南北朝史》上册，第 275 页。
4 参见黄烈《关于前秦政权的民族性质及其对东晋战争的性质问题》，《中国史研究》1979 年第 1 期。

隆八百，社稷之利也。"于是分四帅子弟三千户，以配符丕镇邺，如世封诸侯，为新券主。坚送丕于灞上，流涕而别……于是分幽州置平州，以石越为平州刺史，领护鲜卑中郎将，镇龙城；大鸿胪韩胤领护赤沙中郎将，移乌丸府于代郡之平城；中书梁谠为安远将军、幽州刺史，镇蓟城；毛兴为镇西将军、河州刺史，镇枹罕；王腾为鹰扬将军、并州刺史，领护匈奴中郎将，镇晋阳；二州各配支（氏字之误，据晋书校勘记）户三千；符晖为镇东大将军、豫州牧，镇洛阳；符睿为安东将军、雍州刺史，镇蒲坂。

《资治通鉴》卷104的记载可与此互为补充：

秦王坚……以征南大将军、守尚书令、长乐公丕为都督关东诸军事、征东大将军、冀州牧。坚以诸氏种类繁滋，秋，七月，分三原、九嵕、武都、汧、雍氏十五万户，使诸宗亲各领之，散居方镇，如古诸侯。长乐公丕领氏三千户，以仇池氏酋射声校尉杨膺为征东左司马，九嵕氏酋长水校尉齐午为右司马，各领一千五百户，为长乐世卿。长乐郎中令略阳垣敞为录事参军，侍讲扶风韦干为参军事，申绍为别驾。膺，丕之妻兄也；午，膺之妻父也。八月，分幽州置平州，以石越为平州刺史，镇龙城。中书令梁谠为幽州刺史，镇蓟城。抚军将军毛兴为都督河、秦二州诸军事，河州刺史，镇枹罕。长水校尉王腾为并州刺史，镇晋阳。河、并二州各配氏户三千。兴、腾并符氏婚姻，氏之崇望也。平原公

晖为都督豫、洛、荆、南兖、东豫、阳六州诸军事，镇东大将军，豫州牧，镇洛阳。移洛州刺史治丰阳。钜鹿公睿为雍州刺史，各配氐户三千二百。

众所周知，西周的分封制有两大特点。其一，诸侯世有其国，卿大夫世有其官。故清人赵翼曰："自古皆封建诸侯，各君其国，卿大夫亦世其官。成例相沿，视为固然。"[1]其二，以血缘关系为分封的准则。《荀子·儒孝》谈到西周的分封制时曰："周公兼制天下，立七十一国，姬姓独居五十三人焉：周之子孙，苟不狂惑者，莫不为天下之显诸侯。"和苻坚分遣宗亲坐镇各方相比较，两者的差异并不太大。苻坚虽没有采用诸侯的名称，只是把分镇各地的宗室亲贵叫作"新券主"，但这些新券主如"世封诸侯"，或者"如古诸侯"，具有世袭的特权。新券主们都是身兼方镇和刺史，集军、政、民大权于一身，俨然是一方之主。他们还可配置世卿，世卿同样享有世袭的特权。这个制度和西晋的宗王出镇是不同的。西晋的近支亲王虽然往往兼任封地就近的方镇，集军、政、民大权于一身，却没有世袭方镇的特权。他们也没有配置世卿，其主要僚属均由中央直接任命，或自行辟署后经中央认可，僚属也无世袭的特权。毫无疑问，统领氐户分镇各地的新券主们都是氐族权贵："凡我族类。"其间以苻氏为核心，其他则是苻氏的姻亲。梁谠出身后族，毛兴、王腾"并苻氏婚姻，氐之崇望也"。即使是世卿，也同样受血缘姻亲关系的制约："（杨）膺，丕之妻兄也；（齐）午，膺之妻父也。"所以并非

---

1 《廿二史札记》卷2。

氐族成员就能充任新券主们的世卿的。如长乐郎中令垣敞，是略阳氐族[1]，郎中令虽然是高级僚属，因与苻氏无婚姻关系，就难以位处世卿之列。

新券主们出镇，有许多高级僚属是汉族士族，如长乐侍讲韦干、别驾申绍之类，他们都没有配领氐户的特权，这个特权只有苻氏宗室或亲贵，以及与新券主们有姻亲关系者才能享有，这就表明，氐族豪贵是凌驾于各族上层分子之上的。《晋书·慕容垂载记》提供了佐证。

> 会坚将苻晖告丁零翟斌聚众谋逼洛阳，（苻）丕谓垂曰："翟斌兄弟因王师小失，敢肆凶勃，子母之军，殆难为敌，非冠军英略，莫可以灭也。欲相烦一行可乎？"垂曰："下官殿下之鹰犬，敢不惟命是听。"于是……配垂兵二千，遣其将苻飞龙率氐骑一千为垂之副。丕戒飞龙曰："卿王室肺腑，年秩虽卑，其实师也。垂为三军之统，卿为谋垂之主，用兵制胜之权，防微杜贰之略，委之于卿，卿其勉之。"

所配氐户，无疑有一定的义务，即提供兵役。但他们所充任的只是新券主们的亲兵，是新券主们控制各族上层分子的威慑力量。由于资料残缺，这些氐户是否享有特权，难以具体描述。不过，魏孝文帝迁都洛阳尚且在政治和经济上赋予代迁户若干特权，就可知这些号称"磐石之宗"的氐户，享有

---

1 《资治通鉴》卷104 胡注曰："垣，氐姓也，后随宋武（帝）南归，遂为累世将家。"

一定特权是在所难免的。至于新券主们对中央承担何种义务，由于史料阙如，就难以置言了。

正因为苻坚的这一措施和西周的分封制有许多类似之处，这就无怪乎当朝权要们都认为"此有周所以祚隆八百"了。总之，就其本质而言，是与西周初年军事殖民颇相类似的一项措施。

苻丕领氐户三千，杨膺和齐午各领一千五百户，石越、梁谠、毛兴、王腾、韩胤各领三千户，苻晖、苻睿各领三千二百户，总计为两万四千四百户，这和分"十五万户于诸方要镇"的差距实在太大。那么，十五万户这个数字是否可信？笔者认为是较为可信的。

首先，在军事殖民之后，苻融强调："鲜卑、羌、羯，布诸畿甸，旧人族类，斥徙遐方。"[1] 赵整的《琴歌》亦曰："阿得脂，阿得脂，博劳舅父是仇绥，尾长翼短不能飞。远徙种人留鲜卑，一旦缓急当语谁！"[2] 这就表明苻坚确实是把绝大部分氐户配置分给各地的氐族豪贵了，由此导致了关中地区民族力量对比的急剧变化。苻融等头脑较清醒者不得不为此而忧心忡忡。

汉魏之际，仅被曹操逼迁到关中的氐户就不下六七万，其他地区还有相当数量的氐族在活动。苻坚统一北方，关中成了氐族集中的场所，加上"支胤弥繁"，虽然今天难有一个具体或近似的统计数字，超过十五万户应当没有什么疑问。

其次，分镇各地的氐族亲贵配有氐户，他们的世卿也配有

---

1 《晋书》卷114《苻坚载记下》。

2 《资治通鉴》卷104。

氐户，总数与新券主们的大体相等。尽管资料只叙述了苻丕一人的世卿，其余亲贵们当亦不会有太大的例外。譬如，毛兴的长史便由苻坚族曾孙苻同成充任，亦该配有氐户。

最后，配合这一措施，苻坚对刺史、州牧和方镇的人选进行了一次大调整，"诸方要镇"就有这个意思。因此，分镇各地的宗室亲贵绝非史料中明确提到的八个，确切地说，这八个仅是其中最重要者。此时，前秦计有二十二州，关东诸州分属苻丕、苻晖两人节度，史料所见都是受苻丕节度者，如石越、梁谠、王腾、韩胤等，他们均配有氐户，受苻晖节度的按理类推，当无例外。

苻坚之所以采取军事殖民的措施，其目的有二：一是通过权势的再分配，满足宗室亲贵的权势欲，稳定其核心统治集团；二是震慑以汉族为主的各族人民。这两者又是为其即将发动的灭晋之役服务的。

应该说，实行军事殖民是苻坚酝酿已久之举，并非突然提出来的措施。

对于谋反作乱的宗室亲贵，除阵斩者外，凡被擒获，苻坚的惩处都相当宽容。苻柳、苻双参与苻幼密谋，苻坚宥而不问。苻重谋反被押，时隔不久，苻坚又委以重任。四公联兵以苻廋为首，但苻廋七子依然被封为县公。苻洛兴兵叛乱，被捉后不过是发配西海郡，这还是受惩处最重的一个。对此，司马光也认为苻坚的处置极端不当，发表议论曰："夫有功不赏，有罪不诛，虽尧、舜不能为治，况他人乎！秦王坚每得反者辄宥之，使其臣狃于为逆，行险徼幸，虽力屈被擒，犹不忧死，乱何自而息哉！……能无亡乎！"[1]

---

1 《资治通鉴》卷104。

司马光仅是从封建统治政治的一般道理来评述苻坚的措置，虽有合理的一面，却忽略了其特殊性。必须看到，苻坚所处的时代，正是民族矛盾和民族斗争极端尖锐复杂的十六国前期。自永嘉之乱以来，内迁中原建立政权的各少数民族统治者，无一例外地以本族为核心，联合其他少数民族，强化和巩固其统治，这已成为一种传统。苻坚在处理民族关系上，比之前的内迁诸少数民族统治者要好，在他统治前期，民族矛盾相对有所缓和。但在当时，这些民族的融合正处在初期阶段，各民族的分野仍然相当清晰，特别是他们和汉族的矛盾远没有泯灭。各民族的力量对比虽有很大的变化，却没有达到根本性转变的地步。氐、羌和鲜卑基本上处于势均力敌的状态之下。在这种条件下，要苻坚摆脱上述传统很不现实。苻坚未见得不明白宗室亲贵连绵不断的叛乱所带来的祸害，但他认为，无论怎样，本族成员，特别是宗室亲贵远比其他各族上层分子可信，只有他们才是前秦真正的"磐石之宗"。他认为只要满足他们的权势欲，确保他们世世代代富贵荣华，便可遏止谋反作乱。因此四公联兵时，苻坚"各啮梨以为信"，分遣使者送给四公，叫他们息兵。胡三省正确地解释苻坚这一举动的含义曰："梨肉脆而啮之易入，比喻亲戚离叛，则国力脆弱，将为敌人所乘，故啮梨付使者，赐柳等以为信也。"[1] 同时许以"各定其位，一切如故"的诺言，这里已多少流露出苻坚的意愿。苻洛和苻重叛乱时，苻坚的思想进一步明确了："当以幽州永为世封。"叛乱一平息，苻坚就将此付诸实施了。

---

1 《资治通鉴》卷101。

随着北方的统一，兴兵南下、一统中华即将提上日程。苻坚深知，荡平东晋和统一北方不可同日而语，非得倾国而动、御驾亲征不可。如若此时祸起萧墙，后果不堪设想。解决宗室亲贵们的谋反作乱，显然已成为倾国南下的前提。军事殖民既满足了宗室亲贵的权势欲，又可震慑关东，在他看来，是十分有利的。

军事殖民无疑有震慑各地少数民族的含义，但把它说成主要为了震慑少数民族，就未免稍偏了一点。笔者认为震慑以汉族为主的各族人民较为切合实际些。

前引资料涉及的重镇有邺（河北临漳西南）、龙城（辽宁朝阳）、蓟城（北京）、枹罕（甘肃临夏东北）、晋阳（山西太原南）、蒲坂（山西永济蒲州镇）、平城（山西大同东北）和洛阳八个。这些都是历来兵家必争的要冲，有的还是一方政治、经济的中心，如邺城、洛阳和晋阳。这八个重镇有相当一部分并不属于关东。即以这八个重镇来说，指明震慑少数民族的只有龙城、晋阳和平城三个，这三地虽然重要，却非苻坚要震慑的重点，重点是"地广人殷"的关东。在这里，邺城和洛阳无疑具有举足轻重的地位，非子弟难以收其效。所以苻坚命苻丕镇邺城，苻晖镇洛阳，分别委以都督关东诸军事及都督豫洛等六州诸军事重任。关东昔日确实是一些内迁少数民族驰骋之地，但从永嘉之乱到苻坚统一北方，这一带各少数民族的力量对比已有了巨大的变化。汉国、前赵和后赵灭亡后，匈奴和羯族大大地衰落了。西北边缘地区有匈奴的势力在活动，但已非刘渊一支，主要是北匈奴系统，彼此也不统一，此时不具备争强斗胜的实力。羯族经冉闵屠杀后，只有一些幸存者散居各地，已构不成一股政治势力。这

时真正对前秦构成威胁的少数民族是羌族和鲜卑慕容部，所以王猛及氐族权贵中稍有政治头脑的人都以此两族为念。

羌族的势力主要集中在关陇一带。前燕都邺，一时间慕容权贵云集邺城，慕容部人遍布邺城四周。苻坚灭燕后，最重要的一项措施是把四万余户慕容部人及深受慕容部影响的十余万户杂夷迁至关中，对这里的民族力量做了大幅度的调整。慕容鲜卑人数本来就不太多，经过这次逼迁，关东地区的慕容部人已是很少了。淝水之战后，慕容垂在关东独树一帜，靠的不是内迁关东的鲜卑慕容部的力量，主要是利用了丁零、乌桓、匈奴屠各和原先留居辽东没有内迁的鲜卑势力。《晋书·苻坚载记下》曰：

> 垂子农亡奔列人（河北肥乡东北）招集群盗，众至万数千……垂引丁零、乌丸之众二十余万，为飞梯地道以攻邺城。

与慕容垂起兵相配合，慕容泓亡奔关东，招引牧马鲜卑，所得仅有数千，而慕容冲起兵河东，与慕容泓合兵冲入关中，势力便一下扩张到"十余万"[1]。这说明慕容部人主要被逼迁到关中了，这则记载和《资治通鉴》卷 105 更具体的叙述是一致的，今将有关部分抄录如下。

> 慕容垂济河焚桥，有众三万，留辽东鲜卑可足浑谭集兵于河内之沙城。……

---

1 《晋书》卷 114《苻坚载记下》。

慕容农之奔列人也，止于乌桓鲁利家……农谓利曰："吾欲集兵列人以图兴复，卿能从我乎？"利曰："死生唯郎是从。"农乃诣乌桓张骧，说之曰："家王已举大事，翟斌等咸相推奉，远近响应，故来相告耳。"骧再拜曰："得旧主而奉之，敢不尽死！"于是农……使赵秋说屠各毕聪。聪与屠各卜胜、张延、李白、郭超及东夷余和、敕勃、易阳乌桓刘大各帅部里众数千赴之……于是步骑云集，众至数万，骧等共推农为使持节、都督河北诸军事、骠骑大将军，监统诸将……农间招库傉长官伟于上党，东引乞特归于东阿，北召光烈将军平睿及睿兄汝阳太守幼于燕国，伟等皆应之……

燕王垂引丁零、乌桓之众二十余万为飞梯地道以攻邺，不拔；乃筑长围守之……

东胡王晏据馆陶，为邺中声援，鲜卑、乌桓及郡县民据坞壁不从燕者尚众；燕王垂遣……（慕容）绍帅骑数百往说王晏，为陈祸福，晏随绍诣（慕容）楷降，于是鲜卑、乌桓及坞民降者数十万口。

我们并不想否认慕容权贵在关东留有政治影响。只要慕容贵族还没有打回关东，政治影响的作用就有限，上引馆陶附近的乌桓及汉族人民，甚至鲜卑族人也"为邺中声援"，"不从燕者尚众"。既然如此，苻坚在关东所要震慑的重点当然是以汉族为主了。

昔日，苻健打着晋的旗号打入关中，前燕打着晋的旗号占有关东，现在苻坚即将去消灭汉族人民认为正朔所在的东晋，何况作为泚水之战的前哨战——夺取襄阳和鏖兵淮南已

经展开，汉族人民的意向如何，苻坚又岂能不加防范。

但是，实际结果非但使苻坚目的难达，还潜伏下了严重的危机。首先，前秦境内的民族矛盾相当复杂，征服一个地区，征服一个民族，就使这种复杂性增加一分。军事殖民则使这种复杂的矛盾关系受到了进一步的刺激。特别是汉族，更是如此。其次，这实质上是往日苻坚在王猛辅佐下一系列强化中央集权措施的反动。结局正如赵整所言，"尾长翼短"之势逐渐形成。淝水之战后，各地方镇对前秦的安危关切甚少，大都力求自保，有的更想借机自立，如梁熙、吕光之流，正是这一措施的结果。再次，随着大部分氐户分镇各地，关中地区的民族力量对比发生了急剧的变化，隐伏下无限的危机。最后，《晋书·苻坚载记上》曰："诸戎子弟离其父兄者，皆悲号哀恸，酸感行人，识者以为丧乱流离之象。"原来上层统治集团的权势之争，经此一举，向下转移，激化了氐族内部的阶级矛盾。

第三节　淝水之战

一、战前大争论

建元十一年（375）七月，王猛弥留之际，因苻坚的一再要求，不无忧心地说出了两件事：第一，千万不要伐晋；第二，逐步剪除羌族和鲜卑慕容权贵的势力。说完溘然而逝。这些意见苻坚最初大概是接受了，前秦的亲贵大臣们都知道。时过境迁，现在北方已经统一，襄阳及彭城已夺取在手，军事殖民又解决了宗室亲贵们叛乱谋反的问题，苻坚就把王猛的告诫抛之脑后了。建元十八年（382）冬，苻坚召集群臣于太极殿，把独运于心好久的打算公之于众。

> 吾统承大业垂二十（应作三十，笔者注）载，芟夷逋秽，四方略定，惟东南一隅未宾王化。吾每思天下不一，未尝不临食辍哺，今欲起天下兵以讨之。略计兵杖精卒，可有九十七万，吾将躬先启行。薄伐南裔，于诸卿意何如？

此语一出，秘书监朱肜立刻奉承："陛下应天顺时，恭行天罚，啸咤则五岳摧覆，呼吸则江海绝流，若一举百万，必有征无战。晋主自当衔璧舆榇，启颍军门，若迷而弗悟，必逃死江海，猛将追之，即可赐命南巢。中州之人，还之桑梓。然后回驾岱宗，告成封禅，起白云于中坛，受万岁于中岳，尔则终古一时，书契未有。"这无疑道出了苻坚的心曲，听后焉有不喜："吾之志也。"[1] 不料尚书左仆射权翼首倡异议："臣以为晋未可伐。夫以纣之无道，天下离心，八百诸侯不谋而至，武王犹曰彼有人焉，回师止旆。三仁诛放，然后奋戈牧野。今晋道虽微，未闻丧德，君臣和睦，上下同心。谢安、桓冲，江表伟才，可谓晋有人焉。臣闻师克在和，今晋和焉，未可图也。"苻坚沉默良久后说："诸君各言其志。"太子左卫率石越支持权翼，补充了几条理由："今岁镇星守斗牛，福德在吴。悬象无差，弗可犯也。""晋中宗，藩王耳，夷夏之情，

---

1 《晋书》卷114《苻坚载记下》。本节引文，凡不注明出处者，皆出于此卷。

咸共推之，遗爱犹在于人。昌明，其孙也。"东晋"国有长江之险，朝无昏贰之衅"。在石越看来，东晋是应该讨灭的，但现在不是时候，为此他建议苻坚"利用修德"，"保境养兵，伺其虚隙"，"厉兵积粟以待天时"。

长江天险，人所共知。东晋立国，颇赖这一地理之利，这里毋庸多言。

星象之说，当然纯属无稽之谈，但在天命迷信思想盛行之时，对于民心士气，有巨大的影响，苻坚对此亦是深信不疑的。建元八年（372），苻坚命其弟苻融代王猛镇邺，其母苟太后酷爱苻融，数次前往灞上惜别，太史令魏延据天象奏言："天市南门屏内后妃星失明，左右阁寺不见，后妃移动之象。"苻坚推问，始知其母之行，惊叹"天道与人何其不远！"[1]更加重视星象之说，无怪石越要据此慷慨陈词了。

取乱侮亡，古来使然，这是击灭敌国的必要条件，应该说具有相当大的说服力。从晋元帝到晋孝武帝，东晋已经八传，时间相隔亦有半个世纪左右，石越忽然拉出晋元帝来作为冠冕堂皇的理由，颇为令人费解。联系当时的民族关系，就不难理解了。石越所谓晋元帝"遗爱犹在于人"，实质上不过是"人心思晋"的另一种说法而已。他参加过襄阳攻坚战，襄阳军民拼命抵抗的情况他历历在目，体会尤深，苻坚在当时又何尝不是如此呢，否则他决不会发出这样的感叹："何晋氏之多忠臣也！"其实，江左世族无忠臣，早就成了定评，周虓、丁穆和吉挹者流，并非忠于晋室，更多的是出于民族的考虑，襄阳军民的同仇敌忾，也是如此。

---

1 《晋书》卷113《苻坚载记上》。

权翼、石越的意见显然是相当有道理的，可惜所谈都是东晋方面的情况，石越的建议虽然涉及了前秦自身的问题，但言辞闪烁，又岂能引起苻坚的重视。"混合六一，以济苍生"是苻坚"内断于心久矣"的大事，当然不会因这两人的反对而罢休。他针锋相对，依据历史，否定了石越和权翼的意见："吾闻武王伐纣，逆岁犯星。天道幽远，未可知也。昔夫差威陵上国，而为勾践所灭。仲谋泽洽全吴，孙皓因三代之业，龙骧一呼，君臣面缚，虽有长江，其能固乎！以吾之众旅，投鞭于江，足断其流。（又何险之足恃乎！）"[1] 尽管如此，反对派们在朝臣中还是占优势，朝议久久难决。苻坚相当气愤："自古大事，定策者一两人而已，群议纷纭，徒乱人意。"为此留下阳平公苻融单独商议。孰料苻融反对更烈，他归纳了反对派们的意见，偏重于前秦自身的问题，指出："我数战，兵疲将倦，有惮敌之意。"认为"诸言不可者，策之上也，愿陛下纳之"。苻坚勃然大怒："汝复如此，天下之事，吾当与谁言之！今有众百万，资仗如山，吾虽未称令主，亦不为暗劣。以累捷之威，击垂亡之寇，何不克之有乎！吾终不以贼遗子孙，为宗庙社稷之忧也。"至此苻融不得不痛心疾首，泪流满面，和盘托出了最难出口的理由："知足不辱，知止不殆，穷兵极武，未有不亡。且国家，戎族也，正朔会不归人。江东虽不绝如缒，然天之所相，终不可灭。"[2] 接着又进一步陈述了他内心的忧患："吴之不可伐昭然，虚劳大举，必无功而返。臣之所忧，非此而已。陛下宠

1　括号中文字据《资治通鉴》卷104补。
2　《晋书》卷114《苻坚载记下》附《苻融传》。

育鲜卑、羌、羯，布诸畿甸，旧人族类，斥徙遐方。今倾国而去，如有风尘之变者，其如宗庙何！监国以弱卒数万留守京师，鲜卑、羌、羯攒聚如林，此皆国之贼也、我之仇也。臣恐非但徒返而已，亦未必万全。臣智识愚浅，诚不足采；王景略一时奇士，陛下每拟之孔明，其临终之言不可忘也。"无奈苻坚心意已决，断然拒绝："帝王历数岂有常哉，惟德之所授耳！汝所以不如吾者，正病此不达变通大运。刘禅可非汉之遗祚，然终为中国之所并。吾将任汝以天下之事，奈何事事折吾，沮坏大谋！汝尚如此，况于众乎！"[1]

为谏阻苻坚发动灭晋之役，反对派们请出深受苻坚宠信、言听计从、出则同辇的道安说项，亦为苻坚所拒："非为地不广、人不足也，但思混一六合，以济苍生。天生蒸庶，树之君者，所以除烦去乱，安得惮劳！朕既大运所钟，将简天心以行天罚。高辛有熊泉之役，唐尧有丹水之师，此皆著之前典，昭之后王。诚如公言，帝王无省方之文乎？且朕此行也，以义举耳，使流渡衣冠之胄，还其墟坟，复其桑梓，止为济难铨才，不欲穷兵极武。"甚至对于只是求他不要亲征的意见，也遭到苻坚的拒绝。以后，太子苻宏及石越、原绍等书奏面谏不下数十次，苻坚就是听不进去。

争论是如此激烈，甚至连后宫也参加进来。深受苻坚宠爱的少子中山公苻诜反对伐晋，遭到苻坚的斥责："国有元龟，可以决大谋；朝有公卿，可以定臧否。孺子言焉，将为戮也！"姿压群芳、宠冠后宫的张夫人亦反对，恳请苻坚多考虑群臣的谏阻，亦被苻坚用"军旅之事非妇人所

---

1 《晋书》卷 114《苻坚载记下》附《苻融传》。

豫也"[1] 给堵了回去。

对于"朝臣上下，皆言不可"[2]，苻坚没有拒绝了之，又进行了说服。他借南游灞上之便，再次晓谕群臣："往年车骑灭燕，亦犯岁而捷之，……昔始皇之灭六国，其王岂皆暴乎？吾内断于心久矣，举必克之，何为无功！""轩辕，大圣也，其仁若天，其智若神，犹随不顺者从而征之，居无常所，以兵为卫，故能日月所照，风雨所至，莫不率从。今天下垂平，惟东南未殄。朕忝荷大业，巨责攸归，岂敢优游卒岁，不建大同之业！每思桓温之寇也，江东不可不灭。今有劲卒百万，文武如林，鼓行而擢遗晋，若商风之殒秋箨。朝廷内外，皆言不可，吾实未解所由。晋武若信朝士之言而不征吴者，天下何由一轨！吾计决矣，不复与诸卿议也。"这就使他在伐晋的道路上走得更远，早蓄复国异谋的冠军将军慕容垂眼看时机已到，立刻进言："陛下德侔轩唐，功高汤武，威泽被于八表，远夷重译而归。司马昌明因余烬之资，敢距王命，是而不诛，法将安措！孙氏跨僭江东，终并于晋，其势然也。臣闻小不敌大，弱不御强，况大秦之应符，陛下之圣武，强兵百万，韩、白盈朝，而令其偷魂假号，以贼虏遗子孙哉！……陛下内断神谋足矣，不烦广访朝臣以乱圣虑。昔晋武之平吴也，言可者张、杜数贤而已，若采群臣之言，岂能建不世之功！谚云凭天俟时，时已至矣，其可已乎！"苻坚终于找到了一个知心者，欣喜异常："与吾定天下者，其惟卿耳。"慕容垂和姚苌又积极提出了进军的方略。

---

1 《晋书》卷96《列女·苻坚妾张氏传》。
2 《晋书》卷96《列女·苻坚妾张氏传》。

二、淝水之战

建元十九年（383，东晋孝武帝太元八年）七月，苻坚发布了总动员令："吴人敢恃江山，（僭称大号，轻率犬羊，）屡寇王境，宜时进讨，以清宇内。便可戒严，速修戒备。发州民则十丁遣一兵，若门在灼然者为崇文义从。朕将（巡狩省方，）登会稽（而朝诸侯），复禹绩（而定九州），今王师所拟，必有征无战），伐国存君，义同三王。"[1] 各州公私马匹悉充军用，每十丁征兵一人，士族子弟从军者悉拜崇文义从；良家子年二十以下，武艺骁勇、富室才雄者，皆拜御林郎。中小地主大都认为这是发迹求官的大好时机，应募者达三万余人，为苻坚的主张积极鼓噪。苻坚任秦州主簿赵盛为少年都统，率领这一支临时拼凑起来的御林军。苻坚还命令先在长安城中建造安置东晋君臣的府第，预先封拜晋孝武帝为尚书左仆射，谢安为吏部尚书，桓冲为侍中等。苻融再次面谏上奏："鲜卑、羌虏，我之仇雠，常思风尘之变以逞其志，所陈策画，何可从也！良家少年皆富饶子弟，不闲军旅，苟为谄谀之言以会陛下之意。今陛下信而用之，轻举大事，臣恐功既不成，仍有后患，悔无及也！"[2] 苻坚已是蓄势待发，当然更听不进去了。八月二十六日，苻坚发布苻融为征南大将军、前锋都督，统领能征善战或富有智计的将领张蚝、苻方、梁成、慕容暐、慕容垂等步骑二十五万先行；拜兖州刺史姚苌督梁、益二州诸军事，率领水师由巴蜀顺流而下。

---

1 《太平御览》卷122引《十六国春秋·前秦录》。括号内文字据同书卷322补。
2 《资治通鉴》卷104。

　　苻坚兵分两路，西路水军既能牵制荆州晋军，又能顺流胁迫建康，姚苌使命甚重，苻坚慰勉有加："朕本以龙骧建业，龙骧之号未曾假人，今特以相授，山南之事，一以委卿。"[1]

　　是役，苻坚征发戎卒六十余万，骑二十七万，总兵力八十七万有余。大河南北，旌旗相望，鼓声震耳，尘土飞扬。

　　百万大军岂能一朝而集。九月二日，苻坚自长安出发，车驾抵达项城（河南沈丘）时，凉州之兵始达咸阳，蜀汉之军顺流而下，幽冀之众至于彭城，东西万里，水陆齐进。运漕万艘自河入石门（河南荥阳石门，由此入浪荡渠、汴水），达于汝、颍。为防御驾亲征时昔日灭国之君及降臣降将蠢动，苻坚命太子苻宏守国，张天锡、朱序等悉数随驾出动。

　　苻坚驻跸项城，致书东晋君臣："已为晋君于长安城中建广夏之室，故今大举相迎，克日入宅也。"[2]

　　苻融进军甚速。九月初，会合汝、颍驻军，前锋兵力增达三十余万，达于颍上（安徽颍上）。

　　秦军甫动，执掌东晋朝权的宰相谢安立刻调度全局，诏命征虏将军谢石以将军衔假节征讨大都督（元帅），冠军将军、徐兖二州刺史谢玄为前锋都督（前敌总指挥），统辅国将军谢琰（谢安子）、西中郎将桓伊、龙骧将军胡彬、建威将军戴熙、扬武将军陶隐、广陵相刘牢之等北府兵八万[3]迎敌。

　　北府兵组建于建元十三年（377，东晋太元二年）。时谢玄任南兖州刺史，徙军府于京口（江苏镇江），在昔日郗鉴以北来流民为主体建成的一支军队的基础上，利用桓温庚

1　《晋书》卷116《姚苌载记》。
2　《世说新语》卷中《识鉴》。
3　《十六国春秋·前秦录》曰"七万"。

戍土断的有利条件，再度招募北来流民中的"劲勇"和整编流民武装而成，目的在于改变荆、扬两地的军事态势和抵御北来的侵扰。此军彪悍善战，主要将领刘牢之、何谦之、诸葛侃、高衡、刘轨、田洛、孙无终等都是不拘一格从中下层军官中提拔出来的，均以"骁猛"闻名当世。在对北方的战事中，此军"百战百胜"，由此获得"北府兵"[1]的美称。

晋方参战将帅中，谢玄长于"经国才略"[2]，尤善用人，"使才皆尽，虽履屐之间，亦得其任"[3]，确实是前锋都督的最佳人选。谢琰年轻时即以"贞干称"，"有军国才用"[4]。桓伊"有武干，慓悟简率"，"性谦素，虽有大功，而始终不替"，是朝野共知的"能距捍疆场者"[5]。刘牢之"世以壮勇称"，"面紫赤色，须目惊人。而沉毅多计画"[6]。谢安用人得当，连其政敌亦颇为叹服。

谢安所控精兵强将，可谓尽数出动。

百万大军压境，东晋朝野震动。谢安深知，惊慌失措，必然瓦解斗志，只有临危不惧、镇之以静，才能从容应敌。他内心紧张，却外示闲暇。谢玄职责攸关，惶急万分，叩见谢安，求取退敌之策。谢安了无惧色，徐徐回答"已别有旨"，再无他言。谢玄碰壁，派张玄再请锦囊妙计。谢安置若罔闻，命驾出游别墅，召集全部亲朋，摆下围棋，以别墅

---

1 《晋书》卷84《刘牢之传》。
2 《晋书》卷79《谢玄传》。
3 《世说新语》卷中《识鉴》。
4 《晋书》卷79《谢琰传》。
5 《晋书》卷81《桓伊传》。
6 《晋书》卷84《刘牢之传》。

为赌注，逼迫谢玄对弈。往日谢安棋艺远不如谢玄，这次居然棋逢敌手。谢玄重压在心，魂不守舍，疏漏迭出，推盘认输。谢安赢了别墅，随口赏给了外甥羊昙，拉着谢玄在别墅作终日游。谢玄的心情逐渐松弛下来了。入夜，谢安策划部署，井然有序，谢玄放下心头重压，奔赴前线。

桓冲深以建康为忧，焦躁不安，荆州重地，又不得不守，乃挑选精兵三千来援。谢安为稳定人心，亦命退回，报书桓冲："朝廷处分已定，兵革无阙，西藩宜以为防。"[1]

谢安从容镇定、胸有成竹、指挥若定的气度，收到了朝野镇静的效果。

苻融进至颍上后，亲统主力直扑淮南，分兵慕容暐及慕容垂西出江夏（湖北云梦）。

十月，苻融挥军渡过淮水，攻克淮南重镇寿阳（安徽寿县西南），生擒晋平虏将军徐元喜和安丰太守王先，令其参军郭褒为淮南太守，镇寿阳，自己推进泗水。

慕容垂攻克郧城（湖北安陆），阵斩晋将王太丘，待慕容暐所部来到，郧城无虞后，移师漳口（湖北当阳）。

晋龙骧将军胡彬奉命进援寿阳，途中，闻寿阳失陷，统水师五千守硖石城。

硖石城位于寿阳西北二十五里的硖石山上，淮水流经山峡，两岸山壁高矗，各有城寨一座，自三国以来便是屏障淮南的军事要塞。为拔除障碍，苻融命卫将军梁成等率众五万进屯洛涧（淮河支流，今日洛河，安徽淮南东），树栅截流，隔断淮水，拦截胡彬后撤之路。谢石、谢玄所统主力，慑于

---

1 《晋书》卷74《桓冲传》。

梁成军威，不敢轻进，在距洛涧二十五里处安营扎寨。

胡彬困守硖石山，军粮将尽，扬沙唱筹，伪示粮草丰足。但自度难免，决心殉职。挑选勇健精细士卒为使者，密驰晋营，通告谢石："今贼盛粮尽，恐不复见大军！"[1]不料使者为秦军所俘。本来力主稳健的苻融得知胡彬虚实后，一反常态，寄希望于侥幸一击，遣使驰告苻坚："贼少易得，但惧其越逸，宜速进众军，掎禽贼帅。"

长江天险，苻坚亦深以为难，若能在淮南全歼晋军主力，实乃求之不得。苻坚再也按捺不住心头的喜悦，急欲亲统前锋，一展才略了。他留大军于项城，仅带轻骑八千，昼夜兼程，奔赴寿阳，喜谓苻融曰："晋人若知朕来，便一时还南，固守长江，虽百万之众无所用。今秘吾来，令彼不知，彼顾江东，在此必当战，若其溃败，求守长江不复可得，则吾事济矣！"[2]严令诸军："敢言吾之寿春者拔舌。"

苻坚到达寿阳，即遣朱序为使者胁迫谢石等投降。朱序被俘后，一直心念故国，秘密潜逃，又告失败，只有靦颜事敌。值此机遇，便将秦军虚实悉数告知谢石，建议晋军先敌而动："若坚百万之众悉到，莫可与敌。及其未会，击之，可以得志。"[3]谢石犹豫不决，企图坚守，"谋不战以疲之"。谢玄和谢琰力主接受朱序的建议。十一月，谢玄命广陵相刘牢之统领参军刘袭及诸葛侃等五千精锐进击洛涧。晋军距洛涧尚有十里，梁成便严阵以待。晋军慷慨赴敌，高呼竞渡，猛扑敌阵。秦军士气低落，无心恋战，刘牢之等斩杀梁成及其弟梁云、弋阳太

---

1 《资治通鉴》卷 104。
2 《太平御览》卷 309 引《晋中兴书》。
3 《晋书》卷 81《朱序传》。

守王泳等秦将，分兵截断秦军退路。秦军阵脚大乱，争渡淮水逃命。刘牢之纵兵追击，生俘秦扬州刺史王显、将军梁他、梁悌、慕容屈氏等。是战，秦军伤亡一万五千有余，五万大军土崩瓦解，军械辎重悉数为晋军所得。晋军主力乘胜水陆齐进，扎营淝水东岸。苻融逼淝水而阵。双方隔淝水对峙。

洛涧一战，晋军初试锋芒，意气昂扬，求战心切。秦军厌战情绪本来严重，值此损兵折将，更加惊悸不已，畏敌之心陡增，士气一落千丈。

大军出动之前，苻坚豪言壮话虽然说了不少，但亦深知灭晋不同一般。《太平御览》卷400引《异苑》记载了这样一件事："苻坚将欲南师也，梦葵生城内，明以问妇，妇曰：'若军远行，难为将也。'坚又梦地东南倾覆，复以问，云：'江左不可平也，君无南行，必败之应也。'"此虽不足为凭，但兴师灭晋，魂牵梦萦，群臣又坚决反对，苻坚内心忐忑不安，也在情理之中。此时此刻，苻坚的心绪更为紊乱，登上城头，察看敌我态势，"见晋兵部阵严整，又望八公山（位于寿阳城东北五里）上草木，皆以为晋兵"。回顾苻融，若有所失，忧形于色，喟然而叹曰："此亦劲敌，何谓弱也！"[1]

谢玄利用苻坚速战速决的心理，遣使苻融："君远涉吾境，而临水为阵，是不欲速战。诸君小却，（使晋兵得渡，）令将士得周旋，（以决胜负。）仆与诸君缓辔而观之，不亦乐乎！"[2]

让晋军渡河后一决胜负，利弊如何？苻坚颇费斟酌。在军事会议上，绝大多数将领反对后撤："宜阻淝水，莫令得

---

1 《资治通鉴》卷105。
2 《晋书》卷79《谢玄传》。括号内文字据《资治通鉴》卷104补。

上。我众彼寡，势必万全。"[1] 苻融提议埋伏骑兵，乘晋军半渡，未及列阵，发起冲击，以收全功。苻坚想利用北兵擅长步战的优势，歼敌于一役，拒绝了苻融的建议："我长于步，彼便于水。今舍步入水，是以所短击其所长，非良策矣。可须彼过水，一时击之，彼既背水，进退无术，乃可尽杀。然后船舫渡江，直指会稽，观禹朝万国之处，不亦乐乎！"[2]

晋军周密部署，谢石统部一支，死死缠住手握精兵、屯驻泂南、号称"万人敌"的苻坚猛将张蚝，使其在决战时刻不得发挥作用。谢玄挑选八千精锐，由谢琰和桓伊统领，严密注意秦军动静。

苻融挥军后撤，部队移动，部署未定，谢琰和桓伊便挥军渡河。苻坚计划待晋军渡河后迫其背水而战，使晋军取得了安全渡河的良机。晋军前锋甫一登岸，便发起猛攻，锐不可当。而秦军却一退不可复止，诸部错乱。苻融率亲军驰骑略阵，企图稳定阵脚，战马被乱军冲倒，为晋军所杀。

主帅身死，群龙无首，诸部更为惶恐。朱序乘机在阵后高呼："秦军败了！秦军败了！"军心混乱，秦军土崩瓦解。晋军乘胜追击，直杀到寿阳城西三十余里的青冈才鸣金收兵。

是役，秦军"自相蹈籍投水死者不可胜计，泂水为之不流。余众弃甲宵遁，闻风声鹤唳，皆以为王师已至，（昼夜不致息，）草行露宿，重以饥冻，死者十七八"。晋军缴获苻坚"乘舆云母车、仪服、器械、军资，珍宝山积，牛马驴骡骆驼十万余"[3]。朱序、张天锡、徐天喜等乘乱投奔了晋营。

---

1 《晋书》卷79《谢玄传》。
2 《太平御览》卷309引《晋中兴书》。
3 《晋书》卷79《谢玄传》。括号中文字据《资治通鉴》卷104补。

晋军收复寿阳，生俘秦淮南太守郭褒。

苻坚身中流矢，狼狈万分，单骑夺路，奔窜淮北，饥疲已极，人有献食者，他特赐帛十匹、绵十斤。埶料为献食者所拒，反唇相讥曰："臣闻自龙厌天池之乐而见困豫且，陛下目所睹也，耳所闻也。今蒙尘之难，岂自天乎！且妄施不为惠，妄受不为忠。陛下，臣之父母也，安有子养而求报哉！"苻坚羞愧莫名，后悔莫迭，对张夫人曰："朕若用朝臣之言，岂见今日之事邪！当何面目复临天下乎！"

淝水之战是我国历史上以少胜多的著名战役，对日后的历史有深远的影响。战后不久，前秦土崩瓦解，北方又长期陷入分裂割据之中，混战不已。各政权自顾不暇，谈不上用兵南方。长期的战乱使北方的经济遭到严重的破坏，以致北魏统一北方后，一时还难以扭转南强北弱的局面。东晋在淝水大胜后，又苟延残喘了数十年。斗转星移，时过境迁，刘裕取晋而代之，国号宋，南朝的历史开始了。刘宋政权虽然一度相当强大，同样无心于北伐。南北对峙的局面终于形成，绵延又及两个世纪之久。

第五节 淝水之战的性质及南胜北败的原因

一、淝水之战的性质

苻坚发动的淝水之战，是民族征服战争，还是兼并统一战争？自 1979 年以来，史学界展开了相当热烈的争论。目前，争论还在进一步深入。

兼并统一战争论者的论据主要有两个：第一，苻坚统治时期，北方的经济有显著的恢复和发展，可与西汉的"文景之治"及唐朝的"贞观之治"相媲美；第二，前秦政权已经"封建汉化"，民族性已不突出，民族矛盾退居次要地位，只是在阶级矛盾极端尖锐时，民族矛盾的因素才起作用。[1]民族征服战争论者的主要论据：一是从总体上看，十六国时期，尤其是十六国前期，民族矛盾非但尖锐、激烈，而且相当复杂，民族融合才起步，民族界线分明，矛盾难以泯灭。二是苻坚治秦确有成效，但不能估计过高。其统治前期，由于政策较好，民族矛盾有所缓和，但后期随着政策的转变，特别是战争的连绵不断，民族矛盾又日趋尖锐。三是前秦政权的民族性相当鲜明。[2]笔者持民族征服战争的观点。退一步讲，淝水之战即便带有统一战争的成分，就其本质而言，也是民族征服战争。[3]本部分只从民族矛盾及前秦政权的民族性进行分析，在下一部分中涉及这个问题时再从经济等方面进行分析。

从总体来说，十六国是魏晋南北朝民族矛盾最尖锐、最复杂的时期，尽管建立政权的少数民族统治者的民族政策不同，对民族矛盾尖锐的程度有所影响，民族矛盾却始终贯穿十六国时期的全过程。前秦是十六国前期的一个政权，要摆脱民族矛盾的纠缠，是不可能的。

1　参见 1979 年以来黄烈、徐扬杰、赵文润、曹永年、周增义诸先生有关淝水之战的论文。

2　参见田余庆、孙祚民、简修伟、钱宗范诸先生及笔者 1979 年以来有关淝水之战的论文。

3　参见田余庆《前秦民族关系和淝水之战的性质问题》，《中国史研究》1989年第 1 期。

魏晋南北朝是民族融合的时期。在民族融合过程中，经济是基础，是纽带。历史上各民族互相影响，互相促进，落后民族在先进民族的影响下飞速发展的现象屡见不鲜，但并不能促使他们融合在一起。民族融合必须具备两个条件：打破各民族较为固定的居住区域，各族人民交错杂居在一起；落后民族的经济和社会发展阶段达到先进民族的水平，具体到这个时代来说，即内迁各族过渡到农业定居生活并实现封建化。具备了这两个条件，还不等于民族融合，它仅是民族融合的开始。在封建时代生产力及经济条件下，各民族间、各地区间的交往相当艰难，这就决定民族融合必须经历漫长而曲折的过程，反复颇多。苻坚在位只有 27 年，如果灭燕算是基本统一北方，到淝水之战亦仅 13 年，在 13 年中解决如此纷繁复杂的历史课题，使那么多内迁少数民族和汉族基本融合，绝无可能。

由汉国到前秦，北方的民族关系确实有所变化，最主要的有两点。

首先，自汉国到前秦，建立政权的少数民族统治者，在其政权建立的前后，都一无例外地进行了野蛮的人口掠夺，力图把劳动人手和兵源掠徙到其控制较为严密的腹心地区，在此过程中，各族人民付出了极其高昂的代价。但是和汉、晋相比，各民族较为固定的居住区域被打乱了，交错杂居的情况有所发展，有些地区少数民族的族属已难分辨，"杂夷"的名称出现了。

其次，随着西晋王朝的崩溃，建立政权的少数民族统治者鉴于本族内部阶级斗争的发展、各族人民的反抗，特别是汉族人民的反抗、内迁各少数民族和汉族人民联合斗争的日渐萌

发，迫切需要联合汉族地主阶级以巩固和扩张其统治。汉族地主阶级由于保护其利益的西晋王朝崩溃，迫切需要投靠强有力的少数民族统治者的军事集团以确保其利益。少数民族与汉族统治者在阶级利益一致的前提下逐步联合起来。石勒设置君子营、恢复九品中正制等措施，可以看作这类转变的契机。前秦时有所发展，具体表现在苻生时废除了胡汉分治政策。苻坚继承了这个趋势，在其统治前期，为了进一步联合汉族地主阶级，非但没有利用和挑唆民族矛盾，还相应地采取措施，缓和民族矛盾。事实上，鉴于汉族地主阶级富于封建统治经验，随着内迁少数民族封建化的日益加深，少数民族统治者对汉族地主阶级依赖的程度总是在加深的，这也是这个历史时期不可逆转的趋势。另外，各民族被统治阶级基于阶级利益的一致性而逐步突破民族的界限，走向联合斗争的道路，梁犊起义标志着各族人民联合斗争的萌发。[1]

众所周知，民族融合是划分为统治阶级和被统治阶级两大部分进行的。统治阶级是矛盾的主要方面，他们的联合虽然使少数民族政权的统治力量有所加强，但在客观上还是有利于民族融合的。各族人民的斗争，特别是各族人民联合斗争的萌发，有力地推进着民族融合。

不过，与此并存的下述几种情况在分析淝水之战的性质时也不容忽视。

第一，少数民族统治者野蛮的人口掠夺以及他们建立政权后把本民族作为征服民族凌驾于各族之上等，导致民族矛盾的极端尖锐。冉闵之所以能挑动民族仇杀，与这样的历史

---

1 参见拙作《十六国时期的民族斗争及其实质》，《民族研究》1980 年第 5 期。

背景密不可分。这场民族仇杀不仅发生于汉、羯之间，在后赵末年尖锐的民族矛盾激荡下，中原地区各个民族都被卷了进去，其后果与影响相当复杂。它不仅深刻地教训了各族人民，教训了后起的、较为明智的少数民族统治者，使他们感到利用民族矛盾、挑唆民族矛盾，并非巩固统治的有效措施，只会引来无穷祸患，迫使他们不敢露骨地挑唆民族矛盾，轻易走上民族仇杀的道路；另外使各民族，特别是他们的上层统治集团感到，只有本民族才是可靠的力量，民族界限更为清楚，民族意识由此加强。尽管随着时日的推移和民族融合的发展，它会日渐淡薄，最终消失，但又绝非短时期可以奏效，因此，它的反动作用决不能低估。前秦建立在这场民族仇杀进行之时，苻坚即位距这场民族仇杀也不过七年，不受它的影响是不可能的。下述情况证明了这一点：一是苻坚登位初期，王雕呈献了"氐在中，华在表"的图谶，建议将氐族集中到关中，把"三秦大户"逼迁到边地。对此，苻坚是赞赏的，特意就此征询王猛的意见。王猛坚决反对。在王猛的坚持下，苻坚虽然杀了王雕，但对其建议却始终念念在怀，过后又认为"雕言有征"[1]，追赠王雕为光禄大夫。二是统一北方后，苻坚推行了军事殖民的措施。三是前秦灭亡前夜，苻坚同样祭起了民族仇杀的法宝，下令杀尽长安城内的鲜卑人（详见第六章第二节）。

第二，自汉国到前秦，各民族较为固定的居住区域虽被打乱，交错杂居的状况有所发展，但在胡汉分治政策及汉、赵等国优遇和依赖其余少数民族上层分子的传统下，内迁各

---

1 《晋书》卷114《苻坚载记下》。

少数民族的部落组织并未彻底打破，各族上层分子对本民族的控制有所扩大或加强。如苻洪由控制一方氐族一跃而为后赵境内氐族之首，可以吹嘘"诸氐皆洪家部曲"等。前秦虽然废除了胡汉分治，但护军制却保留了胡汉分治的主要内容，各族酋帅对本民族、本部落依然有着控制权。《邓太尉祠碑》及《广武将军□产碑》中刻名的"部大""酋大""大人"之多，《邓太尉祠碑》能开列冯翊护军统领的各少数民族的原始居地等情况，便是最好的佐证。

第三，各地区、各民族，甚至同一民族内部发展的不平衡性，此时更难避免。不要说别的，以氐族而论，因居住地区的不同，其发展的程度也各不相同。西部边境的氐族就远不如关中的氐族，乃至苻坚也把他们视作少数民族："彼种落杂居，不相统一，不能为中国大患，宜先抚喻，征其租税，若不从命，然后讨之。"[1]

第四，各族上层分子都想割地称雄或独树一帜，即使在被征服期间，也力图扩张势力。在少数民族权贵和汉族地主阶级的联合成为不可逆转的历史潮流下，拉拢汉族地主阶级成了其扩张势力的极重要的组成部分。少数民族权贵和汉族地主阶级的联合，固然以统治民族和汉族的权贵的联合为主体，鉴于历史的渊源和各地区民族力量的对比及影响极不平衡，使少数民族权贵和汉族地主阶级的联合也呈现出错综复杂的情况。关东的汉族地主对慕容权贵一往情深，不断为其复国奔走呼号；西州的汉族地主倾向羌族权贵；关中的汉族地主倾向氐族权贵；雁、代的汉族地主寄希望于拓跋权贵；等等。此

---

1 《资治通鉴》卷104。

类状况预示着一旦风云突变，便可出现一个个胡汉军事集团。

第五，赵整的《琴歌》及淝水之战前夕前秦朝廷内外激烈的争论表明，此时前秦境内各民族的界限泾渭分明，彼此间的差异仍然很大。北魏太平真君十一年（450），魏太武帝拓跋焘统兵南下，致书盱眙（今属江苏）宋将臧质曰："吾今所遣斗兵，尽非我国人，城东北是丁零与胡，南是三秦氐、羌，设使丁零死者，正可减常山（郡治今河北正定南）、赵郡（治今河北赵县）贼；胡死，正减并州（山西省）贼；氐、羌死，正减关中贼。卿若杀丁零、胡，无不利。"[1]此时距淝水之战已近70年，族别的区分尚这样鲜明，更何况淝水之战前夕。氐族虽然早就是农耕民族，是内迁诸族中最先进、受汉族影响最深的一个，但要和汉族融合在一起，尚需要一个漫长的历史过程。苻洪以"戎狄夷类"自居；淝水之战前，苻融被迫说出"国家，戎族也"那番话来，岂非表明他们十分清楚氐族和汉族的区分吗？苻洪和苻融在接受汉文化和对待氐、汉关系上都是开明人物，尤其是苻融，汉文化的素养并不亚于苻坚，是继王猛之后辅佐苻坚推行封建化措施最有力的助手，他们尚然如此，更何况其他氐族成员。苻坚确实想以一统天下之主自居，竭力回避"戎族"的字眼，但他个人的状况及意愿仍然掩盖不住当时氐族和汉族的区分。事实上，在内心深处，苻坚也是深知氐、汉之间的区别的。否则他岂能对王雕的建议那么感兴趣，岂能认为只有本族人才是他维护和巩固统治的"磐石之宗"呢！因此在他行将灭亡之时，不得不从梦幻中回到现实里来，直率地承

---

[1] 《宋书》卷74《臧质传》。

认氏族是"胡"、是"戎族":"小羌乃敢干逼天子……五胡次序,无汝羌名!"[1]

汉族怎样呢?有关汉族的民族意识及民族感情,在苻健入关及桓温兵进关中时均已谈及,这里不再重复。50余年后,刘裕撤离关中,三秦父老竭力挽留,哭诉曰:"残民不沾王化,于今百年,始睹衣冠,人人相贺。长安十陵,是公家坟墓,咸阳宫殿,是公家室宅。舍此,欲何之乎!"[2]此事发生在后秦灭亡之后,后秦封建化的程度及姚兴统治时期的各项措施,并不比苻坚差多少,某些方面还有所发展,随着时日的推移,民族融合的进程也向前推进了一步,此时尚且如此,不能想象介于两者之间的淝水之战前夕,汉族人民的民族意识会变得十分淡薄。苻坚即位以后,有两则歌谣盛传不休:

> 阿坚连牵三十年,后若欲败时,当在江湖边。
> 河水清复清,苻坚死新城。[3]

这是诅咒,亦是汉族人民寄希望于东晋的心理反映。《法苑珠林》卷82记载,淝水之战后,关中千余户汉族人民乘前秦衰落之机,长途跋涉,来到东晋,达者千余户,未达及翘首以待者当然更多。众所周知,永嘉之乱后,汉族人民蜂拥南渡,大体可以分为7个时期,其中淝水之战后便是不容忽视的时期之一[4]。这不正是汉族人民民族意识和感情的写照吗?

1 《晋书》卷114《苻坚载记下》。
2 《资治通鉴》卷118。
3 《晋书》卷28《五行志》。
4 参见王仲荦《魏晋南北朝史》上册,第五章第二节。

　　有的学者以秦军在淝水惨败后只是逃跑，没有归降或投奔东晋，证明汉族和前秦没有民族隔阂。这是十分奇怪的逻辑，民族意识和民族隔阂岂能以此为准呢？！如果行得通，岂不是说十六国时期凡是生活在北方的汉族人民与少数民族政权均无民族隔阂了吗？更何况，人所熟知，封建社会中土地有强大的束缚力，农民安土重迁，非到生死抉择关头，是不会背井离乡、漂泊异地的。至于被征发为兵的汉族人民，情况就更复杂了。

　　毫无疑问，氐族封建化的速度相当快，前秦是一个封建政权，甚至治国思想都模仿魏晋。之所以如此，诚如马克思在《不列颠在印度统治的未来结果》一文中指出的那样："野蛮的征服者总是被那些他们所征服的民族的较高文明所征服，这是一条永恒的历史规律。"[1]恩格斯在《反杜林论》里也指出："在长时期的征服中，比较野蛮的征服者，在绝大多数情况下，都不得不适应征服后存在的比较高的'经济情况'；他们为被征服者所同化，而且大部分甚至还不得不采用被征服者的语言。"[2]经典作家在这里非但揭示了氐族模仿汉族建立封建政权的历史必然性，同时也启示我们，民族融合的范围要比封建化宽广得多，包括语言、习俗、心理素质等各个方面，需要"长时期"才能完成。因此，政权的封建化和民族融合并不能画等号。苻坚前期的政策较好，只是给民族融合提供了较好的条件而已。看看魏孝文帝在文化、习俗、语言甚至服饰等诸方面全盘推行汉化政策，尚须经过

1　《马克思恩格斯选集》第2卷，人民出版社，1972，第70页。
2　《马克思恩格斯选集》第3卷，第222页。

漫长的历程和反复才能实现民族融合，不难想见此时民族融合的状况，何况苻坚在这方面的措施也远不如魏孝文帝彻底。

以上说明，直到淝水之战前夕，北方的民族关系仍然极端复杂，民族融合还处在起步的阶段，所以直到北魏基本统一北方时，人们还说："秦地戎夷混并，虎狼之国……风俗不同，人情难变，欲行荆、扬之化于三秦之地，譬如无翼而欲飞，无足而欲走，不可得也。"[1] 即使是少数民族权贵和汉族权贵的联合，也还有待于发展，前秦政权和汉族地主阶级之间，仍然是矛盾重重的。

这里有必要谈一下苻坚统治时期前秦政权的民族性问题。有的同志依据苻坚说过"黎元应抚，夷狄应和，方将混六合为一家，同有形于赤子"等话，前秦灭燕后关东州郡牧守大都是汉族士人，苻坚不断辟召汉族士人任职，前秦政权中汉族官员数量巨大等，论证前秦政权的民族性并不强烈。和汉、赵等国相比，苻坚统治下的前秦在这方面确实要远胜一筹，可以说苻坚顺应了他所处时代的民族融合的趋向，这是苻坚之所以能统一北方的一个很重要的原因，但是对此也不应该做过高的估计。

第一，苻坚确实说过那段话，与此意思相似的话也有很多。但这主要是对各族上层分子（详见第三章第三节及下文）。

第二，综观十六国的历史，在少数民族政权中，中央文职官员（包括高级官员）及郡守县令，大都由汉族士人充任，汉人在官员队伍中的人数占有绝对优势。因此，官员队伍中汉人所占的比重不足以否定该政权的民族性。汉、赵等

---

1 《魏书》卷35《崔浩传》。

国统治时期，民族矛盾尖锐，是当时社会的主要矛盾，民族性十分强烈，这是史学界较为一致的看法。史籍所见，在汉及前赵政权中有名有姓，可以判断族别的官员总计219人，其中皇室40人（有3人后来为帝，实际仅37人），匈奴族30人，其他少数民族18人，汉族131人。[1]这131个汉族官员，大都是在中央任职或为刺史者，郡守县令绝大部分未见到名姓。即便如此，在上述数字中，汉族官员已达59.8%，如果把皇室排除在外，比重可以上升到73.18%。淝水之战后，秃发乌孤建立的南凉也是民族性较为强烈的一个政权。《晋书·秃发乌孤载记》中有一张南凉初建时的任官名单："署弟利鹿孤为骠骑大将军、西平公，镇安夷；傉檀为车骑大将军、广武公，镇西平。以杨轨为宾客。金石生、时连珍，四夷之豪俊；阴训、郭倖，西州之德望；杨统、杨贞、卫殷、麹丞明、郭黄、郭奋、史嵩、鹿嵩，文武之秀杰；梁昶、韩疋、张昶、郭韶，中州之才令；金树、薛翘、赵振、王忠、赵晁、苏霸，秦雍之世门，皆内居显位，外宰郡县。官方授才，咸得其所。"其中，绝大部分是汉族地主阶级。

第三，灭燕后，苻坚任命王猛为冀州牧，镇邺城（河北临漳西南）；郭庆为幽州刺史，镇蓟城（北京）；以京兆韦钟为魏郡（治河北临漳西南）太守，彭豹为阳平（郡治河北馆陶）太守，"其余州县牧、守、令、长，皆因旧以授之"。对此，胡三省有一个正确的诠释："尽易州县牧、守、令、长，既骇观听，且人情新旧不相安，故皆因旧。"[2]也就是说，

1　上述统计数字据周伟洲《汉赵国史》（山西人民出版社，1986）附表而作。

2　《资治通鉴》卷102。

这是安民的权宜之计。局面稍稳,这类状况就不允许了。不到三个月,苻坚就在关东地区动了一次大手术:逼迁慕容部人和关东大族于关中;将前燕的十三州改为六州;派遣亲信及族人为州刺史,除王猛和郭庆外,又以"魏郡太守韦钟为青州(治广固,今山东益都西北)刺史,中垒将军梁成为兖州(治仓垣,今河南开封西北)刺史,射声校尉徐成为并州(治晋阳,今山西太原南)刺史,武卫将军王鉴为豫州(治洛阳,今属河南)刺史……以关东初平,守令宜得人,令王猛以便宜简召英俊,补六州守令,授讫,言台除正"[1]。最后一句话表明,除了州牧刺史外,郡守县令也大都换了人。

苻坚内心深处,民族观念相当强烈。不过,在创业初期,他较能克制,用他自己的话来说,这叫深"达变通大运"。功成名就,他再也克制不住了,日渐暴露,乃至恶性发展,实施军事殖民等措施。其实,苻坚统治前期的前秦,同样是一个以氐族为主体的、民族性相当强烈的政权。下面将要涉及的内容,除前已阐述者在此简单一提外,有的则需具体叙述。

其一,苻坚继承了汉、赵以来把少数民族当作主要军事力量使用的传统。护军主要集中在关中的原因就在于此。即使在灭晋问题上,这位自诩以德服人的人物,也不是寄希望于南方的汉族人民,而是少数民族:"吾方命蛮夷以攻其内,精甲劲兵以攻其外,内外如此,安有不克!"[2]

其二,苻坚继承了自汉国以来优遇被征服的少数民族上

---

1 《资治通鉴》卷103。
2 《晋书》卷114《苻坚载记下》。

层分子的传统，对他们的信赖及使用，远过于汉族地主阶级，乃至苻融也为之忧心忡忡，称诉鲜卑、羌、羯的权贵们"执权履职，势倾旧劳"，"贵盛莫二"。但对汉族士人则往往疑虑重重，哪怕王猛，也无例外。

苻坚和王猛，总体上是君臣际遇、如鱼得水，时人也评为"千载一时"。仔细观察，两人之间并非尽然如此。苻坚和王猛之间的冲突，前面已有叙述，这里再看看灭燕前后一系列戏剧性的场面。一是王猛名为统帅，精兵猛将却在邓羌手中，王猛指挥不了邓羌。事后也未见到苻坚对邓羌的行为有任何指责。此等部署，岂属偶然。二是灭燕之役，王猛坚决反对苻坚殿后，苻坚是同意的。最终还是苻坚违背了约定，在得到秦军已包围燕都邺城的捷报后，立刻亲统十万精兵（超过王猛兵力四万）来到安阳（河南安阳西南），君臣见面之际的对话虽然不露痕迹，却耐人寻味。

> 猛潜如安阳谒坚，坚曰："昔周亚夫不迎汉文帝，今将军临敌而弃军，何也？"猛曰："亚夫前却人主以求名，臣窃少之。且臣奉陛下威灵，击垂亡之虏，譬如釜中之鱼，何足虑也！监国冲幼，鸾驾远临，脱有不虞，悔之何及！陛下忘臣灞上之言邪！"[1]

潞川（浊漳水）之战，前燕兵力大于王猛将近七倍，此时苻坚没有动心，偏偏在王猛击灭了前燕主力，兵围邺城，前燕真正成了"釜中之鱼""垂亡之虏"时出动，而且迫不及

---

[1] 《资治通鉴》卷102。

待，"星言电赴"[1]。很显然，这是醉翁之意不在酒。王猛岂有不知，赶紧前往安阳以明忠心，借"监国冲幼""脱有不虞"及批评历史人物周亚夫来稍示不满。三是灭燕以后，苻坚授命王猛全权处置关东，但未及数月，王猛却上了这样一道奏章："臣前所以朝闻夕拜，不顾艰虞者，正以方难未夷，军机权速，庶竭命戎行，甘驱驰之役，敷宣皇威，展筋骨之效，故俛（原为偲）勉从事，叨据负乘，可谓恭命于济时，俟太平于今日。今圣德格于皇天，威灵被于八表，弘化已熙，六合清泰，窃敢披贡丹诚，请避贤路。设官分职，各有司存，岂应孤任愚臣，以速倾败！东夏之事，非臣区区所能康理，愿徙授亲贤，济臣颠坠。若以臣有鹰犬微勤，未忍损弃者，乞待罪一州，效尽力命。徐方始宾，淮、汝防重，六州处分，府选便宜，辄以悉停。督任弗可虚旷，深愿时降神规。"[2]一句话，王猛安定关东、防范东晋、分官任职等一系列重大决策均难以推行，他已进行不下去了，只好请求辞官，否则决不会说出"待罪"、"济臣颠坠"及"徙授亲贤"这样的话来。凡此种种，说明苻坚之放手王猛是有限度的。当王猛在其身边，他可以让王猛大展才华，甚至不惜以打击本族豪贵为突破口，支持王猛整顿纲纪，加强专制主义中央集权，这无疑是苻坚的杰出之处。可是王猛一旦领军出征或外任，鞭长莫及之感便像阴魂一样死死缠住了苻坚，由此事事小心，处处设防了。王猛对此岂有不知，所以在外任冀州、都督关东时，绝不敢越雷池一步，尽管"督任弗可虚

1 《资治通鉴》卷102。
2 《晋书》卷114《苻坚载记下》附《王猛传》。

旷"，也事事奏报，并"深愿"苻坚"时降神规"。对王猛尚且如此，其他汉族士人就更不在话下了。

苻坚起用了大量汉族士人，但其中真正的人才除王猛外，其他人很少。在这方面高泰和燕凤是有代表性的。高泰是关东士族的首领，在关东有巨大的影响，既富舌辩之能，又确有治政之才。王猛对他心仪已久，灭燕后屡次征辟，均为其所拒。当高泰应苻融之请，来到长安后，王猛高兴至极，推荐给了苻坚。当苻坚询问高泰"为治之本"时，对其回答也极为赞赏。结果却听其回归冀州，最后辞官而去。燕凤名闻代北，是拓跋什翼犍的长史，在代国屡有事功，后来是北魏的开国元勋。他曾数次出使前秦，苻坚对其才识也甚为了解。灭代以后，如何善后，是他提出了方案。苻坚采纳了他的方案，却没有起用这样的人才。之所以如此，是苻坚对于包括王猛在内的汉族士人非但戒心甚重，甚至在选用汉族士人时，还表现出相当强烈的地域观念。因此较受重用的汉族士人大体属于这三种人：枋头旧部、关中士人、前秦建立前就到了关中的士人。有关于此，在灭燕前苻坚就有所流露。灭燕前，郭辩到邺城刺探虚实后呈报了前燕的状况，指出皇甫真的机鉴识变优于常人。苻坚的反应是："真亦秦人，而燕用之，固知关西多君子矣。"[1] 灭燕以后，苻坚确实诏求过关东人才，但终其世，又何曾见到过上述三种情况以外的汉族士人在其手下崭露过头角呢？

对于曾经为敌国出力和敌国统治区的汉族士人，苻坚不仅是有戒心，甚至是可以说抱有敌对情绪。这方面，尹纬的

---

1 《晋书》卷 111《慕容暐载记》附《皇甫真传》。

遭遇具有典型性。这样一个连苻坚也认为和王猛相同的王佐之才，直到苻坚晚年才做到一个小小的吏部令史，仅仅是因为其族人尹赤曾投降过姚襄。苻坚可以重用姚襄的弟弟姚苌，但对尹氏却决不轻饶，下令"诸尹皆禁锢不仕"[1]，并祸及西州人士。这种状况，前秦岂能得到其他地区的汉族地主阶级的支持？

其三，众所周知，在分裂割据、战乱频仍的年代，军事活动优于一切，军权才是一切权力的核心。汉人在前秦可以做文职高官，进入军事领域的仅王猛、邓羌[2]数人而已。王猛出将入相，一般所统兵马只有两万左右，而且每次都有氐族将领为其副手。王猛领兵最多的是灭燕之役，为数六万，与以宗室和氐族亲贵为帅时领兵数相比，差距相当大。苟苌灭凉，领兵十三万；苻洛灭代，领兵三十万；苻丕夺取襄阳，领兵十七万；即使是苻雅击灭小小的仇池，也领兵七万。前燕是前秦在北方最强大的敌国，灭燕既是前秦统一北方的第一战，也是最关键的一战。按理兵力配备应大于其后各役。是当时前秦兵力不足吗？非也！在前燕灭亡已成定局时，苻坚能统精兵十万殿后，表明此时兵力不成问题。较为合理的解释是：王猛是汉人，苟苌、苻洛、苻丕、苻雅都是氐族亲贵。其中，苻洛是深受苻坚"疑忌"的人物，调动的时候苻坚还特意下诏不准他经过京师。尽管如此，苻坚还是任命苻洛为三十万大军的统帅。这岂非表明，在苻坚的心目中，哪怕像苻洛这样的氐族亲贵，也比王猛可靠吗？因此

---

1 《晋书》卷118《姚兴载记》附《尹纬传》。
2 拙作《淝水之战前夕北方的形势及淝水之战的性质》（《北京师院学报》1981年第4期）一文中，误把邓羌当作氐人，特此纠正。

苻坚统治前期，虽然没有明确说出只有氐族才是其统治的
"磐石之宗"的话来，但在其内心深处，这个观念却是根深
蒂固的。而王猛奏章中"徙授亲贤"的含义，当然也就是指
宗室亲贵了。王猛、邓羌死后，更无汉人在中央掌有军权。
相反，慕容垂、慕容晖、慕容德、姚苌等人在军事活动中的
地位日益重要，或为一方统帅，或为一军主将。

就军权而言，方镇的人选应是十分重要的组成部分。自
苻坚即位到淝水之战前夕，拥有使持节、持节、都督、大都
督或大将军之类头衔坐镇地方的，计有张平、苻柳、梁平
老、苻双、王猛、郭庆、邓羌、杨安、苻融、梁熙、苻洛、
苻雅、梁成、苻丕、苻朗、吕光、苻晖、姚苌、乞伏司繁、
乞伏国仁、石越、梁谠、王腾、苻睿、毛兴等25人次。其
中，宗室和氐族亲贵占72%，汉人占12%，其他少数民族
占12%，族属不明者占4%（有关族属详见下文）。在汉人中，
张平是个特例，他是拥军据地归顺，在苻健时就拥有那些头
衔的，苻坚不便轻易变动，而且为时不久，就被苻坚歼灭。
因此在方镇中，汉人所占比例实际只有8%，可谓微乎其微。
这就表明，无论在中央，还是在地方，苻坚统治时期，军权
是牢牢掌握在宗室或氐族亲贵之手的。

其四，除军权外，即使是地方行政权，也大都集中在氐
族权贵之手。众所周知，魏晋以降，除单州刺史外，州牧刺
史的地位上升，集军、政、财于一身，俨然是一方之主，是
官员队伍中最有实权的一部分。苻坚仿照汉魏完善政权机
构，同样继承了这一状况。今据《晋书》《资治通鉴》《十六
国春秋辑补》《十六国疆域志》等史乘，将苻坚统治时期州
牧刺史的名单列表如下。

表 1 州名、治所、官名、前后任职者

州名	治所	历任者
司隶	长安（陕西西安西北）	校尉吕婆楼、王猛、苻融、苻睿、苻晖
雍州	蒲坂（山西永济蒲州镇）	刺史苻双、苻武、苻柳、苻丕、苻睿、苻熙
秦州	上邽（甘肃天水）	州牧苻雅、窦滔、啖铁、毛兴、苟池、杨璧、苻双、杨统
南秦州	仇池（甘肃清水西北）	刺史杨世、杨统、王统、杨璧
洛州	陕城（河南三门峡）或丰阳（陕西山阳）	刺史苻廋、赵迁、邓羌、张五虎、邵保
豫州	洛阳（今属河南）	刺史或州牧王鉴、毛当、苻重、苻晖
东豫州	许昌（今属河南）	刺史毛当
并州	晋阳（山西太原南）	州牧或刺史苻柳、苻抑、徐成、俱难、邓羌、张蚝、王腾
冀州	邺城（河北临漳西南）	州牧或刺史王猛、苻融、苻丕、苻定
幽州	蓟城（北京）	刺史郭庆、苻重、苻洛、梁谠、王永
平州	龙城（辽宁朝阳）	刺史石越、苻冲
凉州	枹罕（甘肃临夏东北）或姑臧（甘肃武威）	刺史彭越、姜宇、王统、梁熙
河州	枹罕（甘肃临夏东北）	刺史李俨、李辩、毛兴
梁州	汉中（陕西汉中东）	刺史杨安、毛当、韦钟、潘猛
益州	成都（今属四川）	刺史或州牧王统、杨安、苻洛（未之镇）、王广、李丕
宁州	垫江（四川合川）	刺史姚苌、姜宇
兖州	仓垣（河南开封西北）或鄄城（山东鄄城北）	刺史梁成、彭超、姚苌、张崇
南兖州	湖陆（江苏邳州北）	刺史毛盛
青州	广固（山东益都西北）	刺史韦钟、苻朗
荆州	襄阳（湖北襄樊）	刺史皇甫覆、梁成、都贵、王显、杨安
徐州	彭城（江苏徐州）	刺史彭越、毛当、赵迁
扬州	下邳（江苏睢宁西北）	刺史王显

凉州在灭凉以前无实地，灭凉后一直是梁熙任刺史。宁、荆、扬、徐四州前秦仅占有一两个郡或数县，是遥制州，此外诸州都有实地。

在表1中，凡两次或两次以上出任一地刺史或州牧者，均作一人次计算，总计为85人次，实际是58人。其中，苻姓15人肯定是宗室。石越、梁谠、毛兴、王腾见于苻坚军事殖民名单，是氐族权贵且是苻氏姻亲。杨统、杨世、杨安是仇池氐，杨璧尚公主，也是仇池氐。吕婆楼和梁平老是略阳氐。毛盛、毛当和毛兴是同族，梁谠和梁熙是兄弟，苟池是后族。吕光是吕婆楼之子，梁成是梁平老之子。王鉴和王显是武都氐。《资治通鉴》卷99胡注曰："唊，氐姓也。"唊铁是氐人可以无疑。姜氏历来为氐中大姓，且与苻氏世通婚姻，估计姜宇也是氐人。这样，若以人数计，氐人在州牧刺史中所占比重为59%；以人次计，则上升为64%。王猛、邓羌、赵迁、邵保、徐成、王永、李俨、李辩、韦钟、王广、李丕、潘猛、张崇、皇甫覆、王统15人为汉人，以人数计，在州牧刺史中所占比重是26%；以人次计，则下降为18%左右。余为少数民族或族属不明者，占州牧刺史的15%左右。鉴于史乘缺漏，以上名单肯定不全，而且极难断定其任期及时间排列。族属虽力求有史可证，也难免有所疏忽。尽管如此，表1名单还是较为全面地反映了实际情况的，至少在前秦军政活动中占有一定地位的大都在内了。

统计数字表明，氐族人在州牧刺史中占有绝对优势。此外，有些情况也值得注意：一是司隶、秦州、南秦州和雍州，即关陇地区，除王猛为特例外，非苻氏宗室或氐人莫属，他族人一般不能染指。甚至这些地方的郡守、县令也大

都由氐人或少数民族权贵担任，汉人在此任职者极少。二是苻氏宗室及氐人所任的州，均属关键地区，且大都集军政财权于一身。某些州原先不重要，可以任用汉人，一旦重要性显示出来，即以氐人取代。如毛兴取代李辩后，即兼都督河秦二州诸军事。三是汉人虽占一定比重，但除王猛外，所任均非要州重镇，地位一般均较低，颇类单州刺史。如赵迁、邓羌和邵保出任的洛州，地位大体只相当于关陇的安定（甘肃泾川北）太守，王广是淝水之战后苻坚即将放弃益州时任命的，李丕更是王广逃跑前未经苻坚同意擅自委任的，等等。

总之，上述情况说明，苻坚统治前期，民族矛盾激化的根源依然存在，而下述原因则又必然促使民族矛盾的激化。

第一，灭燕以后，苻坚连年用兵，穷兵黩武，破坏了北方的经济（详见后文）。

第二，对异民族的残酷掠夺和屠杀。吕光受命西征时，苻坚指示："西戎荒俗，非礼仪之邦。羁縻之道，服而赦之，示以中国之威，导以王化之法，勿极武穷兵，过深残掠。"[1] 这就证明，前秦在征服各地过程中，屠杀和掠夺是一贯的，只要不"过深"，苻坚就满意了。而野蛮的人口掠夺，又几乎是征服战争后的必然之举，规模之大，往往以十万或数十万口计。这给生产造成的破坏及被掠徙者留下的苦难绝非短时期可以磨灭。汉、魏以来，人口掠夺数不胜数，少数民族和汉族统治阶级同是掠夺，如果对象不同，矛盾的性质也截然不同。同一民族内部的掠夺，其性质和表现形式是阶级矛盾和阶级斗争；异民族之间的掠夺，尽管在同一国家内部，但必然蒙上民族分野

---

1 《晋书》卷114《苻坚载记下》。

的光环，以民族矛盾和民族斗争形式表现出来。何况还有为数众多的异族人民被征服和逼迁后，沦落为奴隶和牧士之类呢。淝水之战后，苻坚指责慕容冲起兵反叛："尔辈群奴，正可牧牛羊。"慕容冲回敬曰："奴则奴矣，既厌奴苦，复欲取汝见代。"[1]王永讨姚苌的檄文也曰："羌贼姚苌，我之牧士。"[2]慕容冲的队伍主要是由逼迁于关中沦落为牧士的鲜卑人组成的，人数之多，连苻坚也颇为吃惊。可见，沦落为牧士的为数不少。

众所周知，汉魏以来，官牧场上的牧士一般由奴隶或刑徒充任，身份地位十分低下。[3]鲜卑慕容部在其建国前便由游牧转向农业定居，建国后，农业生产发展得相当迅速。[4]内迁较早的羌族，尤其是姚氏所属的烧当羌，在汉、魏之际也逐步以农业生产作为其经济生活的主体，所以姚襄在淮南才会大搞屯田，积蓄力量。他们被征服后，居然沦落为牧士，这就不单是身份地位的低落，而是民族融合的一种反动了。因此，无怪乎那么腐朽、上层统治集团内部权势之争那么激烈的慕容泓和慕容冲集团在与苻坚对垒时，其部下大都作拼死斗，打得苻坚只有招架之功了。

苻坚宣称，他发动淝水之战，是要使"中州之人""流渡衣冠之胄，还其墟坟，复其桑梓"，也就是说，一旦灭晋，他同样要进行大规模的人口掠徙。至于在淝水之战以前被掠

---

1 《晋书》卷114《苻坚载记下》。

2 《晋书》卷115《苻丕载记》。

3 参见唐长孺《晋代北境各族"变乱"的性质及五胡政权在中国的统治》，《魏晋南北朝史论丛》，三联书店，1955。

4 参见拙作《论鲜卑慕容部的封建化》，《历史论丛》第3辑，齐鲁书社，1983。

徙的汉族人民，也难免有沦落为奴婢者，即使他们大都保持了编户齐民的身份地位，但其经济上的损失和生活上的痛苦，也是可想而知的。

第三，以征服民族的姿态凌驾于被征服的各民族之上（详见第五章第二节军事殖民等）。

既然如此，民族矛盾岂能不尖锐！

总之，从汉国到淝水之战前夕，北方的民族关系确有变化，民族融合也在进行，但不能估计过高。前秦境内民族成分复杂、民族界限清晰，各民族甚至各集团间矛盾重重。苻坚的政策固然有缓和民族矛盾的一面，也有激化民族矛盾的一面，前秦政权的民族性仍然相当明显。连绵不断的征服战争，对各民族的野蛮屠杀和掠夺，征服一地后的人口逼迁等等，又必然导致民族矛盾的尖锐。这些情况决定了淝水之战的性质，而且正是淝水之战中苻坚失败的主要原因，也是前秦在战败后顷刻间土崩瓦解的根源。

二、淝水之战南胜北败的原因

众所周知，战争是政治的继续，战争是经济力量和人心向背的角逐。淝水之战前夕，秦、晋双方在这三个方面的情况怎样呢？

东晋之所以能够立国，主要凭借了三个有利条件：一是地理上的优势。长江自古以来是区分南北的天然屏障，没有足够的经济实力和兵力，北方政权难以逾越这一天险。二是经济上的优势。东吴时期，南方经济便有一定程度的发展，中原涂炭，这里经济占有相对的优势，足以支撑一个政权。三是东晋是西晋的延续，自诩正朔之所在，在民族矛盾尖锐激烈之时，对汉族人民甚至少数民族也有号召力，处置得当，可以转化为政治优势。北方人民盼望东晋收复失地，南方人民则依靠东晋保障其安全，免受异族的蹂躏。南北人民的共同支持，使东晋几度转危为安，在风雨飘摇中长期苟延残喘。即便少数民族统治者，一碰到正朔之类的问题，也不免为之气馁。

在当时的生产力水平下，自然环境在百余年，甚至千余年中也不会有多大的变化，但经济实力则可能会有明显的消长。梁人沈约对这一时期南方经济的发展充满了赞叹之情："江南之为国盛矣，虽南包象浦，西括邛山，至于外奉贡赋，内充府实，止于荆、扬二州。自汉氏以来，民户凋耗，荆、楚四战之地，五达之郊，井邑残亡，万不余一也。自义熙十一年司马休之外奔，至于元嘉末，三十有九载，兵车勿用，民不外劳，役宽务简，氓庶繁息，至余粮栖亩，户不夜扃，盖东西之极盛也。……自晋氏迁流，迄于太元之世，百许年中，无风尘之惊，区域之内，晏如也。及孙恩寇乱，歼亡事极，自此以至大明之季，年逾六纪，民户繁育，将曩时一矣。地广野丰，民勤本业，一岁或稔，则数郡忘饥。会土带海傍湖，良畴亦数十万顷，膏腴上地，亩值一金，鄠、杜之间，不能比也。荆城跨南楚之富，扬部有全吴之沃，鱼盐杞梓之利，充仞八方，丝绵布帛之饶，覆衣天下。"[1]史料中的"鄠"，是指今天陕西省西安市的鄠邑区，"杜"在今天西安附近，这两地是西汉时农业最发达、地价最高之处，此时，三吴地区的农业生产及地价，已超过了西汉时的鄠、杜

---

1 《宋书》卷54《孔季恭传》等传论。

二县，加上人口的繁育生息，难免使人有"将曩时一"的感叹。总之，自永嘉之乱至刘宋大明年间，南方经济有了巨大的发展，已是焕然一新了。沈约所谈的是刘宋中后期时江南的状况。可是如此巨变，并非一蹴而就，是将近一个半世纪日积月累的结果。按沈约的意见，其间有两个较为显著的发展时期：一是东晋建立到孙恩起义，一是刘裕掌权到宋末战乱。沈约生活在刘宋末年战乱后不久的梁代，乱后思定，对南方经济发展阶段性的分析，当有较大的参考价值。显然，自东晋建立到孙恩起义前夕，是南方经济发展过程中不容忽视的重要阶段。淝水之战在孙恩起义以前，也就是说，这个时候，南方的经济保持着向上发展的势头。

东晋时期南方经济的发展，主要原因有二：一是相对安定的社会环境，二是北方人民的大量南下。北来流民充实了南方的劳动力，初步改变了南方地广人稀的状况，又带来了先进的生产技能和工具。这两个原因的出现，和民族矛盾密不可分。

在民族矛盾上升为社会主要矛盾的情况下，东晋成了民族和国家的象征，正朔所在，人民的希望。这是南方统治者赖以建立政权的精神支柱，也是他们驱使汉族人民支持其腐朽统治的有力武器，是苻坚梦寐以求却又难以得到的政治优势。直到北魏后期，它对汉族人民的影响仍然不能低估。《洛阳伽蓝记》卷2《城东》记载陈庆之到达洛阳后，醉中傲然四顾，声称"魏朝甚盛，犹曰五胡，正朔相承，当在江左，秦皇玉玺，今在梁朝"，至于南方人民，则仍"号洛阳为荒土"，"谓长江以北，尽是夷狄"。正是这一条，吸引着北方人民蜂拥南下，促使北方人民支持东晋的每次北伐，造成居住在大江上下的南北人民支持东晋平息内部的叛乱。

东晋基本上是一个相当腐朽的政权，土地兼并激烈，人户隐匿严重，阶级矛盾尖锐，统治集团内部争夺时刻表面化。东晋建立后，先后爆发了王敦的两次起兵和苏峻、祖约的叛乱。这几次内乱的迅速扑灭，在很大程度上是北来流民奋力而为的结果。[1]

东晋一代，皇权相对削弱，权臣擅政。先是王与司马氏共天下，继则庾、桓、谢与司马氏共天下。这些权臣大都有擅自废立的历史，谢安没有搞废立，却搞了褚太后临朝称制。有些权臣前进一步便可登上皇帝宝座，但他们即使如野心勃勃的王敦和桓温也不敢轻易跨出这一步，而是期待禅位，名正言顺地即位。究其原因，主要还在于民族矛盾。在民族矛盾是社会主要矛盾的前提下，权臣们的功业若未到足以稳定民心的程度，舍弃晋室，另立新朝，必然人心尽失，导致军民的反对，统治集团内部亦将爆发难以收拾的祸乱。对他们来说，既然司马氏承认了共天下的局面，那么拥有晋室名号，推奉晋室正朔，就成了他们保全自身及家族利益的最佳选择。

可见，自东晋建立到泗水之战前后，南方将近百年的安定环境，与民族矛盾成为主要矛盾确实密不可分。

南方人民，特别是北来流民，并没有蒙受过苻坚的雨露阳光，他们有的只是妻离子散、家破人亡、背井离乡、长途跋涉、流离异地的辛酸和血泪，好不容易来到东晋，岂堪再度忍受前秦的铁蹄。大量北来流民的涌入，对南方土著的心理影响，足以引起他们对少数民族统治的恐怖，"谈虎色变"四个字恐怕不算过分。襄阳和淮南的保卫战，特别是襄阳

1　参见田余庆《论东晋门阀统治》，《北京大学学报》1987 年第 2 期。

的保卫战已经显示了南方人民众志成城、同仇敌忾的心态，百万大军压境，南方人民岂能不为心动。以北方流民为主体的北府兵，在对北方的战争中，尤其是在淝水之战中个个奋勇，以一当十，绝非偶然。

应该说，东晋统治集团在对付前秦上，早就有着心理准备。《晋书·桓豁传》曰："初，豁闻苻坚国中有谣云：'谁谓尔坚石打碎。'有子二十人，皆以'石'为名以应之。"《谢石传》中说桓豁这样做，目的在于"以邀功"矣，显然桓豁是以灭秦为己任了。桓温死后，谢安当国，形势更为严峻，史称"时强敌寇境，边书续至，梁、益不守，樊、邓陷没，安每镇以和靖，御以长算，德政既行，文武用命，不存小察，弘以大纲，威怀外著"[1]。所谓"御以长算，德政既行"包含了调整统治集团的内部关系及采取相应对策两部分的内容。

东晋在苏峻、祖约之乱时，宫室被毁，一直未加修缮。谢安当政，头一件大事便是力排众议，决定修缮宫室，并费尽心机，制造出皇室乘坐的各种辇。表面上看，这是兴师动众、靡费财物的无益之举，实质上，谢安是祭起了春秋五霸所使用的尊王攘夷的法宝，是在调整皇室和诸大族之间的关系。他这样做是为了表示尊重皇室，蓄意用东晋的正朔号召人心，对各大士族不仅有约束力，在一定程度上也顺应了民心，所以收到了"役无劳怨"[2]的积极效果。同时，在权势分配上，谢安力图照顾各大士族的利益，恢复王导以来维持各大士族间势力平衡的决策。

<hr />

1 《晋书》卷 79《谢安传》。
2 《晋书》卷 79《谢安传》。

晋室南渡后，随司马睿南渡的一批士族扶摇直上，晚来的则遭到歧视和排挤，此一矛盾悬久未决。谢安"兴灭继绝，求晋初佐命功臣后而封之"[1]，一定程度上缓解了早渡和晚渡士族间的矛盾。在用人上，谢安比较重视才干实学。其婿王国宝，虽门第高贵，却利欲熏心，是反复无常的小人，谢安斥而不用；北府兵将领不论门第，均以勇猛应选；其弟谢万轻贱将领，"未尝抚众"，谢安"深忧之"，严厉地批评了谢万，"自队主将帅已下……无不慰勉"[2]。谢安身居宰辅，在门阀统治森严、鄙薄武人成为社会风气的背景下，此类举动，确实颇为不易。谢安的苦心，得到了东晋其他权势人物的支持和响应。桓、谢两族矛盾重重，此时此刻，桓氏势力的代表人物桓冲居然主动让出了扬州，这是对时局影响颇大的一个让步。正是这个让步，才使谢安可以任用谢玄在京口组建北府兵。至于用人，连对谢氏私怨甚深的都超也不得不由衷地赞叹："违众举亲，明也！"[3]这就无怪乎前秦的一些大臣要在符坚面前赞扬谢安和桓冲是"江表伟才"了。

在相应的对策中，对时局影响最大的要数组建北府兵，这在本章第三节中已经谈过，这里不再赘述。此外，还采取了以下措施来缓和阶级矛盾和发展经济。

一是建元九年（373，东晋宁康元年），诏除丹阳、竹格等四桁税。

二是建元十一年（375，东晋宁康三年），三吴水旱成灾，百姓失业，诏令开仓赈贷，免除义兴、晋陵、会稽三郡

---

1 《晋书》卷79《谢安传》。
2 《晋书》卷79《谢万传》。
3 《晋书》卷79《谢玄传》。

一年租布，其余各郡免除半年。

三是建元十二年（376，东晋太元元年），将淮北人民徙于淮南。废除度田收租之制[1]，规定王公以下每口税米三斛，免除士兵全部赋役。

四是建元十五年（379，东晋太元四年），诏令御用供奉一律俭约，皇亲国戚及百官俸禄全部减半，劳役及其他开支，非军国所需者，暂时停省。

五是建元十六年（380，东晋太元五年），大赦，蠲除太元三年（378）以来百姓所拖欠的赋税徭役及债务，赈济鳏寡孤独及穷苦人民。

六是建元十七年（381，东晋太元六年），改革制度，裁减烦费冗员。

七是针对"豪族并兼，或客寓流离，名籍不立"的状况，"太元中，外御强氏，搜简民实，三吴颇加澄检，正其里伍"[2]。

这些措施显然是为节约财政开支、集中军国所需及缓和阶级矛盾而采取的。其中尤以第七项的作用为大。所谓"搜简民实"等，实质就是整顿户籍，搜括隐漏，强化基层组织。三吴是南北士族集中的地区，也是东晋主要的财赋之区，在这里推行这一措施，在一定程度上冲击了地主阶级的利益，增加了政府的财政收入。其实行的确切年代虽然不明，但"太元中，外御强氏"表明，这完全是为了对付前秦而采取的措施。

1　度田收租始于330年，是为维持军国开支而设的一种额外税。有一种意见认为是正常租税，名义上是十分收一的分成制，实际是亩收三升的定额租，是南方人民的一大负担。

2　《世说新语》上卷《政事篇》注引《续晋阳秋》。

上述措施缓和了阶级矛盾和统治集团的内部矛盾，收到了举国上下一致对敌的效果，和前秦内部群起反对，只有苻坚一人力主伐晋，慕容垂及姚苌等少数人赞成恰成鲜明的对比。

苻坚治秦，确有成效，境内经济大有发展。可是仔细留意一下就可以看到，从地域来说，主要是关陇地区；从时间来说，主要是王猛生前，即苻坚统治前期。

北方经济是否恢复或发展，很大程度上取决于关东地区，因为这里历来为北方的经济区，地域大，人口相当于关陇和南方的总和。关东在后赵崩溃、冉闵作祟时就被破坏得疮痍满目、尸骨如山。前燕占有关东后，并没有采取有效措施恢复经济，后期的腐朽统治更给关东经济雪上加霜，结果是农桑俱废，"天下萧条"[1]。前秦灭燕后，除了逼迁人户和分派使者巡行一次州郡劝课农桑，革除弊政外，亦无切实的举措。前燕的王公贵族被逼迁关中，客观上有利于关东人民，至于使者巡行一次就很难说有多大的实际作用了。因为弊政并非使者们走马观花就能革除，劝课农桑则因苻坚政策的变化及穷兵黩武而遭到破坏。此种情况下，关东经济的恢复谈何容易。

灭燕以后，苻坚的骄侈之心滋生起来，王猛是有所察觉的。他在病榻上上疏苻坚：

> 臣闻报德莫如尽言，谨以垂没之命，窃献遗款。伏惟陛下，威烈振乎八荒，声教光乎六合，九州百郡，十居其七，平燕定蜀，有如拾芥。夫善作者不必善成，善始者不必善终，是以古先哲王，知功业之不易，战战兢

---

1 《资治通鉴》卷101。

兢，如临深谷。

伏惟陛下，追踪前圣，天下幸甚。[1]

这一告诫丝毫没有产生作用。王猛死后，苻坚的骄侈之心急剧膨胀，一改昔日节俭之风，力求奢侈豪华的淫逸生活。史称苻坚"好色"[2]，既有女宠，又有男宠。他听到后赵将作功曹熊邈吹嘘石虎宫室器玩后，任命熊邈为将作长史，领将作丞，"大修舟舰、兵器，饰以金银，颇及精巧"[3]。他的佩刀，用工五千铸就，用隶书"铭曰神术"[4]；他的铠甲，名为"金银细镂铠，金为缝以缥之"[5]。他"示人以侈，悬珠帘于正殿，以朝群臣。宫宇车乘，器物服御，悉以珠玑、琅玕、奇宝、珍怪饰之"[6]。为了显示唯我独尊的气派，他命令把石虎安置在邺城宫室中的铜驼、铜马、飞帘、翁仲悉数运到长安。即使是护卫近侍，亦经精心挑选，非独武艺高强，还得身材出众，起了左镇郎、右镇郎和拂盖郎等一些古怪的官名："苻坚以乞活夏点为左镇郎，胡人护磨那为右镇郎，奄人申香为拂盖郎。点等身长一丈八尺，并多力善射，三人每食饭一石，肉三十斤。"[7]

上行下效，达官贵人亦复如此。其兄子苻朗食不厌精，成为名震一时的美食家，即使是东晋的达官贵人也望尘莫

---

1 《资治通鉴》卷103。

2 《太平御览》卷577引《十六国春秋·前秦录》。

3 《资治通鉴》卷104。

4 《太平御览》卷346引《十六国春秋·前秦录》。

5 《太平御览》卷355引《十六国春秋·前秦录》。

6 《晋书》卷113《苻坚载记上》。

7 《太平御览》卷850引《十六国春秋·前秦录》。

及：“会稽王司马道子为朗设盛馔，极江左精殽。食讫，问曰：'关中之食孰若此？'答曰：'皆好，惟盐味小生耳。'既问宰夫，皆如其言。”其日常生活，已绝非骄奢豪华四字可以形容：“唾则令小儿跪而张口，既唾而含出，顷复如之。”这还是被封建史家称为“有若素士”[1]的一个人，其他贵戚勋臣当然可想而知了。

与骄侈之心急剧膨胀同时而来的是政治上的变化。苻坚曰：“今天下既无丞相，或政教沦替。”可见在王猛死后，前秦政治就开始走下坡路了。“自王猛之死，秦之法制，日以颓靡，今又重之以奢侈，殃将至矣！”[2]昔日制定的法制已遭到破坏，后来苻坚更是“惰于政治”，赵整实在看不过去，特意歌谏曰：

昔闻孟津河，千里作一曲。此水本自清，是谁搅令浊？

苻坚不得不承认“是朕也”[3]。这就表明，破坏前秦法制和较好政治生态的始作俑者，恰恰是苻坚本人。

苻坚急剧膨胀的骄侈之心和政策的转变，最集中地体现在他一反昔日偃旗息鼓、休养生息的基本国策，继灭燕以后，发动了一系列的征服战争，耗费了大量人力、物力，破坏了安定的生产环境，严重地摧残了经济。

从苻坚即位到淝水之战，大体可以分为四个时期。一是自永兴元年（357）到建元元年（365），在这七八年间，

1 《晋书》卷114《苻坚载记下》附《苻朗传》。
2 《资治通鉴》卷104。
3 《高僧传》卷1《赵整传》。

除讨伐张平、征服匈奴曹毂和刘卫辰部外，基本上没有战争，是关陇地区经济恢复和发展的黄金年代。二是自建元元年（365）到建元六年（370）灭燕，在这五六年间，大大小小的战争有五次，动用兵力最大的一次是灭燕，名义上是十六万，实际只是六万。前秦的经济不仅承受得了，还保持着发展的势头。三是自建元七年（371）到建元十一年（375）这四五年间，史籍所见的大大小小内外战争便达五次，平均一年发生一次，虽然给经济带来了巨大的压力，但此时王猛尚在，动用的兵力尚有节制，最多只有七万（击灭仇池），战争的时间也都相当短，一般几个月就结束了，因而它的危害还不显著。四是自建元十二年（376）到建元十九年（383）淝水之战前夕，这七年间，史籍所见苻坚发动的内外战争高达九次，平均不到一年就发生一次，战争的频率高了，其中用兵七万以上的就达六次，十三万以上的有三次，最高时动用兵力竟达三十万之多，也就是说动用兵力已经失去了节制，而且往往是一地战火未灭，一地战火又起；战争的周期也延长了，有的持续经年，有的则长达三年。恩格斯说："连年的战争会使甚至是最强大的国家精疲力竭"[1]。更何况在此期间前秦境内又灾害频发呢。建元十五年（379），秦国大饥。建元十八年（382），蝗灾几乎遍及关东全境，"经秋冬不灭"[2]。就连亲近如苻融这样的人也认为苻坚推行了一条穷兵黩武的政策，它对经济的破坏殃及全部统治区，刚显示一些生气的关陇地区也陷入奄奄一息的危

1　《马克思恩格斯选集》第 1 卷，第 708 页。
2　《资治通鉴》卷 104。

境，政局稍有变动，就举国惊慌，虽然还没有大规模的农民起义，但小规模的农民起义已不断发生，关陇地区也不例外。在这种情况下，还谈何关东地区的经济恢复？这一阶段，军民厌战情绪激增，阶级矛盾和民族矛盾日趋尖锐，时刻窥度形势，图谋复国的慕容权贵早在建元十二年（376）末就做出了这样的估计。

> 秦恃其强大，务胜不休，北戍云中，南守蜀、汉，转运万里，道殣相望，兵疲于外，民困于内，危亡近矣。[1]

正是这种情况，才使前秦统治集团内部斗争加剧，在建元十四年（378）到十八年（382）这五年中，爆发了以宗室亲贵为首的三次较大规模的叛乱。而建元十五年（379）苻洛的叛乱恰恰是利用了"民思有所息肩者，十室而九"以及襄阳攻坚战相持经年、淮南失利的这一形势。

总之，淝水之战前夕，无论是政治还是经济，前秦都已到了无法承受的地步。因此，当苻坚授命吕光西征时，负责全局的苻融才会以"虚耗中国"的理由坚决反对。但被好大喜功、骄侈之心冲昏了头脑的苻坚此时已根本听不进任何不同意见，一意孤行，非但西征，还断然决定发动淝水之战。苻融被迫发出了"兵疲将倦，有惮敌之意"，"穷兵极武，未有不亡"的严重警告。这正是绝大部分朝臣的共同心声，所以苻坚也不得不用"止为济难铨才，不欲穷兵极武"来替

---

1 《资治通鉴》卷104。

自己辩解。上自太子，下至后宫嫔妃，都为即将到来的失败忧心忡忡，即便地处边缘的乞伏国仁也预感到了苻坚必然失败的前景。

> 苻氏往因赵石之乱，遂妄窃名号，穷兵极武，跨僭八州。疆宇既宁，宜绥以德，方虚广威声，勤心远略，骚动苍生，疲弊中国，违天怒人，将何以济！且物穷则亏，祸盈而覆者，天之道也。以吾量之，是役也，难以免矣。[1]

只有苻坚一人沉醉于一统天下之主的幻景之中。

淝水之战，用兵百万，为支撑百万大军的后勤供给所征发的夫役，更数倍于此。如此举国而动，给人民带来的苦难可想而知。《太平御览》卷882引《晋阳秋》曰："苻坚未败，长安市鬼夜哭一月止。"《晋书·列女·苻坚妾张氏传》载，苻坚发动灭晋之役后，"秋冬以来，每夜群犬大嗥，众鸡夜鸣，伏闻厩马惊逸，武库兵器有声……"野蛮残酷的大征发造成举国上下人心惶惶。

苻坚不败，更待何时！

最后就军事上的一些因素做些说明。

往日苻坚战无不胜，很重要的一点在于他集中使用氐族的兵力。淝水之战中，前述在军事殖民中提及的几个军政方面的要人，除石越外，均未露面，也就是说分镇各地的氐户大都没有参战。苻坚的百万大军是临时拼凑起来的，七月征

---

1 《晋书》卷125《乞伏国仁载记》。

兵，八月便开始行动，根本就不存在训练的余地，号曰百万，充其量只是一群虚张声势的乌合之众。即便他的御林军，也是由一群"不闲军旅"的好事之徒组成。在缺少身经百战、富有战阵经验的氐族军队的情况下，对这支军队管束已是不易，焉可用于战阵。他们被迫从戎，不胜凄楚，现今又是和他们寄予希望的东晋对垒，更为于心不甘。晋军训练有素，久经战阵，部伍严整，求战心切。两军相较，晋方已胜一筹。

符融所统前锋，当是前秦百万大军的精华。号称三十万众，可是决战时刻，投入的兵力绝不可能是三十万。首先，秦军进至颍口（安徽颍上）便兵分两路，《资治通鉴》卷104载："诸军皆溃，惟慕容垂所将三万人独全。"《晋书·慕容垂载记》却说他所统一军是"数万"，伸缩性相当大。即便以《资治通鉴》所说的数字为准，这三万人马也是慕容垂屯驻漳口（湖北当阳）时的兵力。慕容垂是慕容暐率部到达郧城（湖北安陆）后才移师漳口的，慕容暐的地位高于慕容垂，所部人马也不会太少。再说符融这一部署是为了威逼荆州，牵制扬州，荆州据东晋甲兵之半，要收到战役效用，慕容垂及慕容暐两部兵力太少了也不成。因此西线秦军超过三万当可论断。其次，洛涧之战，梁成所部五万损失惨重，这支部队基本上已失去了战斗力。张蚝一军又被紧紧吸引在淝南。再次，寿阳（安徽寿县）一带历来为东晋边防重地，秦军深入，后勤殊为可虑，沿线布防，确保后勤供给当在情理之中。在战争全过程中，不见地位十分显要的抚军大将军符方的踪迹，估计是承担这一任务去了，所需兵马，亦不会太少。总之，双方决战时刻，符融的兵力虽然多于晋军，但

绝不可能是 4∶1 或 3∶1，应该远远低于此数。[1] 秦军箕张
于数百里战线上，晋军八万除刘牢之所统五千，谢石统率
一部分缠住张蚝外，其余都参加了。《太平御览》卷 122 引
《十六国春秋·前秦录》曰："晋遣都督谢石、徐州刺史谢玄、
豫州刺史桓伊水陆七万败坚于淝水。"这应该是晋方投入决战
的兵力。也就是说，晋军集中了可以集中的力量，捏成一个
拳头，直捣敌方要害。在兵力使用上，晋方又胜一筹。

　　战前，秦军厌战情绪严重，洛涧惨败，苻坚尚且草木皆
兵，遑论他人。晋军士气高昂，皆作拼死斗争。晋方又胜一筹。

　　战前，苻坚狂傲至极，与灭燕时的周密部署判若两人。
他自恃绝对优势，行军布阵，皆掉以轻心。放弃大军，率轻
骑八千奔赴寿阳；决战时刻，又拒绝苻融及将领们的合理意
见，临阵调动诸部等都是大弊之举。谢石、谢玄则谋定而
动。晋方又胜一筹。

　　苻融马倒被杀，可谓偶然。混乱时刻，主帅身死，对战
局的影响相当巨大。

　　总之，淝水之战中秦军不战自溃，顷刻间百万大军烟消
云散，苻坚落得单骑匹马、落荒而逃的下场，绝非偶然。

1　参见邱久荣《淝水之战双方兵力略释》，《历史研究》1982 年第 2 期。邱氏
认为秦方兵力十万左右，估计低了。因无其他资料佐证，难以估计出较符合实
际的数字，但邱氏认为低于二十五万是可信的。

前秦败亡

〖第六章〗

第一节　淝水之战后北方的形势

一、东晋北进

淝水大捷，东晋举国欢腾，大量战俘被押至京口氐父山（江苏镇江金山）。形势对东晋十分有利，晋军在东起淮、泗，西迄荆、襄延绵千余里间的攻势陆续展开。西线战事主要由桓冲及桓石民指挥，东线则由谢安和谢玄负责。

建元二十年（384，东晋太元九年）正月，桓冲命上庸（郡治今湖北竹山西南）太守郭宝攻拔魏兴（郡治今陕西安康西北）、上庸、新城（郡治今湖北房县）三郡，命竟陵（郡治今湖北钟祥）太守赵统进攻襄阳（湖北襄阳）。四月，赵统在继任荆州刺史桓石民（时桓冲已死）的支援下，击败秦荆州刺史都贵。都贵退屯鲁阳（河南鲁山），襄阳又为东晋所有。同时，晋广威将军、河南太守杨佺期又进据成固（今属陕西），击败秦梁州刺史潘猛。杨佺期乘胜推进，又败秦将窦冲等部。五月，秦洛州刺史张五虎据丰阳（陕西山阳）降晋。七月，桓石民命将军刘春推进鲁阳。都贵不战自走，退回长安。

同年五月，晋梁州刺史杨亮对巴蜀一带展开了进攻。他率军五万，以巴西太守费统率领水陆三万为前锋，进逼成都。秦益州刺史王广遣巴西太守康回等领兵拒敌。七月，康回败归成都，梓橦太守垒袭据涪城（四川绵阳东北）降晋。十二月，秦梁州刺史潘猛擅弃汉中（郡治今陕西汉中东），退奔长安。困守成都的秦军成了被截断退路的孤军。次年二月，王广以蜀人李丕为益州刺史，镇成都，自领所部，裹胁蜀人三万奔窜陇西（郡治今甘肃陇西南），成都守军更难支撑。四月，晋蜀郡太守任权终于攻拔成都，斩杀李丕，梁、益二州为东晋所有。至此，西线晋军的攻势大体终止，只有杨佺期一军还游弋于关、洛之间，但不久也退回了。

东线方面，刘牢之曾乘淝水大捷进占了谯城（今安徽亳州），但真正较有部署的进攻直到建元二十年（384，东晋太元九年）八月才开始。此时，晋廷发布谢安为扬、江、司、荆等十五州都督，节制北伐事宜。谢玄为前锋都督，统军推进。

谢玄受命后，即率领北府兵及冠军将军桓石虔等经略河、洛和冀州。当晋军进抵下邳（江苏睢宁西北）时，秦徐州刺史赵迁弃彭城（江苏徐州）而走，谢玄轻易地占领了这一战略要地，随即兵分两路：刘牢之兵进兖州（州治今山东鄄城北），高素扑向青州（州治今山东益都西北）。

九月，刘牢之兵临鄄城（山东鄄城北），"河南城堡，承风归顺者甚众"[1]。秦兖州刺史张崇弃城投奔了建国不久的后燕，青州一路则因漕运困难而进展甚缓。督护闻人奭建议堰遏吕梁水，沿河立垒，解决水源，谢玄接受，沿吕梁水立了七垒。水源解决，晋军立刻推进，抵达琅邪（山东青岛），

---

1 《晋书》卷84《刘牢之传》。

秦兖州刺史苻朗据州降晋。

夺取兖、青二州后，谢玄又调整了部署。刘牢之进击碻磝（山东茌平古黄河渡口）；济阳太守郭满进击滑台（河南滑县东南）。这两地攻克后，晋将颜肷和刘袭又率军于滑台渡河而北。

苻丕命大将桑据屯驻黎阳（河南浚县东北）阻击晋军，夜遭晋军偷袭，军溃而走，黎阳为晋军所占。建元二十一年（385，东晋太元十年），刘牢之兵达枋头（河南浚县西南），一度曾进入邺城（河北临漳西南）。但他骄傲轻敌，为慕容垂所败。晋军东线的攻势也于此告终。

东晋完全可以继续推进，东西两线的攻势之所以终止，关键在于随着外来威胁的解除，统治集团内部的矛盾冲突又表面化了。

淝水大捷，谢安声望激增，皇室和各大士族的猜忌接踵而至。会稽王、录尚书事司马道子千方百计在孝武帝前诋毁谢安，主相之间矛盾加剧。淝水之战前，桓冲从大局出发，支持谢安，但对谢安独收全功愤愤不平，于次年郁愤而死，东晋权势最大的桓谢两族之间的矛盾由此激化。谢安有心北伐，处此境遇，只有暂缓，更何况他事先也无必胜的把握，所以毫无北伐的筹措。在任命桓石民为荆州刺史、桓石虔为江州刺史，表示他无意染指桓氏的势力范围，桓氏的情绪稍许平息之后，筹措北伐才提上日程。从晋廷来说，在建元二十年（384，东晋太元九年）发布谢安统筹北伐，进驻广陵（江苏扬州），并非真想北伐，不过是把谢安排挤出权力中心的措施。正因如此，谢安心灰意冷，身在广陵，放形山水，归隐田园的意念油然而生。统帅如此，晋军岂能全力推进。东晋权势人物也不愿北伐成功，形成北伐将领功高难制的局面。因此，刘牢之稍一受挫，鸣金收兵的命令就下来了。时隔不久，这次北进所得相继失陷，益州也为谯纵占有。但导致前秦败亡的不是东晋，而是其内部的分裂。

二、前秦分裂

慕容垂和慕容暐部没有参加淝水决战。淝水溃败的信息传来，慕容暐弃军而逃，所部溃散。慕容垂治军有方，所部完好。苻坚在千余骑残兵败将的簇拥下，狼狈奔赴漳口（湖北当阳），慕容垂虔心相迎，苻坚终于有了一点依托。西返途中，苻坚收集离散，众达十余万，军容初备。十一月，苻坚到达洛阳，勉力支撑，进行了一些防御部署：石越领精兵三千加强邺城守卫；张蚝领御林军五千进戍并州（州治今山西太原南）；毛当统步骑四千戍守洛阳。十二月，苻坚回到长安，哭祭苻融，告罪太庙，大赦天下，百官位增一级，随征将士死亡者，其家属世代免除赋役。下令厉兵课农，存恤孤老。但在人心惶急的情况下，这些措施已于事无补。

淝水惨败，使昔日潜藏的矛盾一下全暴露了出来。

第一，"王师新败，民心未安，负罪亡匿之徒，思乱者众"[1]。关中地区游钦聚众数千，保据频阳（陕西眉县西），待时而动；关东，特别是河北地区更加混乱不堪。

第二，早就图谋自立的各少数民族上层分子认定割地称雄的时机已经到来，首先发难的是苑川（甘肃榆中东北）一带的乞伏国仁。他征讨不服，兼并诸部，拥众十万，声势甚

---

1 《资治通鉴》卷105。

壮。不过，乞伏国仁地处边隅，对中原没有号召力，此时又不敢明目张胆地反秦，因此对前秦的威胁并不算大。真正威胁前秦生存的是慕容权贵们的复国活动。

前燕灭亡后，慕容权贵矢志复国，前燕旧臣以天象或占卜奔走呼号。他们认定，只有慕容垂才是希望所在，前燕灭亡的第一天，随从慕容垂奔秦的高弼立刻献上了如何图谋复国的计谋。

> 天启嘉会，灵命暂迁，此乃鸿渐之始，龙变之初，深愿仁慈有以慰之。且夫高世之略必怀遗俗之规，方当网漏吞舟，以弘苞养之义，收纳旧臣之胄，以成为山之功。[1]

鼓励慕容垂把前燕的灭亡当作自己开创大业的契机，希望他切勿追究前燕旧臣的过失，哪怕罪大恶极亦应愿宥，千方百计地结交和慰抚前燕旧臣，把他们及其子孙作为复国的骨干力量。慕容垂欣然接受了。慕容权贵也不隐瞒自己复国的欲望。前燕宜都王慕容桓的儿子慕容凤倾身结交鲜卑及丁零中有才干者，图谋不轨，为权翼察觉。权翼严厉警告他：“儿方以才望自显，勿效尔父不识天命！”慕容凤公然不惧，厉声反驳：“先王欲建忠而不遂，此乃人臣之节！君侯之言，岂奖劝将来之义乎！”[2]慕容权贵的复国阴谋尽人皆知，因而“鱼羊田升当灭秦”[3]，“长鞘马鞭击左股，太岁南行当复虏”[4]

---

1 《晋书》卷 123《慕容垂载记》。

2 《资治通鉴》卷 102。

3 《晋书》卷 28《五行志》。

4 《晋书》卷 114《苻坚载记下》。

之类的歌谣不胫而走，传遍长安全城。鱼羊者，合起来是鲜卑的鲜字；虏者，指慕容鲜卑，又称白虏。甚至有人在明光殿中高声大呼："甲申、乙酉，鱼羊食人，悲哉无复遗！"[1] 亲贵大臣们也都以慕容权贵为忧，屡屡进言剪除。在淝水之战前夕的大争论中，此类呼声尤为强烈，却始终没有引起苻坚的重视。慕容权贵的复国活动在苻坚的宽容下愈益猖獗。

淝水惨败为慕容权贵的复国活动提供了大好时机。当苻坚率千余骑到达漳口后，慕容宝（慕容垂的世子）及慕容德（慕容皝之子）力主贼杀苻坚，竖起燕的旗号，鼓行而西，夺取关中，最低限度是不能交出这三万人马。老谋深算的慕容垂没有这样做，他要"以义取天下"："如使秦运必穷，历数归我者，投首之便，何虑无之。关西之地，会非吾有，自当有扰之者，吾可端拱而定关东。君子不怵乱，不为祸先，且可观之。"[2] 这里有几层意思：一是他要再观察一下形势，力求一旦举事，便立于不败之地；二是荆州不是过去慕容鲜卑的势力范围，关中亦非理想之地，只有回到关东，特别是河北，才能一呼百应，坐取天下；三是交出兵权，对苻坚仁至义尽，从而可以利用这一封建伦理道德的优势号召人心，与苻坚角逐，否则人心一失，人才难以笼络，复国也将成为泡影。

慕容垂深知，一旦入关，东返必难。因此他护送苻坚到达渑池（河南渑池西）后，便借口河北骚动，请命安抚河北，乘便祭扫先人陵墓。尚未从惨败的慌乱中清醒过来的苻坚同意了。权翼及时提醒："垂爪牙名将，今之韩、白，且世豪东

1 《资治通鉴》卷 103。
2 《晋书》卷 123《慕容垂载记》。

夏，志不为人下。顷避祸归诚，非慕义也，而恐冠军之号不饱其志，列地百里未满其心。且垂犹鹰也，饥则附人，饱便高飏，遇风尘之会，必有凌霄之志。"[1] 但是遭到淝水之败沉重打击的苻坚，与昔日已是判若两人。如果说过去的苻坚尚有与天命思想做些抗争的勇气的话，此时此刻，已完全受天命思想和宿命论的支配，曰："若天命有废兴，固非智力所能移也！"[2] 加上受到所谓"天子无戏言"思想的束缚，苻坚依然命令将军李蛮、闵亮和尹固等领军三千，护送慕容垂去邺城。权翼无可奈何，向天哀叹："陛下重小信而轻忽社稷，臣见其往，不见其还，关东之变，垂其首乎！"[3] 权翼毕竟于心不甘，连夜密遣壮士埋伏于河桥，命令他们不顾一切袭杀慕容垂。

慕容垂工于心计，既怕苻坚反悔，又怕权翼等智能之士暗中下手，此行如若落空，一切皆成幻梦。他辗转反侧，难以入眠，蒙眬之中做了一个梦："梦行路，路穷，顾见孔子墓，傍坟有八。觉而心恶之，召占梦者占之，曰：'行路穷，道尽也，不可行。孔子名丘，八以配丘，此兵字，路必有伏兵，深宜慎之。'"[4] 以防万一，慕容垂命典军程同穿上自己的衣服，乘坐自己的战马，带领仪仗随从向河桥（河南孟州西南）进发，自己偷偷前往距白马津（河南滑县东北、古黄河渡口）西二十来里的凉马台结好草筏，偷渡黄河，权翼的计划落空了。

慕容垂东来，苻丕惊疑不定，又无恰当借口，只好以礼

---

1 《太平御览》卷 125 引《十六国春秋·前燕录》。
2 《资治通鉴》卷 105。
3 《太平御览》卷 125 引《十六国春秋·前燕录》。
4 《太平御览》卷 400 引《续晋阳秋》。

相待，把慕容垂软禁于邺城西。慕容垂岂甘寂寞，暗中与前燕旧臣联络，紧锣密鼓地商讨复国大计。

机会来了，位居卫军从事中郎的丁零翟斌在新安（今属河南）起兵反秦，登高一呼，旬日间聚众数千，前燕旧臣及慕容凤等纷纷率领部曲家将投奔而来，势力大增。新安城下一战，歼灭秦军一万有余，阵斩镇军将军毛当，谋攻洛阳。

新安洛阳，近在咫尺，毛当阵亡，豫州牧平原公苻晖惶恐万分，向苻丕告急。昏头昏脑的苻丕诏令慕容垂前往讨伐，石越坚决反对，进言苻丕："慕容垂，燕之宿望，有兴复旧业之心，今复资之以兵，此为虎傅翼也。"[1]可是苻丕害怕慕容垂久居邺城，变生肘腋，他考虑，如若派慕容垂前往，必可导致两虎相争，他可坐收渔利。但毕竟还是多了一个心眼，只配给慕容垂羸兵两千，又令苻飞龙率氐骑一千随军出动，名为副手，实为监视。可惜所托非人，苻飞龙少不更事，根本就不是慕容垂的对手。慕容垂对此种安排，亦早已成竹在胸。

慕容垂计划在行前一会前燕旧臣，向苻丕提出拜别前燕太庙的请求，苻丕拒绝。慕容垂易服而入，怒斩亭吏，留其子侄慕容农、慕容楷、慕容绍于邺城，以安苻丕之心，率部急奔安阳（河南安阳西南）而去。

反形已露，石越建议借机发作，尽除慕容氏。苻丕犹豫不决，石越悲叹：

---

1 《资治通鉴》卷105。

公父子好为小仁，不顾大计，终当为人禽耳。[1]

慕容垂行至安阳附近的汤地，和盘托出苻丕和苻飞龙剪除异己的密谋，激起众怒。随即借口兵少，停驻河内（河南武陟西南）。招兵买马，旬日之间，聚众八千。他利用苻晖催促其进兵的命令，知会苻飞龙召集氐骑，五人为伍，昼止夜行，出其不意，突袭翟斌。苻飞龙毫无猜疑，照计行事。夜色浓重，氐骑摸黑而行，突然四周鼓声大作，慕容宝等伏兵群起围攻，分割聚歼，顷刻之间，一千氐骑被消灭殆尽。慕容垂部迅速扩展到三万，渡过黄河后焚毁河桥，命人潜入邺城，密告慕容农等起兵响应。

慕容农等早有安排，得讯后，慕容绍统部分随从先期出城，在蒲池（河北临漳西）偷盗苻丕骏骑百余匹，入暮，与慕容农等潜逃列人（河北肥乡东北），在其旧日将领乌丸鲁利和张骧的协助下，驱迫列人居民为兵，屠各毕聪、卜胜、张延、李白、郭超，东夷余和、敕勃及乌丸刘大等各统本族数千来投。没过多久，慕容农步骑云集，众至数万，被推为使持节、都督河北诸军事、骠骑大将军。在赵秋的建议下，他不断封官许愿，厚赏投奔前来者。他"随才部署，上下肃然"[2]，号令严整，军无私掠，在列人站住了脚，势力扩大到上党（山西长治东北）、东阿、汝阳（河南商水西北）、顿丘（郡治河南清丰西南）等地。

此时此刻，苻丕还蒙在鼓里，做着两虎相争的迷梦。建元

---

1 《资治通鉴》卷 105。
2 《资治通鉴》卷 105。

二十年（384）正月，他大宴宾客，发觉少了慕容农等三人，派人四处寻找。三天以后，才知道慕容农等已在列人起兵了。

翟斌自度单凭丁零的力量难以和前秦较量，在前燕旧臣及慕容凤等劝说下，决定推慕容垂为盟主。一来翟斌诚意如何，慕容垂不摸底；二来慕容垂还想借讨伐翟斌的幌子，赚开洛阳城门，占有中原的政治中心，所以没有答应。苻晖知苻飞龙已被袭杀，严密防守，拒绝慕容垂入城。后者既然难成，恰值翟斌又派使者联络，二人终于结合在一起了。

建元二十年（384）正月，慕容垂自称大将军、大都督、燕王，正式打起了复国的旗号，建元燕元（是为后燕始年），承制封拜，以慕容德为车骑大将军、范阳王，慕容楷为征西大将军、太原王，翟斌为建义大将军、河南王，其余人物皆有封赏。他考虑洛阳虽为故都，交通便利，但北阻大河，四面受敌，此时的关东，在政治上、经济上以及军事上都要首推邺城，他又决心以河北为根据地。既然一时敲不开洛阳城门，不如干脆弃之不顾为好。谋定以后，慕容垂率众二十万，在荥阳（河南荥阳东北）石门搭起浮桥，渡过黄河，直扑邺城。

南有慕容垂，北有慕容农，苻丕两面受敌，权衡利弊，决定先向弱者下手，石越受命统步骑万余讨伐慕容农。慕容农一眼识破了对方的意图："越有智勇之名，今不南拒大军而来此，是畏王（慕容垂）而陵我也；必不设备，可以计取之。"他拒绝诸将凭城坚守的建议，激励将士曰："善用兵者，结士以心，不以异物。今起义兵，唯敌是求，当以山河为城

池，何列人之足治也！"[1]石越布阵列人城西，慕容农令赵秋及綦毌滕驱军抗击，挫败石越前锋。淝水惨败，秦军士气丧尽，现在对抗斩桑榆为兵、裂襘裳为旗的慕容农，也是不堪一击。前锋失利，石越即命立栅自固，怯意顿露。慕容农部士气激增，请战者众。慕容农胆气甚豪，颇有军事头脑，虑事较为细密。他看到秦军甲杖精良，军容尚整，自己装备不全，两军对阵，万一部下为对方精甲健马所慑，后果不堪设想。乃严令诸部戒备以待，不得轻动。入暮，慕容农亲自统军出动，列阵城西，精选四百壮士由牙门将军刘木带领，翻越木栅，冲入石越大营，自己驱众跟进，逢人便杀。秦军挡者披靡，乱成一团。慕容农督众猛攻，大败秦军，阵斩石越，送首慕容垂。随即移师，与慕容垂会合，围攻邺城。

毛当和石越都号称智勇双全之将，一辅苻晖，一辅苻丕，被苻坚视作镇守关东的悍将。孰料未及一月，双双毙命，引起的震动可想而知。关东战事并起，已不堪收拾。奉慕容垂之命在河内募兵的可足浑谭此时集兵两万，顺便攻拔野王（河南沁阳），赶赴邺城。平幼及其弟平规等也聚众数万余，席卷辽东，杀向邺城。不久，慕容垂攻破外城，苻丕退守中城。关东诸州郡县降附后燕者日益增多。

邺城有三台之固，墙高城坚，资储颇丰。慕容垂飞梯地道，昼夜猛攻，总难得手。乃于肥乡（今属河北）筑新兴城，安置辎重老弱，对邺城做长围之计，力图困死苻丕。

时苻定镇信都（河北冀州），苻绍镇高城（河北盐山北），苻亮、苻谟镇常山（河北正定西），苻鉴镇中山（河

---

1 《资治通鉴》卷105。

北定县），都还有相当的实力。苻丕遣阳平太守邵兴统骑兵
一千赴上述诸地求援，企图集中力量击败慕容垂，邵兴才
出城，慕容垂便令将军张崇统部追击。襄国（河北邢台）一
战，邵兴被俘，慕容垂立刻分兵前将军慕容温及抚军大将军
慕容麟等，攻略上述诸城。仅仅三个月，苻定、苻绍等相继
投降了后燕。

苻丕向据有并州的骠骑将军张蚝和并州刺史王腾呼救。
可是这二人有勇无谋，自顾不暇，只有眼瞧着苻丕受困。

秦幽州刺史王永（王猛子）、平州刺史苻冲统部两万驰
救邺城，又在后燕宁朔将军平规的拦击下连连败北，最后弃
地败奔并州，和张蚝会合。

慕容垂起兵，靠的是昔日前燕旧臣及乌桓、屠各等少数
民族的支持，初时声势甚大，但他并没有及时采取足以号
召民心的措施，而是复仇心切，"凶暴"异常，"所过灭户
夷烟，毁发丘墓，毒遍存亡，痛缠幽显"[1]。只有慕容绍在馆
陶（今属河北）一带"绥之以德"，"巡抚民夷，示以大义"；
慕容农在清河（山东临清东）、平原（山东平原西南）等地
"明立约束，均适有无，军令严整，无所侵暴"[2]。虽然这两地
的郡县积极支持慕容垂围攻邺城，但其余郡县因害怕慕容垂
的抢掠而大多抱观望的态度，有的甚至颇多反复。后燕初起
时咄咄逼人的气势渐渐消失了，但是苻丕并无应变之能、治
国之才，也提不出足以号召民心的措施。虽然有时形势对他
有利，他也不会见机而作。这样，双方就只剩下了对阵厮

---

1 《晋书》卷115《苻丕载记》。
2 《资治通鉴》卷105。

杀、互相耗下去这条路可走了。

邺城久攻不下，慕容垂丧心病狂，堰漳水灌城。苻丕"粮竭，马无草，削松木而食之"[1]，困境加剧，就是死也不离开这一足以号召关东的军事和政治中心。影响所及，居然引起了翟斌和慕容垂的火并。翟斌被杀，其兄子翟真北奔邯郸（今属河北），与苻丕联合，共同对付后燕，大败后燕军。至此，慕容垂只好撤围，北讨翟真，并企图借此诱使苻丕西还，主动撤离邺城。尽管此时关中祸乱亦在加剧，但因关山阻隔，苻丕毫无所知；没有苻坚的命令，他不敢擅离此地。

当慕容垂与苻丕相持于邺城之时，东晋的军队也已逼近河北。关东成了前秦、后燕、东晋和丁零翟氏四股势力角逐的场所，形势更趋复杂。

慕容垂围邺，慕容权贵欣喜过望，慕容泓和慕容冲也即刻起兵。

慕容泓是慕容晔之弟，前燕亡后，任前秦北地（陕西耀州）长史。建元二十年（384）三月亡奔关东，收集鲜卑数千起兵了。他考虑到前燕灭亡后大多慕容鲜卑被逼迁关中，乃进屯华阴（陕西华阴东南），企图借此号召关中鲜卑。困居长安的慕容晔立刻密遣兄弟子侄及家人四处联系，被逼迁的鲜卑人纷纷来归。慕容泓势力转强，击败秦将强永，自称都督陕西诸军事、大将军、雍州牧、济北王（是为西燕始年），推慕容垂为丞相，都督陕东诸军事、领大司马、冀州牧、吴王。祸乱由关东发展到了关中。

慕容冲亦是慕容晔之弟，前燕时爵封中山王。其姐清河

---

1 《晋书》卷114《苻坚载记下》。

公主国色天香，燕亡后为苻坚所纳，宠冠后宫。慕容冲酷类其姐，俊俏可人，亦有龙阳之美。姐弟二人把苻坚搞得神魂颠倒，其他宫人休想亲近半分。达官贵人生怕二人出乱子，一再谏阻，最后由王猛出面，苦苦谏诤，苻坚万不得已，才将慕容冲送出长安，后任平阳（山西临汾西南）太守。建元二十年（384）三月，慕容冲亦在平阳起兵，聚众两万，进逼蒲坂（山西永济蒲州镇）。河东亦遭受慕容氏的威胁。

此时此刻，苻坚终于醒悟过来了，颇悔当年没有接受王猛及群臣的建议。他估计关东已经难保，决定收缩力量，先保关陇，再图后计。为此，他命令广平公苻熙为使持节、都督雍州杂夷诸军事、镇东大将军、雍州刺史，镇蒲坂；调雍州牧苻睿为都督中外诸军事、卫大将军、司隶校尉、录尚书事，以左将军窦冲为长史，龙骧将军姚苌为司马，配兵五万，讨伐慕容泓。苻睿命窦冲征讨慕容冲，自己专力对付慕容泓。四月，窦冲大败慕容冲。慕容冲率骑兵八千，与慕容泓会合。

慕容泓本无久占关中之心，他进驻华阴，无非是召集昔日被逼迁关中的慕容鲜卑，听说秦军杀来，便计划撤向关东。驱逐此敌，对苻睿来说本非难事，不料他求功心切，勇而无谋，又骄傲轻敌，不恤士众，居然挥兵驰冲，截断慕容泓的归路。姚苌指出，鲜卑为谋东归，才聚集为乱，只要衔尾鸣鼓，佯作攻击，他们必然奔走出关。断其归路，势必狗急跳墙，返身拼命，万一失利，后果难以预料。苻睿断然拒绝，与慕容泓战于华泽（华阴境内），兵败被杀。秦军闻风溃退。

苻睿死讯传来，苻坚暴跳如雷，杀死姚苌报讯使者。姚

苌估计情况不妙，带领亲信，逃奔渭（河）北的官牧场，纠集羌族豪酋，树起了反秦自立的旗帜。

天水（甘肃天水）大族尹纬"少有大志"，每以宰相自况。其族人尹赤昔日曾任姚襄司马，为姚襄出谋划策。姚襄败亡，苻坚恨尹氏入骨，下令禁锢天水诸尹。苻坚后期，乱象已现，尹纬喜不自胜，"向天再拜"，喜极而泣，声称"天时如此，正是霸王龙飞之秋，吾徒杖策之日"[1]。他唯恐祸乱来得太晚，不能亲见前秦败亡。他深知这一带是羌族的势力范围，若无足以号召羌族的权贵出场，亦难圆其好梦。姚苌奔渭北，对尹纬来说无疑是喜从天降，立刻和族人尹详、密友庞演等四处煽动，纠集西州豪族赵曜、王钦卢、牛双、狄广、张乾等，率羌、汉等五万余户共推姚苌为盟主。

姚苌本是姚弋仲诸子中以"聪哲、多权略"著称的一个，早就伺机自立。过去曾不断散布各类神话迷惑人众，诸如：其兄姚襄曾梦见他龙袍在身，各部酋长肃然侍立；伐蜀时他昼寝水旁，上有神光焕然；进军梓潼（四川绵阳东）时，他又梦见一个天神叫他早日回乡，代秦为主；淝水之战前夕，苻坚以龙骧将军号相授，实属天意；等等。有此机遇，他当然不会轻易放过。尹纬又进言："今百六之数既臻，秦亡之兆已见，以将军威灵命世，必能匡济时艰，故豪杰驱驰，咸同推仰。明公宜降心从议，以副群望，不可坐观沉溺而不拯救之。"[2]至此，姚苌乃自称大将军、大单于、万年秦王，建元白雀（是为后秦始年）；以尹详、庞演为左、右

---

1 《晋书》卷118《姚兴载记》附《尹纬传》。
2 《晋书》卷116《姚苌载记》。

长史，姚晃、尹纬为左、右司马，王钦卢、姚方成、王破虏、
杨难、尹嵩等为将帅。关陇地区的祸乱进一步发展。

淝水之战后的一年，庞大的前秦帝国就四分五裂了。

第二节　前秦败亡

一、苻坚之死

姚苌建立后秦，得到北地（陕西耀州）、华阴（陕西华
阴东南）、新平（陕西彬州）和安定（甘肃泾川北）等地
十余万户羌胡的支持，实力大增。他通好慕容泓，合力夹
攻苻坚。

苻坚深知，慕容氏目前对关中兴趣不会太大，姚苌这条
地头蛇才是他真正的心腹大患。建元二十年（384）五月，姚
苌推进北地郡，扎营杨渠川。北地北据高原，弥近长安，历
来为长安之肩背，此地一失，长安立刻受威胁。苻坚再也坐
不住了，被迫统步骑两万御驾亲征，扎营赵氏坞（北地境
内）。苻坚用兵颇为周密，他派遣护军将军杨璧以骑兵三千
横截姚苌归路，命右将军徐成、左将军窦冲、镇军将军毛当
等轮番冲击，频频进攻。后秦屡屡败北，为前秦军所困。苻
坚又于同官水（陕西铜川一带）上筑堰，截断姚苌水源。高
地难以挖井，后秦军干渴异常。盘踞频阳（陕西富平东北）
的游钦千方百计运送粮、水给姚苌，一一为杨璧截获。姚苌
无奈，命其弟姚尹买统领精锐两万，拼死一搏，企图挖堰放
水，结果损兵一万三千余，姚尹买为窦冲阵斩。为时未及一

月，后秦军渴死者已是不少，士气低落，面临全军覆没的危机。不料喜雨天降，后秦营中水涨三尺，营外只有细雨霏霏。苻坚正在用膳，见此悲从中来，撤案而叹："天其无心，何故降泽贼营！"[1]这一偶然事件，使双方将士认为苻坚确实气数已尽，姚苌则是天命所归。前秦将士士气一落千丈，后秦士气大振。六月，姚苌命其弟姚绪扼守大营，亲统七万大军全力反击，一举摧败苻坚，俘获杨璧、毛盛、徐成、齐午等高级将领数十人。诸将要求乘胜追击，直逼咸阳（陕西咸阳东北），夺取长安。姚苌毕竟高人一筹，他知道苻坚还有相应的实力，没有牢固的根据地，冒险一掷，难免失误。他也知道慕容泓已进逼长安，正好作壁上观，乃晓谕诸将曰："燕因怀旧之士而起兵，若功成事捷，咸有东归之思，安能久固秦川！吾欲移兵岭北，广收资实，须秦弊燕回，然后垂拱取之。兵不血刃，坐定天下，此卞庄得二之义也。"[2]为使这一方略得以实现，他非但停止追击，还礼遣全部被俘前秦将领，部署留守事宜后，亲统大军略地新平（治今陕西彬州）。

慕容泓在击杀苻睿后，势力激增，拥众十万有余，遣使苻坚，声明只要苻坚放弃关东，礼送慕容暐及前燕宗室功臣，他就护卫慕容暐回归邺城，"与秦以武牢为界，分王天下，永为邻好，不复为秦之患也"。但是苻坚企图以慕容暐为人质，胁迫慕容垂和慕容泓就范。他虽然怒斥慕容暐，却又慰抚有加，待慕容暐一如既往，令慕容暐致书慕容泓等息兵归降。苻坚此举可谓不识大体，异想天开。此时此刻，慕容暐反而

---

1 《晋书》卷114《苻坚载记下》。

2 《晋书》卷116《姚苌载记》。

比苻坚聪明得多，他自问必死，毫无顾惜，懂得复国远比个人性命重要，密遣亲信送书慕容泓曰：

> 今秦数已终，长安怪异特甚，当不复能久立。吾既笼中之人，必无还理。昔不能保守宗庙，致令倾丧若斯，吾罪人也。不足复顾吾之存亡。社稷不轻，勉建大业，以兴复为务。可以吴王为相国，中山王为太宰、领大司马，汝可为大将军、领司徒，承制封拜。听吾死问，汝便即尊位。[1]

慕容权贵虽然都想复国，但内部权势之争十分激烈，慕容泓估计，如若接出慕容㬂，就能迫使慕容垂就范，九五之尊非己莫属，否则慕容垂决不会俯首听命。所以他在建元燕兴后，便挥师进逼长安。

慕容泓的威望远不如慕容冲，且持法苛峻，引起部下不满。建元二十年（384）六月，西燕内讧，谋臣高盖及宿勤崇等杀泓，立慕容冲为皇太弟，承制行事。七月，西燕大军推进到距长安二百来里处。苻坚不得不集中力量来对付这个肘腋之敌了。

前秦毕竟还有相当的实力，长安告急，各地勤王之师纷至沓来。苻晖放弃洛阳，统洛阳和陕城（河南三门峡）之众七万赶赴长安，益州刺史王广亦遣将军王蚝率蜀地之师前来赴难。苻坚重做部署，命抚军大将军苻方戍卫骊山，拜苻晖为都督中外诸军事、车骑大将军、录尚书事，统兵五万对付慕容冲。

---

1 《晋书》卷114《苻坚载记下》。

两军相会于郑（陕西华县）西。慕容冲诡计多端，事先命妇女们各缝一囊，盛满尘土，各骑牛马，身穿彩衣，揭竿为旗，名曰"班队"，藏匿阵后。凌晨薄雾，慕容冲挥军攻击，双方才交手，慕容冲高喝："班队何在！"[1] 班队蜂拥而进，摇旗扬尘，灰雾满天。秦军不知对方到底来了多少人马，一时惊慌失措，大败而退。苻坚少子苻琳，号称有"文武才艺，引弓五百斤，射洞犁耳"[2] 之能，受命与前将军姜宇领军三万扼守灞上（陕西西安东），又为慕容冲所败。姜宇被阵斩，苻琳身中流矢而死。慕容冲进占了阿房城（秦始皇阿房宫遗址）。九月，慕容冲逼近长安，胁迫苻坚放出慕容晖。声势之壮，苻坚为之心惊胆战。

此时的苻坚，穷急无计，更加迷信天命和佛、道。他视道安为神灵，并于是年（384）十一月请来了隐居在倒兽山（陕西新丰境内）的王嘉。

王嘉是洛阳人，大概是原始道教的传人之一，善会装神弄鬼，受业弟子多达数百人，名震关陇，时称"神人"。过去苻坚屡屡礼请，均为所拒；姚苌和慕容冲起兵后，亦想礼请。不料这年十月，苻坚竟把他请到了长安。大肆宣扬，一时间，哄传苻坚得到了神人的帮助，必然后福无穷，三辅堡壁及四山氐、羌风闻来投者竟达四万余人。苻坚的声势又有了点起色，更把道安和王嘉视为至宝，安置于外殿，动辄请示方略。

此时，长安城中数千鲜卑人在慕容晖的策划下已集结在一起。十二月，慕容晖借口儿子新婚，恭请苻坚御驾亲临，

---

1 《太平御览》卷37引《十六国春秋·前秦录》。
2 《太平御览》卷744引《十六国春秋·前秦录》。

计划席中发难。苻坚为了利用这个人质，居然同意，只因天降大雨，没有去成。慕容晖机密泄露，苻坚才知道这样的人质也利用不得，由一个极端走向另一个极端，下令凡是鲜卑人，不论男女老幼，一律格杀勿论，只有个别人逃出了长安。

苻坚开了头，臣下竞相仿效。次年初，西燕尚书令高盖夜袭长安南城，部分冲进城内者为窦冲和李辩歼灭，八百余人均为秦军分而食之。不久，领军将军杨定一度击败慕容冲，俘虏鲜卑万余人，全部坑杀。

慕容晖一死，建元二十一年（385）正月，慕容冲便在阿房城称帝，改元更始。他反正不想在关中久待，以杀报杀，纵兵抢掠，四处破坏。一场民族仇杀又在关中展开，史称"冲毒暴关中，人皆流散，道路断绝，千里无烟"[1]。关中人民不堪慕容冲的屠杀抢掠，纷纷筑壁自保，由坐视前秦、西燕混战转向支持苻坚。关中"堡壁三十余所，推平远将军赵敖为主，相与结盟，冒难遣兵粮助坚，多为西燕所杀"[2]。在最危急的关头，"冯翊（郡治陕西大荔）诸堡壁犹有负粮冒难而至者，多为贼所杀"[3]。三辅一带，凡受西燕荼毒者都想报仇，不断派人密告苻坚，要偷袭西燕营寨，作为内应，苻坚一再劝阻，仍有七百余骑奋勇前往。不料他们在西燕营寨放火后，风势反卷，幸免者仅十之二三。

自建元二十年（384）九月至次年五月，双方对峙于长安城下达九个月之久，各有胜负。苻坚一度攻至阿房城，诸将

---

1 《晋书》卷114《苻坚载记下》。
2 《资治通鉴》卷106。《晋书·苻坚载记》曰："关中堡壁三千余所，推平远将军赵敖为盟主……"此处以《资治通鉴》记载为是。
3 《晋书》卷114《苻坚载记下》。

力请乘胜入城，苻坚为稳重起见，没有接受。慕容冲在白渠（陕西礼泉东北至下邽镇）一度大败秦军，包围了苻坚。赖殿中将军邓迈力战，苻坚才得幸免。双方在骊山激战数次，苻方及左将军苟池均为西燕击杀。苻晖与西燕数战数败，受到苻坚怒斥："汝，吾之才子也，拥大众与白虏小儿战，而屡败，何用生为！"[1] 苻坚本意在于刺激苻晖拼死战斗，不料苻晖竟愤而自杀。苻坚手下的战将几乎损失殆尽。

总体来看，西燕在军事上占有优势，长安在其久困之下"大饥，人相食，诸将归而吐肉以饴妻、子"[2]。战斗最激烈时，慕容冲亲自率众冒险登城，苻坚亦顶盔披甲，站在城头督战，"飞矢满身，血流被体"[3]。

建元二十一年（385）五月，长安城西一战，卫将军杨定为慕容冲大将高盖生擒。杨定，仇池氐人，尚公主，果勇善战，是此刻苻坚手下所剩最亲近、最有战斗力的骁将。苻方、苟池遇难后，他曾在骊山以两千五百精骑大败西燕军，俘虏鲜卑万余人，为前秦报了一箭之仇。又于灞水和浐水间大败西燕右仆射慕容宪。在与西燕的战争中，前秦将领们败多胜少，独有杨定屡战屡胜。慕容冲好勇斗狠，单单惧怕杨定，在御营周围特挖陷马坑防御杨定的突然冲击。杨定被俘，苻坚心胆俱裂，惶惶不可终日，竟在谶书中寻求救命妙方。恰好一本叫《古符传贾录》的谶书中有一句"帝出五将久长得"的话，城中又盛传"坚入五将山长得"，便认为这是苍天的启示，对太子苻宏曰："脱如此言，天或导予。今

---

1 《资治通鉴》卷 106。
2 《晋书》卷 114《苻坚载记下》。
3 《晋书》卷 114《苻坚载记下》。

留汝兼总戎政，勿与贼争利，朕当出陇收兵运粮以给汝。天其或者正训予也。"[1]他遣使遍告诸州郡，命令他们孟冬勤王长安，在数百骑的护卫下，带着张夫人、中山公苻诜及三个女儿出奔五将山而去（《元和郡县图志》曰五将山在岐山县西北。《读史方舆纪要》曰在礼泉县北）。

苻宏并无军国才用，危亡关头，更是一筹莫展。苻坚甩袖而去，他也于是年六月在数千骑护卫下，带着母后、妻室、宗亲西奔下辨（甘肃成县西北）。屯驻韭园（长安附近）的李辩率部投奔了西燕，苻坚的心腹谋士权翼则带领百官投奔了故主姚苌。前秦王朝鸟兽散了，慕容冲终于得到了长安，大肆烧杀抢掠，繁华的长安城成了一片瓦砾。

姚苌移兵新平（陕西彬州）并不像他原先想象的那样顺当。新平太守苟辅率众拼死抵抗。土山地道，姚苌各种手段都用尽了，苟辅针锋相对，或战山上，或战地下，后秦损兵折将两万有余，一无所得。建元二十一年（385）正月，姚苌留兵围城，自率大军略地九嵕山以北。安定一仗，生擒前秦安西将军苻珍，岭北各地闻风归降，姚苌再次围攻新平。此时城中粮草已尽，外援不至，苟辅已难支撑。姚苌允许苟辅带领下属撤回长安，他绝不留难。苟辅上当，一万五千余人刚出城，姚苌便围而坑之，无一幸免。他听说苻坚出奔五将山，即遣骁骑将军吴忠统骑兵追击。七月，吴忠包围五将山，秦军散走，苻坚被俘，押至新平。苻坚自度难免一死，他怒斥姚苌，手杀两个女儿后求死，被姚苌缢死于新平佛寺中，终年48岁，在位29年。张夫人及苻诜自杀。苻丕即位

---

1 《晋书》卷114《苻坚载记下》。

后，追谥苻坚为世祖宣昭皇帝。

盛极一时的前秦，淝水惨败，顷刻之间冰消雪化，长安失陷，苻坚身死，何以如此？历代史家多有所评说。司马光在反对别人的观点后，提出了自己的看法："论者皆以为秦王坚之亡，由不杀慕容垂、姚苌故也。臣独以为不然。许劭谓魏武帝治世之能臣，乱世之奸雄。使坚治国无失其道，则垂、苌皆秦之能臣也，乌能为乱哉！坚之所以亡，由骤胜而骄故也……数战则民疲，数胜则主骄，以骄主御疲民，未有不亡者也。"[1]此说与修撰《晋书》的唐初诸公的评说颇为类似："愎谏违谋，轻敌怒邻，穷兵黩武。怼三正之末叶，耻五运之犹乖，倾率土之师，起滔天之寇，负其犬羊之力，肆其吞噬之能。自谓战必胜，攻必取，便欲鸣鸾禹穴，驻跸疑山，疏爵以侯楚材，筑馆以须归命。曾弗知人道助顺，神理害盈，虽矜涿野之强，终致昆阳之败。遂使凶渠侯隙，狡寇伺间，步摇（慕容鲜卑之外号）启其祸先，烧当（姚氏属烧当羌）乘其乱极，宗社迁于他族，身首磬于贼臣，贻戒将来，取笑天下，岂不哀哉！岂不谬哉！"[2]这些评说都有一定的道理，但都不如叶适的评论深刻：

> 独坚雅有并包之度，绥怀之略，虽暮年一败，亦古今常有，而遂纷披摧折，鱼烂土崩，不可救止者，盖坚所取者广而所守者狭，其所以并包绥怀者，乃其所以失之也。……君臣豪俊俱无坚凝之策，此正后世取天下之

---

1 《资治通鉴》卷106。

2 《晋书》卷115史臣曰。

深忌，宜其一跌而不能以免身也。[1]

"无坚凝之策"可谓道中了苻坚失败的要害。前秦只是一个不巩固的、暂时的军事行政联合体，所占地盘越大、征服的民族越多，其内部的矛盾也就越复杂，和罗马帝国一样，前秦对其统治区"仅仅是政治上的联系，因而这种联系也就可能为政治事件所破坏"[2]。可是叶适的评说又未免有些过头。苻坚和王猛未曾不想"坚凝"，他们确实采取了许多措施，这些措施对十六国后期诸少数民族政权，甚至魏孝文帝的改革都有影响。只是此时内迁少数民族多而复杂，民族融合还处在起步阶段，"坚凝"需要时日，也必多反复。我们不能要求苻坚超出他所处的时代，超出当时的历史条件，毕竟苻坚和王猛都付出了相当大的努力。也因此，苻坚才能在那种纷乱复杂的矛盾中统一北方，对民族融合、对北方特别是关陇地区的经济恢复和发展做出了贡献。苻坚最大的失误是没有假"坚凝"以时日。因而苻坚虽然失败了，却仍是当时内迁诸少数民族统治者中的佼佼者。他前期的治绩也足以和我国历史上的明君圣主相媲美。历来基本肯定苻坚，给予较高的评价，甚至称为"贤主"，绝非毫无根据的溢美之词。

二、苻丕败亡

建元二十一年（385）八月，苻坚庶长子苻丕，字永叙[3]

---

1 《习学纪言序目》卷30。

2 《马克思恩格斯选集》第1卷。

3 此据《十六国春秋·前秦录》《魏书·苻健传》等。《晋书·苻丕载记》"叙"作"叔"。

（？－386）在王永等人的劝进下，在晋阳（山西太原南）即皇帝位，改元太安，以张蚝为司空、侍中，王永为使持节、都督中外诸军事、车骑大将军、尚书令，王腾为中军大将军、司隶校尉等。

建元二十年（384）末，慕容垂在屡败丁零翟氏，初步解决心腹之患后再度围邺（河北临漳西南）。在此期间，苻丕因进退无路、外援不至、粮食罄尽而向东晋求援，表示决心西返，万一不成，亦可为东晋守邺。此举一度引起内部的权势之争，幸发觉及时，才未造成大乱。谢玄虽不相信苻丕之言，但权衡利弊，还是令刘牢之领兵两万救邺，并送米两千斛给苻丕，一度出现秦、晋联合对付后燕的态势。但杯水车薪，难以持久。建元二十一年（385）四月，刘牢之在邺下大败慕容垂，迫使慕容垂撤围。苻丕乘机率部就谷枋头（河南浚县西南）。刘牢之企图独邀全功，错估了慕容垂的实力，轻易追击，为慕容垂所败，幸赖苻丕救援，才退守邺城。不久，晋廷决定后撤，苻丕又回到了邺城。此时，关中祸乱已不可收拾，邺城也被破坏无遗，再坚持下去已毫无意义。七月，苻丕决定统邺城六万余口，撤向并州。慕容垂终于夺到了邺城。

苻丕和慕容垂相持将及一年，河北地区再次遭受严重的破坏："幽、冀大饥，人相食，邑落萧条。"[1]邺城也成了一片瓦砾。后燕士卒饿死者极众，更何况手无寸铁的居民。为救时急，慕容垂下令严禁养蚕，以桑葚为粮，结局是农桑俱废，景象更惨。只有慕容温在中山（河北定县）"抚旧招新，

---

1 《资治通鉴》卷106。

劝课农桑"，"仓库充溢"[1]，成为流民奔赴的所在和慕容垂的经济支柱。以后不久，中山也终于成了后燕的都城。

苻丕在张蚝和王腾的接应下到达晋阳后，才知道前秦全部状况。他虽然登上了皇帝的宝座，面临的局势却已严峻异常。

首先，有苻坚在，昔日被苻坚视作心膂的族人国戚尚不敢明目张胆地独树一帜。苻坚一死，他们或作鸟兽散，或萌据地自雄之志。

杨璧，尚苻坚女顺阳公主，位居南秦州刺史、护军将军，屯驻下辨，尚有一定的实力。苻宏以为族人至亲，足可托庇。不料杨璧意欲自雄，拒绝他入城。苻宏无奈，改投武都（甘肃成县西）氐豪强熙。不久，假道武都投降了东晋，被安置于江州（治今江西南昌）。后来成了桓玄夺取东晋帝位的积极支持者，兵败而死。

杨定在太安元年（385）十月乘西燕高盖兵败之机亡奔陇右，收拾余众，退保仇池。不久略地天水（甘肃天水）和略阳（郡治今甘肃天水东北），称藩于东晋，自称秦州刺史、陇西王，重建了仇池国。

当时，力量最大的是坐镇凉州（治今甘肃武威）的后族梁熙，他拥兵十万，坐视关中祸乱和长安危困，"藉秦氏兵乱，规有全凉之地，外不抚百姓，内多聚敛"[2]。有人建议他西拒吕光，东守关隘，据地自保，他觉得太露骨，装作拒绝。有人建议他推出勇冠三军、富有才略、被流放在西海郡的苻洛为盟主，联合河州刺史毛兴、秦州刺史王统、南秦州

---

1 《资治通鉴》卷106。

2 《晋书》卷87《李士业传》。

刺史杨璧，合四州之力勤王，他装聋作哑。但这条建议却提醒了他，苻洛必是心腹大患，立刻密遣武士杀了苻洛。由此表明他的心迹是据地自雄，不过时机未到，暂作观望而已。所以，太安元年（385）九月，当吕光统西征之师东返宜禾（甘肃安西），即将进入凉州腹地时，梁熙就再也坐不住了。他亲统大军驻防玉门关（甘肃敦煌境内），移檄吕光，责备他未奉王命，擅自班师。命令其子梁胤等率众五万布防酒泉（今属甘肃），拒绝吕光入境。吕光反唇相讥，发布檄文，指责梁熙无赴难之志，有阻挡他归国勤王之意。其实两人都是一个心愿：据有凉州自雄。一场血战，梁熙兵败。吕光据有凉州，再无顾忌，次年（386）十二月，就自称使持节、中外大都督、大将军、凉州牧、酒泉公，以姑臧（甘肃武威）为都城，俨然自成一国。不过，直到公元389年，吕光才称王，建元麟嘉，史称"后凉"。

其次，过去抱观望态度的少数民族豪酋，现在再无顾忌，纷纷据地自立了。

太安元年（385）十月，乞伏国仁自称大都督、大将军、大单于、领秦河二州牧，建元建义，正式打出了西秦的旗号。

代国灭亡后，拓跋贵族的复国活动也在进行。太安二年（386）正月，什翼犍孙拓跋珪大会诸部于牛川，即代王位，改元登国，雁代一带也摆脱了前秦。

在关东地区，苻丕离开邺城后，慕容垂扩地辽东，并"创立法制，事从宽简，清刑狱，省赋役，劝课农桑"[1]，后燕在河北、辽东的统治逐步稳定下来。

---

1 《资治通鉴》卷106。

关中地区是西燕和后秦角逐的场所。太安元年（385）十月，双方在新平一场激战，西燕尚书令高盖所领五万余众，为姚苌击败，高盖投降了后秦。不过慕容冲据有长安后，考虑到关东已是慕容垂的天下，东返对他个人来说有弊无利，乃改变初衷，作久据长安之计，所部鲜卑大为不满。太安二年（386）二月，内讧爆发，慕容冲被杀，其将军段随被推为燕王，改元昌平。三月，段随又被慕容桓及慕容永袭杀，二人立慕容颉为燕王，改元建明。至此，西燕才决策东归。鲜卑男女四十余万口弃长安东归途中，又爆发内讧，经过一系列的杀戮，最后是慕容泓之子慕容忠成为西燕主，停驻闻喜（山西闻喜东北）。六月，西燕内讧再起，慕容永被推为大单于、大将军，称藩于后燕。

西燕一走，姚苌立刻进军长安，击败零星敌对势力后，终于在太安二年（386）四月据有这秦汉以来的古都，随即称帝，建国号大秦，改元建初，略地关陇。他"修德政，布惠化，省非急之费，以救时弊，闾阎之士有豪介之善者，皆显异之"[1]。后秦在关中的统治渐趋稳定。

因此，符丕即位，其号令所及，仅止于并州及陇右两地。这两个地区还因西燕和后秦的阻隔，被远远地分割开了。不过，符丕即位毕竟是给前秦残余势力打了一支强心针，昔日投降后燕的符定、符绍、符谟、符亮等又背燕归秦，作祟河北。天水姜延，冯翊寇明，河东王昭，新平张晏，京兆杜敏，扶风马朗、王敏等各拥众数万，起而响应，与后秦为敌。可惜好景不长，太安二年（386）六月，符定

---

1 《晋书》卷116《姚苌载记》。

等先后为后燕击灭，陇右地区又爆发了益州刺史王广联合秦州刺史王统攻击河州刺史毛兴的内讧。王广兵败，奔窜途中为陇西鲜卑所执，押送给了后秦；王统则据州投降了后秦。毛兴虽胜，可属下诸氐厌苦战乱，群起而攻之，杀了毛兴，推卫平为河州牧，苻丕在陇右的势力大为削弱。

并州氐族的势力相当小，又有后燕的逼近，对于苻丕来说，最理想的方案还是打回关中，重整旗鼓。太安二年（386）八月，苻丕留王腾守晋阳，杨辅戍壶关（山西黎城东北），自率四万余众，经河东向关中进发，途次平阳（山西临汾西南），与西燕东归之师相遇，慕容永遣使借道，苻丕岂能同意。襄陵（山西临汾东南）一战，苻丕大败，右丞相王永、卫大将军俱石子等尽皆阵亡，王公百官均为西燕所俘。苻丕统残兵败将南窜东垣（河南新安），谋袭洛阳，又遭东晋扬威将军冯该邀击。苻丕身死，太子苻宁被俘，余众随其太尉苻纂及苻师奴奔退杏城（陕西黄陵西南）。苻登为帝后，追谥苻丕为哀平皇帝。

三、苻登败亡

太安二年（386）十一月，苻登继苻丕在南安（治今甘肃陇西渭水东岸）为帝，改元太初，署置百官。

苻登（343-394），字文高，苻坚族曾孙。其父苻敞，苻健时历任太尉司马、陇东太守、建节将军，为苻生所杀，兄苻同成，苻坚军事殖民时为河州（州治今甘肃临夏）牧毛兴长史，随镇枹罕（甘肃临夏东北）。苻坚在位时，苻登历任殿上将军、羽林监、扬武将军、长安令等，坐事贬狄道（甘肃临洮）长。关中祸乱，他去县投奔了毛兴。苻登对事态的剖析，往往为同僚们叹服。毛兴虽然不予重用，但对其才干亦颇为重视。

毛兴被杀，卫平因宗族强盛而暂为河州牧，他年老昏庸，难以服众，群议纷纭。太安二年（386）七月，氐酋啖青设计，置酒高会诸将，席间抽剑逼迫卫平让出大权，共推苻登为使持节、都督陇右诸军事、抚军大将军、雍河二州牧、略阳公，请命于苻丕。苻丕又加苻登为征西大将军、开府仪同三司、南安王。

姚苌起兵时，其弟姚硕德自称征西将军，聚集羌族响应，据有陇城（甘肃秦安东北）及南安赤亭（甘肃陇西西）等地，进逼上邽（甘肃天水），与王统争夺秦州。在姚苌的增援下，天水地区的屠各及略阳的羌胡等两万余户响应姚硕德。王统投降后，姚硕德又进逼枹罕（甘肃临夏）。时陇右一带大旱，饥荒严重，道殣相望。苻登接掌河州后，便统兵五万，东下陇城，每战有胜，便以姚硕德部属为食，名为"熟食"。对其士兵曰："汝等朝战，暮便饱肉，何忧于饥！"民族仇恨驱使着他的士兵，个个勇不可当。姚苌闻讯，急召姚硕德："汝不来，必为苻登所食尽。"[1] 姚硕德只有放弃陇城，退屯南安（甘肃陇西渭水东岸）。苻登步步追逼，又克南安，夷夏归之者达三万余户。双方为争夺秦州（治今甘肃天水）鏖战不已。为确保关陇喉舌上邽，姚苌被逼亲自驰救。胡奴阜（今甘肃天水西）一战，后秦伤亡两万有余，姚苌亦被啖青射成重伤，龟缩上邽。此战使苻登威望骤增。

---

1 《晋书》卷115《苻登载记》。

　　是年十一月，符丕子渤海王符懿、济北王符昶自杏城来奔，符登才知道符丕已死。以皇统而论，符登可谓疏而又疏，本无即位之望。因符懿、符昶皆年幼，大家以为"国乱而立长君，《春秋》之义也。三房（后燕、西燕、后秦）跨僭，寇旅殷强，豺狼枭境，举目而是，自古厄运之极，莫甚于斯。大王挺剑西州，凤翔秦陇，偏师暂接，姚苌奔溃，一战之功，可谓光格天地。宜龙骧武奋，拯拔旧京，以社稷宗庙为先"[1]，符登被拥立为帝。此时关东已丧失殆尽，关陇大部分为后秦占有，凉州已是吕光的天下，南秦州（治今甘肃清水西北）则处于半独立状态，符登号令所及，仅河州及秦州的局部地区，此外还有关中杏城（陕西黄陵西南）一角。符登的势力被后秦分割在两地各自为战。西线枹罕在符登主持下，坚持了九年之久，东线杏城仅仅一年便被后秦歼灭。

　　现在先谈东线。

　　符登为帝后，拜据有杏城的符纂为使持节、都督中外诸军事、太师、领大司马、鲁王。由于姚苌新败，加上符登的支持，符纂势力一度有所扩张。一时间卢水胡彭沛谷、屠各董成和张世龙、新平羌酋雷恶地等纷纷归附。符纂拥众达十余万。太初二年（387）四月，符纂联合南秦州刺史杨定在泾阳（今属陕西）大败姚硕德，当姚苌亲自出动后，符纂才退屯敷陆（陕西富县），彭沛谷退守杏城。双方僵持到八月。此时，拥众两万、屯于杏城东南的前秦冯翊太守兰犊约会符纂，合攻长安。符登得报，统军前来配合。就在形势稍见好转的时刻，符纂弟符师奴为争权而发难，杀死符纂，自立为秦公。姚苌抓住

1　《晋书》卷115《符登载记》。

这一有利时机，集中全力对付东线。九月，泥阳（陕西耀州南）一战，苻师奴大败，逃奔鲜卑，所部投降了后秦。不久，兰犊又为后秦灭。苻登的势力大受削弱。

西线是前秦灭亡前夕与后秦争夺关陇的最主要的战场。为挽救危局，苻登尽力团结前秦残余势力窦冲、杨定、杨璧等，许以高官厚禄。其中有些人虽欲自立，在这种情况下，也就暂时和苻登联起手来，共同对付后秦。即使是乞伏国仁，苻登也极力笼络，遂其所愿，晋封为王，由此促使乞伏国仁及其后继者乞伏乾归长期不与苻登为敌。

苻登爱护士卒，颇得士众拥护。他又懂阵法，每战必以长稍钩刃为方圆大阵，自己居中指挥，随时调度，将士便无后顾之忧，各自为战，奋勇冲杀。

苻登深知哀兵必胜的道理。为激起众怒，他在军中特设四面有屏蔽的辒辌车一辆，中供苻坚神主，羽葆青盖，黄旗引导，精选三百武贲保卫。每次战前，他必领众将向神主祷告："维曾孙皇帝臣登，以太皇帝之灵恭践宝位。昔五将之难，贼羌肆害于圣躬，实登之罪也。今合义旅，众余五万，精甲劲兵，足以立功，年谷丰穰，足以资赡。即日星言电迈，直造贼庭，奋不顾命，陨越为期，庶上报皇帝酷冤，下雪臣子大耻。惟帝之灵，降监厥诚。"[1] 随即又将下一步行动详细呈告，痛哭流涕，哀感三军。将士人人悲恸，自觉地在头盔和铠甲上刻书"死""休"二字，表达他们为了复仇虽死无憾的决心。

苻登每战必胜。太初二年（387）九月，苻登推进到了

---

1 《晋书》卷115《苻登载记》。

胡空堡（陕西彬州西南），戎夏归之者十余万，威势颇盛。姚苌在击灭苻师奴后赶回徐嵩垒（胡空堡附近）与苻登对峙时，又屡屡败北。他怨愤难消，认定是苻坚阴魂作祟，便在胡空堡和徐嵩垒之间挖开苻坚坟墓，裸剥鞭尸，裹以荆棘，坎土埋之，想借此压压苻坚的阴魂，发泄一下胸中的怨气。孰料此举使苻登上下更加义愤填膺，作战更为勇猛。

双方在新平和安定（陕西镇原东南）一带相持一年有余。苻登因兵力有限，难以攻破姚苌的防线；姚苌以优势之众亦难击退苻登，对苻登将士个个拼死相搏更感无可奈何。关西的坞堡主们见后秦久战无功，对姚苌的信心开始动摇。河东人杨政、杨楷等各自招集流民数万，与苻登遥相呼应，形势对姚苌日趋不利。

太初四年（389）初，姚苌终于侦察到了苻登将士奋不顾身的奥秘，他照猫画虎，也在军中设立了苻坚的神主，撰写了一篇祷告词："往年新平之祸，非苌之罪。臣兄襄从陕北渡，假路求西，狐死首丘，欲暂见乡里。陛下与苻眉要路距击，不遂而没。襄敕臣行杀，非臣之罪。苻登陛下末族，尚欲复仇，臣为兄报耻，于情理何负！昔陛下假臣龙骧之号，谓臣曰：'朕以龙骧建业，卿其勉之！'明诏昭然，言犹在耳。陛下虽过世为神，岂假手于苻登而图臣，忘前征时言邪！今为陛下立神象，可归休于此，勿计臣过，听臣至诚。"[1] 这正是东施效颦，自挫锐气。姚苌亲自请来了苻坚的阴魂，搞得将士们寝食不安，人人自恐，军中每夜无故自惊，战则大都失利。

---

1 《晋书》卷115《苻登载记》。

苻登讥笑姚苌:"自古及今,安有杀君而反立神象请福,望有益乎!"他大呼挑战:"杀君贼姚苌出来,吾与汝决之,何为枉害无辜!"[1]安丘(安定界内)一战,姚苌又损兵二万五千余。连连败北使姚苌醒悟过来了,一怒之下,他捣毁了苻坚神主,决定凭自己的智谋和胆略与苻登一搏。

苻登屡战有胜,日渐骄傲。他锐于挑战,却疏于防范。他在大界(安定与新平之间)立营,安置男女老幼及辎重,时时亲统军马四出攻掠,把镇守的重任交给了年幼的儿子苻尚以及虽有武勇却无统军之能的皇后毛氏。姚苌曾偷袭过大界,并没有引起苻登的重视。太初四年(389)八月,姚苌再钻苻登这个空子,乘苻登进逼安定的时机,命尚书令姚旻缠住苻登,亲提精骑三万,夜袭大界。前秦守营将士犹在酣梦之中,姚苌部属已经破寨而入,苻尚被杀,数十名将领在睡梦中成了俘虏。毛后警觉,统壮士数百力战。姚苌挥军围攻,亲自督战,见毛后貌美,下令活捉,意欲收为嫔妃。孰料毛后武艺出众,勇冠三军,尤善骑射,后秦将士七百余人在其枪挑箭射下白白送掉了性命。终因寡不敌众,毛后力尽被擒,不屈而死。前秦大营虽失,将士们犹奋战不已。后秦诸将要求全线出击,毕其功于一役,消灭苻登。历史上骄将击怒兵,先胜后败的实例不少,姚苌怕诸将骤胜而骄,为苻登所乘,乃晓谕全军:"登众虽乱,怒气犹盛,未可轻也。"[2]勒兵罢战,不失为高明之举。苻登收拾残余,退屯胡空堡(陕西彬州西南)。

---

1 《晋书》卷 115《苻登载记》。
2 《晋书》卷 116《姚苌载记》。

是役，苻登辎重尽失，五万余众被俘。这是他兴兵以来从未有过的惨败。如果说过去苻登认为凭其武勇可以击败姚苌，收复关陇的话，经此一役，他的信心动摇了。因此，大界之役实际上是苻登和姚苌争夺关陇的转折点。自此以后，苻登颓势频现，将其立足点由胡空堡移到了平凉（甘肃平凉西北），被迫进一步依赖据有南秦州的窦冲，据有仇池和略阳的杨定以及屯据河西的杨政和湖、陕之间的杨楷。为此，他拜窦冲为大司马、都督陇东诸军事、雍州牧，杨定为左丞相、都督中外诸军事、秦梁二州牧，杨政为监河西诸军事、并州刺史，杨楷为都督河东诸军事、冀州刺史，请他们集兵支持，会攻长安。

苻登颓象虽现，但在太初五年（390）至太初六年（391）间，曾有两次转机。

太初五年初，苻登在杨定、杨璧的支持下，以窦冲为前锋大都督，倾巢而出，直逼长安。沿途势如破竹，前锋次于新丰（陕西临潼东北），距长安只有六十来里。四月，其镇东将军魏褐飞自称冲天王，统氐、胡数万攻打杏城，后秦镇东将军雷恶地起而响应，攻打李润堡（陕西大荔北）。南北夹击，颇有声势。后秦诸将都以近在咫尺的苻登为劲敌，只有姚苌深以魏褐飞和雷恶地为忧，决定乘二人立足未稳之时，给以致命的打击。乃亲统一千六百精骑，潜行东北。群臣不解：陛下不忧六十里苻登，乃忧六百里褐飞？原来数年交战后，姚苌摸透了苻登迟重少决的特点，估计他不会轻易推进，因此对群臣曰："登非可卒殄，吾城亦非登所能卒图。恶地多智，非常人也。南引褐飞，东结董成，甘言美说以成奸谋，若得杏城、李润，恶地据之，控制远近，相为羽翼，长安东北非复吾有。"时陕东北一带少数民族豪酋纷纷起兵支持魏褐飞和雷恶地，前来会师者络绎不绝。姚苌欣喜万分。人问其故，他仿照昔日曹操兵取关中时的话曰："今同恶相济，皆来会集，吾得乘胜席卷，一举而覆其巢穴，东北无复余也。"[1]双方相持近一年，姚苌不断游军袭击，杀敌一人，在营中植树一棵以旌战功，累计植树三万有余。魏褐飞等见姚苌并不加兵，决心尽众一击。姚苌示之以弱，固垒不战，密遣其子姚崇统骑数百，潜入敌后，突然冲杀。魏褐飞阵后大乱，姚苌乘势纵兵杀出，魏褐飞授首，万余众被歼。雷恶地请降，姚苌待之如初。

雷恶地猛毅清肃，富于智计，颇善用兵，声震岭北。他诚心归服姚苌，所起影响甚大。后秦在岭北的统治日渐稳定下来。

这年七月，郭质起兵广乡（陕西华阴境内），发布檄文，响应苻登。三辅一带支持者甚多，只有郑县（陕西华阳）人苟曜聚众数千附于后秦。其实苟曜心持两端，不过是想和郭质一争首功而已。当他在后秦的支持下击灭郭质，聚众一万，势力增长后，便在次年四月密结苻登，许为内应。苻登即刻移师繁川（陕西长安境内），威胁长安。马头原（长安东）一战，苻登阵斩后秦右将军吴忠。姚苌估计苻登突然由杜陵移师长安东郊，可能是苟曜作祟，只有立刻解决，方能防患于未然。为此，他整军再战，迫使苻登退屯郿县（陕西眉县东）。果然，苟曜不敢轻动了，不久，为姚苌计除。至此，尽管在日后的几次恶战中，苻登还打了几个胜仗，但

---

1 《晋书》卷116《姚苌载记》。

总的趋势是节节后退，败局已无可挽回。

太初八年（393），苻登行将灭亡，内部矛盾爆发，右丞相窦冲求封天水王后，自称秦王，与后秦联和。苻登率军镇压，姚苌抓住时机命太子姚兴佯攻胡空堡（陕西彬州西南），亲统兵马突袭平凉（甘肃平凉西北），将苻登辎重掳掠一空。

苻登已不堪一击了，但还做了最后的挣扎。太初九年（394）春，他乘姚苌新死、姚兴即位之机，留太子苻崇防守胡空堡，次子安成王苻广留守雍城（陕西凤翔南），尽众而东，求侥幸于一掷。四月，废桥（陕西兴平东北）一战，苻登全军覆灭，单骑奔窜雍城，岂料苻崇、苻广得讯后早已弃城而走。苻登退无所归，收拾余众，进入马毛山（平凉最险要地段），凭险挣扎。七月，苻登被姚兴俘杀，时年52岁。

苻崇逃到湟中（宁夏西宁西南），登上帝位，改元延初（394），追谥苻登为高皇帝。十月，苻崇为乞伏乾归击杀。前秦亡，传六帝，立国凡44年。

苻登好勇斗狠，善养死士，可以说把氐族"勇戆抵冒"的特点发挥到了极致。他在位九年，几乎无月不战，但他绝非一个军事家。每次大战，差不多都给敌手留下许多可钻的空子。在机智谋略上，他远不如姚苌，为此惊呼："此为何人，去令我不知，来令我不觉，谓其将死，忽然复来，朕与此羌同世，何其厄哉！"[1] 他也不会用人，九年之中，单枪匹马东冲西杀，部下居然没有一个谋略出众的人才，甚至勇冠三军的战将也极

---

1 《晋书》卷 115《苻登载记》。

也少见。在敌我力量悬殊的情况下，苻登之所以能支撑九年，关键还在于苻坚的余荫。乱世之秋，关陇各族人民难免追忆昔日苻坚在位时的和平岁月，促使他们起而支持苻登。但苻登一味贾勇好战，在政治和经济上没有任何建设性措施。人民失望了，苻登失败了！

附：前秦世系表

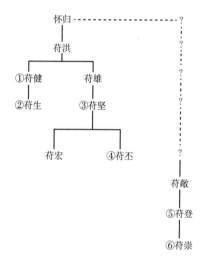

说明：

1. 实线表明直接世系，虚线表明辈分。

2. 数字表明为帝的先后。

前秦的文化

〖第七章〗

第一节 经学、玄学和文学

一、经学和玄学

前秦的文化在苻坚统治时期达于鼎盛。

魏晋之际，特别是晋末永嘉之乱之后，迭经战乱，儒生罕存，儒家的经典大都散佚殆尽。当时的情况恰如博士王寔所言："自刘石扰覆华畿，二都鞠为茂草，儒生罕有或存，坟籍灭而莫纪，经沦学废，奄若秦皇。"[1] 苻坚和王猛务实而鄙薄玄学，对读经相当重视，当世著名的通儒习凿齿、苏通、刘祥、郭瑀、公孙永、王欢和胡辩者流，均蒙礼聘，其中相当一部分人物被聘到了长安和洛阳。苻坚对搜罗和整理各种儒家的经典给予了较大的关注，经常到太学去"问博士经典，乃悯礼乐遗阙"[2]。他得知苏通和刘祥精于《礼记》和《仪礼》后，特设两个祭酒，任苏通为《礼记》祭酒，置于东庠，刘祥为《仪礼》祭酒，置于西序。"每月朔旦率百僚亲临讲论。"[3]《周官》失传已久，博士卢壶奏称："窃见太常韦逞母宋氏世学家女，传其父业，得《周官》音

---

1 《晋书》卷113《苻坚载记上》。
2 《晋书》卷96《列女·韦逞母宋氏传》。
3 《太平御览》卷236引《十六国春秋·前秦录》。

义，今年八十，视听无阙，自非此母无可以传授后生。"苻
坚立刻在韦逞家设立讲堂，特置生员 120 人，让他们"隔
绛纱幔而受业"；封宋氏为宣文君，赐侍婢 10 人。《周官》
由此复行于世。在苻坚的关注下，经过几年的努力，终于
"正经粗集"[1]。

前秦经学之盛，在十六国屈指可数。由于其统治的时间
短暂，经学虽未见有多大的发展，甚至亦难谈恢复，但前秦
对经学的保存和传播还是有所贡献的。

在王猛的要求下，苻坚禁读"老庄"，但玄学作为当时
的统治思想，所提出的各种命题已成了哲学家们热衷探求的
内容，挥麈清谈又是上层统治集团及文人的时尚，这就绝非
一纸命令所可禁绝的了。随着苻氏集团文化水准的提高，王
公权贵亦染清谈之风，如苻融，"谈玄论道，虽道安无以出
之"[2]。最著名的人物当首推苻朗。他"手不释卷，每谈虚语
玄，不觉日之将夕；登涉山水，不知老之将至"，在玄学上
的造诣，连东晋清谈老手亦叹为观止："既至扬州，风流迈
于一时，超然自得，志陵万物，所与悟言，不过一二人而
已。"[3]他著有《苻子》数十篇（一说十余篇），《晋书》本传
曰："亦老庄之流也。"在隋唐时还颇有影响。现已失传，难
窥其堂奥了。

二、文学

汉魏六朝，志怪小说流行，王嘉的《拾遗记》是其中较

---

1 《晋书》卷 96《列女·韦逞母宋氏传》。
2 《晋书》卷 114《苻坚载记下》附《苻融传》。
3 《晋书》卷 114《苻坚载记下》附《苻朗传》。

有价值的一种。

《拾遗记》何人所作，历来颇有争论。一曰王嘉，一曰萧绮，偶或亦有认为是虞义者，但以前两人之间的争论为多。齐治平先生指出，所谓萧绮或虞义者都是孤证。由文笔辞彩来看，萧绮所作与《拾遗记》颇为不同。《拾遗记》中所表达的思想和观点，也和贵家出身的萧绮颇有异趣。因此，齐治平先生推断为王嘉所作。笔者从齐治平先生之说。[1]

《拾遗记》今存共十卷，前九卷上起"庖牺"，下讫东晋，名曰叙史，实为荒诞不经的神话或道听途说的传闻。没有什么史料价值，只能作为饭余茶后的谈资。第十卷则是对昆仑等九座道教仙山的描绘。

《拾遗记》文笔质朴，但亦不乏靡丽之处。书中有不少谣、谚、诗歌，有的可能是王嘉采录，有的可能是王嘉自作。其中《皇娥歌》《帝子歌》《淋池歌》等，情致幽深，辞彩可观，可以说是当时诗歌中的佳作。《拾遗记》中既有流传甚广的神话传说，亦有一些科幻性的传闻。许多篇章有头有尾，叙述跌宕起伏，情节复杂，铺叙有致，在当时的志怪小说中堪称上品佳作，具有一定的文学价值。

《拾遗记》作为志怪小说，大多充斥迷信思想，但作者有时亦通过某些人物的活动，鞭挞了统治阶级的骄奢淫逸、醉生梦死，寄托了一些人们对美好生活的向往。因而还是有可取之处的。

符坚好诗，吉享嘉会，登高凭吊，必有诗歌酬唱，并亲

1　参见齐治平先生校注《拾遗记·前言》，中华书局，1981。

自评判。在他的倡导下，前秦诗歌较盛，似可断言，但流传至今者极少。在逯钦立辑校的《先秦汉魏晋南北朝诗》中，可断为前秦诗歌的有三十余首。其中民歌十三首，其余为文人作品。这些诗歌大多为断章散句，完整者不足二分之一。

今存民歌、谣、谚大多以讽喻时政为主，语言朴实，直抒胸臆。其中最著名的是《苻坚时关陇人歌》，歌颂了苻坚统治前期关陇地区政治清明、经济文化恢复发展的情状。前已引述，此处不赘。

文人以赵整和苏蕙较著名。

赵整，字文业，一曰洛阳清水人，一曰济阴（山东定陶西北）人。他"情度敏达，学兼内外，性好讥谏，无所回避"[1]，历官著作郎、黄门侍郎、武威太守。他信佛佞佛，道安译经班子中著名的经师昙廖难提便是由他请来的。他协助道安的译经工作，参加了《增一阿含经》的翻译。苻坚死后，赵整落发为僧，取名道整，遁迹商洛山，死于襄阳，终年60余岁。

今存赵整诗歌五首，全是讽谏诗，均较完整。其中最著名的是《琴歌》，前已引述。昔日文人的讽谏诗大都是"劝百谏一"，赵整的讽谏诗具有犯颜直谏的特征，寥寥数语，切中时弊，流传甚广，确实是"无所回避"，堪称讽谏诗中的佳作。

苏蕙，字若兰，一曰武功（今陕西武功西北）人，一曰始平（今陕西兴平东南）人。"智识精明，仪容妙丽"[2]，是当时著名的女诗人。她16岁时嫁给窦滔，夫妻感情甚笃。窦滔

---

1 《高僧传》卷1《赵整传》。
2 《诗类苑》卷96。

文武全才，颇得苻坚赏识，官至秦州刺史。后窦滔纳赵阳台
为妾。阳台能歌善舞，妙解人意，极得窦滔宠爱。苏蕙怨怒
难平，借机发作，毒打赵阳台，由此夫妻反目。窦滔受命出
镇襄阳时，只带赵阳台赴任，断绝了和苏蕙的关系。苏蕙悔
恨自伤，织锦为《回文旋图诗》(又名《璇玑图诗》)，计840
字，命人送达襄阳。窦滔读后，深受感动，送赵阳台回关中，
接苏蕙到任所，夫妻恩爱，甚于往昔。

《回文旋图诗》回文而就，苏氏自称，不得个中关窍，
常人莫能解之。若能破解，循环婉转读来，便成200余首情
致缠绵凄婉的妙诗，一度曾盛传于世。所以武则天评曰"纵
横反复，皆为文章"，"才情之妙，超今迈古。"[1]

据传，苏蕙有诗文5000余言，《晋书》本传亦称她
"善属文"，但"文多不录"。大体上经隋末战乱后，苏氏
所作，已散佚殆尽。《诗类苑》收录的《璇玑图诗》，武则
天认为是苏蕙所作，真伪如何？限于功力，难以置辩，于
此存疑。

第二节　宗教

一、道教

魏晋之际，是原始道教向御用道教转化的关键时期，流
传既广，势力也颇大。前秦受其影响，当无例外。前秦境
内，丹鼎派的著名人物有张忠和王嘉，符箓派的著名人物则

---

1 《诗类苑》卷96。

为孟钦。

张忠，字巨和，中山（河北定县）人，生年不详，约死于苻坚统治初期。《晋书》本传载，自永嘉之乱后，张忠"隐于泰山，恬静寡欲，清虚服气，餐芝饵石，修导养之法。冬则缊袍，夏则带索，端拱若尸。无琴书之适，不修经典，劝教但以至道虚无为宗"。他修建道坛，每日礼拜，穴居求仙，练气服食，认为"天不言而四时行焉，万物生焉"。自称"东岳道士"，门下徒众甚多，是北方地区影响颇大的一个道教人物。

王嘉，字子年，洛阳人[1]。生年不详，死于后秦初年。《晋书》本传记载，他"轻举止，丑形貌，外若不足，而聪睿内明。滑稽好语笑，不食五谷，不衣美丽，清虚服气，不与世人交游"。初隐东阳谷，后隐终南山，门徒常有数百，穴居，练气服食，是影响较大的道教人物，名动王公贵族，苻坚、姚苌及慕容冲等都殷勤礼聘。著有《牵三歌谶》一卷，《拾遗记》（又名《拾遗录》）十卷。前者为谶纬之类的书籍，多隐语预言未来之事。《拾遗记》亦多神仙道家之言，但其文学价值高于宗教价值，已在文学中略加介绍。

孟钦，洛阳人，生卒年不详。《太平御览》卷9引《十六国春秋·前秦录》中又名盖钦。比较他们的事迹，当是同一人，"孟""盖"二字，当是传抄之误，以何字为准，缺少佐证，现以《晋书》为凭，故书作孟钦。《晋书》本传说他"有左慈、刘根之术，百姓惑而赴之"，在人民中间有

1　此据《高僧传》卷5《道安传》。《晋书》本传曰"陇西安阳人"，查陇西并无安阳县。

较大的影响和号召力，当是符箓派的传人。

由张忠宣扬"至道虚无为宗"来看，前秦境内的丹鼎派和时代的趋向一样，走着道玄合流的道路。王嘉和道安是密友，两人经常探讨谈道，这又和佛教借助道教传播，道教吸收佛教经义的风尚相吻合。

丹鼎派追求练气服食，长生不老，白日飞升，成仙得道，此外还有满足统治阶级骄奢淫逸生活的多种法门，完全是御用宗教；符箓派则具有一些原始道教的性质。因此，苻坚对他们的态度也就完全不同。张忠死后，苻坚特意追谥他为"道安先生"，命令黄门侍郎韦华持节策吊，祀以太牢，褒赐命服，仪式极为隆重。对于王嘉，苻坚则视作神圣，前已叙述，不再重复。对符箓派，苻坚采取的完全是高压手段，力图禁止。他把孟钦诱请到长安后，便立刻命令以"惑众"的罪名格杀。

二、佛教

佛教作为外来宗教，自汉朝传入中国后，始则借助神仙方术，继则依附于玄学，这固然是外来宗教中国化的开端，同时也说明它的流传极为艰难。汉魏之际，佛教已逐步在民间传播，但影响还小。它的盛行，开始于东晋六国时期，连绵不断的战乱、尖锐复杂的民族矛盾和阶级矛盾、统治阶级朝不保夕的处境、广大人民死中求生、颠沛流离的苦难生活，使当时的中国成为佛教流传的极好的土壤。汉族统治阶级由排斥佛教转向利用佛教巩固统治。统治阶级态度的转变，为佛教的流传打开了方便之门。南北比较，南方还有相对安定的环境，北方战乱频仍，政权更迭频繁，北方人民的苦难更甚于南方；少数民族统治者对佛教的依赖和提倡，也远过于南方。因而佛道在北方的流传远比南方为盛。

十六国时期，内迁少数民族统治者虽然凭借武力在中原建立政权，称王称帝，但过去长期被奴役的屈从地位，使他们普遍具有强烈的民族自卑感，特别是面对"正朔相承"的封建正统观念，心理上更为怯懦，急于寻找一种理论为其入主中原辩护。佛教对巩固封建统治固然十分有利，它所宣扬的理论又无华夏之别和正朔相承之类的观念，尤其是神不灭、因果报应、三世轮回等学说，对少数民族统治者入主华夏更有辩解的作用，由此成为他们力图利用和提倡的精神武器。借助佛教为其入主华夏打强心针的，语言之直率，无过于后赵的统治者石虎了："朕生自边壤，忝当期运，君临诸夏，至于飨祀，应兼从本俗，佛是戎神，正所应奉，夫制由上行，永世作则，苟事无亏，何拘前代。其夷、赵、百蛮有舍其淫祀，乐事佛者，悉听为道。"[1] 苻坚在接受汉文化和提倡儒学方面，在内迁少数民族统治者中，堪称一个佼佼者，可是儒学中夷夏之别十分严格，正统思想是其脊髓，这对于力图做一个一统天下之主的苻坚来说，显然是美中不足的。他反对王猛和苻融等人正朔有别的说法，却同样要以封建正统自居，说明正统思想是他摆脱不了并想据为己有的思想藩篱。因此，他相信图谶，同时又竭力罗致高僧，借助佛教。当时，在佛教界中享有盛誉的高僧首推释道安、鸠摩罗什和竺僧朗三人。道安是内地佛教界的首领，鸠摩罗什是西域佛教界的首领，僧朗的声望仅次于这二人，于此三人，苻坚都想罗致。《高僧传·鸠摩罗什传》载："苻坚建元

---

1 《高僧传》卷9《佛图澄传》。

十三年（377），岁次丁丑，正月，太史奏云，有星见于外国分野，当有大德智人入辅中国。坚曰：'朕闻西域有鸠摩罗什，襄阳有沙门释道安，将非此耶。'即遣使求之。"《太平御览》卷122引《十六国春秋·前秦录》中，更把"大德智人"四字改为"圣人"，并在"入辅中国"之后又加上了"得之者昌"。大德智人也罢，圣人也罢，在苻坚的心目中，首先把这类崇高的称号甚至国家的兴衰存亡和高僧联系在一起，不难想见他罗致高僧的迫切心理。当释道安还在襄阳的时候，苻坚就特意遣使送去"外国金箔倚像，高七尺；又金坐像、结珠弥勒像、金缕绣像、织成像各一尊"[1]。他夺取襄阳，得到释道安后，"谓仆射权翼曰：'朕以十万之师取襄阳，唯得一人半。'翼曰：'谁耶？'坚曰：'安公一人，习凿齿半人也。'"[2]道安随时可以参加前秦的军国大事，苻坚对他尊崇异常，言听计从，特意下令："学士内外有疑，皆师于安。"所以，京师为之语曰："学不师安，义不中难。"[3]道安在前秦的地位，王公权贵及儒学名流们莫与为比。他可以和苻坚同辇出游，苻坚的心腹宠臣权翼看不过去，强调皇帝至高无上："臣闻天子法驾，侍中陪乘，清道而行，进止有度。三代末主，或亏大伦，适一时之情，书恶来世。故班姬辞辇，垂美无穷。道安毁形贱士，不宜参秽神舆。"言辞之激烈，在群臣对苻坚的谏诤中可谓独一无二。孰料一向以至高无上自诩的苻坚居然大怒，斥责权翼，说出了一番令群臣惊诧不已的话："安公道冥至境，德为时尊，朕举天下之重，未足以易

1　《高僧传》卷5《释道安传》。

2　《高僧传》卷5《释道安传》。

3　《高僧传》卷5《释道安传》。

之。非公与辇之荣，此乃朕之显也。"强令权翼扶道安上辇，并安慰道安曰："朕将与公南游吴越，整六师而巡狩，谒虞陵于疑岭，瞻禹穴于会稽，泛长江，临沧海，不亦乐乎！"[1]苻坚借助佛教提高自己声望的意图，于此昭然若揭。

《广弘明集》保留了一篇苻坚给竺僧朗的书信，其用词之谦卑，对僧朗的推崇，与这位雄姿英发、以一统天下之主自居的皇帝可谓判若两人："皇帝敬问太山朗和尚：大圣膺期，灵权超逸，荫盖十方，化融无外，若山海之养群生，等天地之育万物……朕以虚薄，生与圣会，而隔万机，不获辇驾。今遣使人安车相请，庶冀灵光回盖京邑。今并送紫金数斤，供镀形象；绢绫三十匹，奴子三人，可备洒扫。至人无违，幸望纳受。想必玄鉴见朕意。"

此类情状，是儒学名流们根本不能企及的。对于鸠摩罗什，苻坚也始终念念不忘，特意授命吕光："朕闻西国有鸠摩罗什，深解法相，善闲阴阳，为后学之宗，朕甚思之。贤哲者，国之大宝，若克龟兹，即驰驿送什。"[2]《高僧传》把苻坚发兵襄阳说成了夺取道安；吕光西征是为了礼聘鸠摩罗什，特别是后者，《晋书》《十六国春秋·前秦录》《太平御览》更是众口一词，虽然言之过偏，但这确实也是吕光西征的一个重要原因。

此时，各地寺院建筑兴盛，举世闻名的东方文化宝库敦煌莫高窟就始建于前秦建元二年（366）。今存武周圣历元年（698）李怀化《重修莫高窟佛龛碑》："莫高窟者，厥前

---

1 《晋书》卷114《苻坚载记下》。

2 《高僧传》卷2《鸠摩罗什传》。

秦建元二年，有沙门乐僔，戒行清虚，执心恬静。尝杖锡林野，行至此山，忽见金光，状有千佛，（逐驾空镌岩，大造龛像。）次有法良禅师从东届此，又于僔师窟侧，更即营造，伽蓝之起，滥觞于二僧。"[1]于今乐僔所开之窟遗址难觅，莫高窟究竟创建于何时，亦稍有争议，但此举毕竟是我国文化史上的一件大事，值得一提。

与此相应的是僧尼数字的急剧增加。早在后赵时，僧尼之多已危及封建政府的赋税收益，石虎的诏令已显露了此类忧虑："今沙门甚众，或有奸宄避役，多非其人，可料简详议。"[2]前秦僧尼数字史籍无据，我们只知道仅长安城中便有僧侣数千，外地怎样，难以引述。《晋书·苻丕载记》载，苻丕败后，"徐义为慕容永所获，械埋其足，将杀之。义诵《观世音经》，至夜中，土开械脱，于重禁之中若有人导之者，遂奔杨佺期，佺期以为洛阳令"。这无疑是僧侣们编造的一段神话窜进了正史，但于此亦可见到在苻坚的倡导下，佛教流传甚广的情况。僧尼数字超过后赵大概没有什么疑问，苻坚下令"沙汰众僧"[3]，应该亦包含赋役收入的问题在内。后秦统治时，"沙门坐禅者恒有千数。州郡化之，事佛者十室而九矣"[4]。这类现象的出现，固然与姚兴崇佛、佞佛有关，与苻坚统治时为佛教的传播进一步奠定了基础也密不可分。

前述三人中，鸠摩罗什在吕光西征中被罗致，进抵河西走廊，前秦崩溃，留居姑臧（甘肃武威）多年，后秦时才来

---

1 碑文中"状有千佛"后残缺，括号内文字据《莫高窟记》补。

2 《高僧传》卷9《佛图澄传》。

3 《高僧传》卷5《竺僧朗传》。

4 《晋书》卷117《姚兴载记上》。

到长安。罗什与苻坚并未谋面，其主要活动是在后秦，因此这里介绍僧朗和道安两人。

僧朗，京兆（陕西西安）人。曾师从佛图澄，与道安共为佛图澄的高足。前秦皇始元年（351）卜居泰山，在金舆谷建造房舍数十区，传播佛教，徒众常有百余人。他佛学修养高，活动能力亦强，名动王公。他号召佛教徒与道安互通声气，曾召集过金舆谷大会，金舆谷一度成为河济间佛教重镇，后人称之为"朗公谷"。

前秦时声望最隆、影响最大，并在我国佛教史及文化史上占有一席之地的是释道安。

道安（321-385），俗姓卫，常山扶柳（今河北衡水西南）人。出生儒学世家，幼丧父母，少为外兄孔氏所养。他12岁出家，因形貌欠佳，不得其师欢心，在田间驱使服役达三年之久。道安矢志精研佛学，勤奋好学，悟性超人，记忆力尤佳。史称他"启师求经，师与《辩意经》一卷，可五千言，安赍经入田，因息就览，暮归以经还师，更求余者。师曰：'昨经未读，今复求耶？'答曰：'即已暗诵。'师虽异之，而未信也。复与《成具光明经》一卷，减一万言，赍之如初，暮复还师。师执经覆之，不差一字"[1]。其师叹服，亲为剃度受戒，任其游学。道安24岁时到达邺中寺，师从佛图澄。佛图澄是备受石勒和石虎宠信，后赵君臣都称之为"大和尚"的著名僧侣，佛学修为甚高，尤精禅定。道安极蒙佛图澄青睐，佛图澄对众僧曰："此人远识，非尔俦也。"佛图澄讲法，道安复述，并解答僧众疑难，语惊四邻，游刃

---

1 《高僧传》卷5《释道安传》，以下凡关于道安事迹不注出处者皆出此卷。

有余，故时人语曰："漆道人，惊四邻。"佛图澄死后，后赵大乱，道安先后避难河北、山西，颠沛流离中，对佛学仍然孜孜追求。他53岁时到达襄阳，在南方佛教重义理的影响下，又精研般若学。建元十五年（379），道安到达长安，终葬五级寺。

道安的一生是精研佛学的一生，也是传播佛教的一生，他对佛教所做的贡献，主要体现在四个方面：培养徒众，组织僧侣传教；制定僧侣戒规；整理和翻译佛经；创立般若学中本无宗学派。现依次介绍。

1. 培养徒众，组织僧侣传教

道安在河北时，声名已著。他在恒山创建寺塔，集徒众数百。在襄阳（今湖北襄阳），他先住白马寺，后建檀溪寺，该寺规模宏伟，拥有房舍四百余间，所集徒众更多。到达长安后，长安一度成了我国的佛教中心，聚集僧侣数千之众。道安讲经说法，传播佛教并培养了大批僧侣。其门徒足迹几乎遍及大河上下、长江南北。东晋著名僧侣中，慧远、慧永、慧持、法迁、法和、昙翼、道立、昙戒、道愿、僧富、法汰等均出自道安之门，或受惠于道安。其中，有的继他成了佛教界的领袖（慧远），有的则是般若学中幻化宗（道一）、本无异宗（竺法汰）的开山祖。

道安组织僧侣到处传教的活动主要有两次。苻坚建元元年（365），道安等避难南下，行次新野（今属河南），谓徒众曰："今遭凶年，不依国主，则法事难立。又教化之体，宜令广布。"得到徒众及同行僧侣的支持。佛教传入中国后，虽然力图依赖政治势力（如佛图澄之流）弘扬佛法，但明确提出者，道安可谓首批人物。建元十四年（378），在苻丕攻克襄阳前夕，道安又"分张徒众，各随所之"[1]。

道安的上述活动是我国佛教史上的大事，佛教之后在我国绝大部分地区流行，与此密切相关。过去益州的佛教势力极为薄弱，自道安门徒法和、昙翼相继到达后，佛教徒众渐增。东晋一代，益州的著名僧侣几乎都是道安的徒党。慧远被派遣到荆州（治今湖北江陵）后，创建了东林寺，成为荆州佛教重镇。昙翼在上明（湖北随县东北）所建东西二寺，到唐代时发展成为我国著名的寺院。法汰到达建康（江苏南京）后，上自皇帝，下至庶民，许多人都成了他的信徒。

过去，僧侣们以师为姓，故姓名不同。道安认为"大师之本，莫尊释迦，乃以释命氏"。日后不久译出的《增一阿含经》中，果有此等意思："四河入海，无复河名，四姓为沙门，皆称释种。"道安的倡议为僧侣们接受了。自此，僧侣皆以"释"为姓。魏晋时代，重视姓氏门第，道安此举，无疑有抬高佛教徒的地位、统一佛教徒众、进一步传播佛教的作用。

2. 制定僧侣戒规

佛教传入中国后，如何约束僧众是佛教能否昌盛发达的重要课题。此时，印度佛教戒律还没有传入中国，我国佛教谈不上什么戒规，针对这种状况，道安制定了一些清规戒律，其条目有："一曰行香、定座、上经、上讲之法，二曰常日六时行道、饮食、唱时法，三曰布萨、差使、悔过等法。"可见，道安制定的清规戒律甚为细微。习凿齿曰，道安主持的檀溪寺"师徒肃肃，自相尊敬，洋洋济济，乃是吾由来所未见"，结果是"天下寺舍，遂则而从之"。之后道安又广求并翻译出了

---

1 《高僧传》卷 6《释慧远传》。

许多佛教的戒规，在佛教界广为流传。直到鸠摩罗什来到长安，译出律藏后，道安制定的清规戒律才被取代。

3. 整理和翻译佛经

汉魏以来，随着佛教的逐渐流传，汉译佛经逐渐增多，但直到道安以前，并无一本有关佛经目录学的书籍。道安在襄阳时，广泛收集整理，考定译经的时间及译者，评判译文的优劣，编纂了《综理众经目录》(此为后人提名，道安原著早已散佚了)。这是我国历史上第一部佛经总目，不但有利于佛教在我国的流传，在我国目录学史上也有相当重要的地位。

道安被苻坚礼聘到长安后，主要的精力用于组织和主持佛经的翻译，他礼聘著名经师竺佛念、僧伽提婆、昙摩难提、僧伽跋澄和佛图罗刹等译经，在赵整的协助下译出佛经187卷、百万余言。

佛经是宣传佛教的依据，佛经的翻译和诠释又是佛教中国化的必由之路。过去汉译佛经虽多，但由于较早来华的胡僧梵客一般不带经本，只凭默记口诵传授，他们一般不懂汉语中文，参与翻译的汉人佛学修为甚差，文化程度及文字表达能力参差不齐，梵文的文句章法和中文又大不相同，而早期佛经翻译步骤又极繁杂，往往经过梵僧口诵，梵僧用梵文笔录，照笔录本用汉语宣读，汉人用汉文笔录整理等过程，西来僧众汉语修为略高者，译经过程虽可简化，但既然只凭记忆，就难免谬误，而且大多为断章零品，文句艰涩，实难品读。有道高僧往往要收集众多译本，寻文比句，花费大量精力，才能窥其堂奥于一二。道安主持的翻译队伍，通晓梵语中文，精研佛经，均为当时高手。其中如竺佛念，"有通敏之鉴，讽习众经，粗涉外典，其苍雅诂训，尤所明达。少好游方，备观风俗，家世西河，洞晓方语，华戎音义，莫不兼解，故义学之誉虽阙，洽闻之声甚著"，被时人称为"译人之宗"[1]。僧伽提婆"学通三藏，尤善《阿毗昙心》，洞其纤旨"[2]。昙摩难提"研讽经典，以专精致业，遍观三藏，暗诵《增一阿含经》，博识洽闻，靡所不综，是以国内远近，咸共推服"[3]。僧伽跋澄"毅然有渊懿之量，历寻名师，备习三藏，博览众典，特善数经，暗诵《阿毗昙毗婆沙》，贯其妙旨……至长安，咸称法匠焉"[4]。佛图罗刹"德业纯粹，该览经典，久游中土，善闲汉言，其宣译梵文，见重苻（秦）世"[5]。道安不懂梵文，但其佛学修为在当时堪称首屈一指，书法、诗歌、经学和玄学的造诣备受时人赞颂。习凿齿说他"理怀简衷，多所博涉，内外群书，略皆遍睹，阴阳算数，亦皆能通"。他在主持译经之余，亲自参加诠定文字，探求文意，并为所译经文作序。他深知翻译之艰难，并在此基础上总结了"五失本，三不易"的经验。所谓"五失本"，主要是指翻译中若出现下列五种情况，便可能使译本不符合佛经原意。其一，按梵文句法译成中文。其二，以为文字重复而删掉佛经中反复咏叹或再三叮咛的文句。其三，梵文质朴，译成中文，需加辞藻修饰或借用中国固有的哲学术语。其四，删节梵文经本中各个段落重复解释的文句。其五，精简佛经中重复的事例。因此他主张直译，句法遣词应符合中

---

1 《高僧传》卷1《竺佛念传》。
2 《高僧传》卷1《僧伽提婆传》。
3 《高僧传》卷1《昙摩难提传》。
4 《高僧传》卷1《僧伽跋澄传》。
5 《高僧传》卷1《佛图罗刹传》。

文的结构并进行必要和适当的文字修饰。"三不易"是指在翻译佛经时不容易做到的三种情况：其一，既要忠实于佛经，又要使平常人能读懂。其二，古代的习俗，翻译时不易译成适合于现时的状况；其三，佛学修为较浅者不容易译出佛经中深奥的含义。在这些经验的指导下，道安主持翻译的佛经，质量之高，堪称当时之冠。至于他总结的经验，对日后翻译外来文化也有相当积极的影响。可以说是以前翻译工作的一个阶段性总结，标志着翻译工作新时期的来临，在我国翻译史上具有重要的地位。

4.创立般若学中本无宗学派

当时在内地流传的佛教，既有小乘教派，又有大乘教派；南北两地佛教的差异也相当大，北方重禅学，南方重义理（般若学）。道安兼容并包，是当时佛学的集大成者。道安对禅学练习甚勤，他所追求的至高境界是往生兜率（佛教宣扬的弥勒净土）。但禅学往往借助幻术传教，佛图澄便是其中荦荦者。和佛图澄不同，道安重禅学，却不热衷于幻术，所以和他交往颇深的习凿齿说他"无变化技术可以惑常人之耳目"。道安更偏重通过宣扬和钻研佛教的义理招揽徒众，麻醉人民。他晚年对般若学的钻研尤为勤恳，道安的著述极丰，约略统计，有60余种，流传至今的达20余种。其著作中有三分之一左右是探讨般若学的。就道安的宗教唯心主义观念来说，也有一个发展的过程。本无义应是道安前期宗教活动所创立的一个学派。

在佛教大乘教派的经典中，传入中国较早的是《般若经》。这是一部丛书，主旨在宣扬客观世界和主观世界的虚幻不实。此时，玄学亦在探讨"有""无""本""末""一""多"之类的命题。《般若经》的传入，与玄学探讨的命题有吻合之处，由此成了大家钻研的对象。由于《般若经》的译本大多是节译本，或为断章零品，翻译的质量颇差，译师们又往往用玄学中的概念名词来比附该经中的概念名词。这样，《般若经》所宣扬的"空"和"无"等宗教概念便有了各种各样的理解和诠释，般若学的"六家七宗"出现了。道安所创的"本无宗"，是"六家七宗"中势力最大的，一度被视作正宗。

和当时其他各派般若学一样，道安对般若经的理解和诠释，亦深受玄学的影响，他同样是用玄学的概念宣扬《般若经》的。

《名僧传抄·昙济传》概要地介绍了"本无宗"的基本概念：

> 如来兴世，以"本无"弘教，故《方等》深经，皆备明五阴"本无"。"本无"之论，由来尚矣。何者？夫冥造之前，廓然而已；至于元气陶化，则群象禀形。形虽资化，权化之本，则出于自然。自然自尔，岂有造之者哉！由此而言，"无"在元化之前，"空"为众形之始，故谓"本无"，非谓虚豁之中能生万有也。夫人之所滞，滞在"未有"，宅心本无，则斯累豁矣。夫崇本可以息末者，盖此之谓也。

大意是在"冥造之前"，什么都没有，世界万事万物都是自然生成的，并没有一个造物主在主宰。但是在万事万物自然生成之前，却有一个精神主体，即"无"和"空"存在着，这才是万事万物的根本。因此，人们修习佛学，求生净土，关键是要"宅心本无"。这个理论显然要比宣称有造物主存在更彻

底、更巧妙、更能迷惑人。否定现实世界，是要人们产生厌世思想，投入佛教的怀抱，去追索虚幻的彼岸世界。追索的途径首先是要做到"无欲""无为""宅心本无"。道安宣称，人们之所以敌对，完全是由怨憾造成的，如果具有不分彼此的平等心，敌对也就消失了。实质上这既是要求人民放弃对现实世界的认识，又要求人民放弃为反抗剥削阶级剥夺他们幸福所进行的斗争。如此理论，对封建统治当然十分有利。道安禅法、义理并重，既在理论上麻醉人们，又在日常行动上束缚和愚弄人们。道安之所以深受南北统治者的青睐，不是没有原因的。

道安后期宗教唯心主义的思想进一步发展，更接近于印度大乘教中空宗的观点，他把"宅心本无"也贬为"有为之域"，而去追求"据真如，游法性"[1]的境界了。

道安是我国佛教史上第一批创立学派的佛教学者，对日后般若学的流行做出了重要贡献，本无宗的出现标志着我国佛教已脱离了生吞活剥的阶段，创建中国自身的佛教虽然仍然需要走漫长的道路，但毕竟开始了。[2]

---

1 《出三藏记集》卷7《道行经序》。
2 参见汤用彤《汉魏两晋南北朝佛教史》（中华书局，1983）；王仲荦《魏晋南北朝史》；方立天《魏晋南北朝佛教论丛》（中华书局，1982）；等等。

前秦大事年纪

【附　录】

太兴三年（320）

赵封苻洪为氐王，迁苻氏于高陆。

咸和八年（333）

赵封苻洪为护氐校尉、流民都督，迁苻氏氐于枋头。

永和五年（349）

八月，苻洪反赵，称臣于晋。

永和六年（350）

正月，苻洪背晋，称大单于、三秦王。

三月，麻秋毒死苻洪。其子苻健继领其众，称臣于晋。

八月，苻健尽众入关。十月占有长安。

皇始元年（351）

正月，苻健称天王，国号秦，都长安，前秦建国。

四月，前秦击退晋梁州刺史司马勋来犯。

五月，前秦击退后赵残余势力王擢（后降前凉）在前凉支持下的来犯。

皇始二年（352）

正月，苻健称帝。

是年，前燕击灭冉闵，推进中原。

皇始三年（353）

关中豪杰孔特、刘珍等起兵反秦。

皇始四年（354）

二月，桓温兵进关中，四月峣关之战，秦败。桓温深入，屯兵灞上。

六月，桓温败退。

皇始五年（355）

六月，苻菁政变失败。苻健死，子苻生即位，改元寿光。

寿光二年（356）

二月，前凉在前秦胁迫下称藩。

寿光三年（357）

四月，姚襄入关，被击灭。

五月，苻黄眉政变失败。

六月，苻坚政变成功，杀苻生，自称天王。

永兴元年（357）

七月，盘踞并州的张平叛乱。

永兴二年（358）

二月，苻坚亲征张平，次年消灭张平，自政变成功起即任用王猛，制定偃旗息鼓、与境
  内休息国策，加强中央集权，前秦走向大治。

建元二年（366）

王猛统兵观衅汉阳。

前凉与前秦绝交。略阳羌酋敛岐叛乱，投奔李俨。

建元三年（367）

二月，王猛讨平敛岐，击败前凉，擒李俨，据有枹罕。前秦西戎主簿郭辩入邺城刺探前
  燕虚实。

十月，晋公苻柳等四公叛乱。

建元四年（368）

四公叛乱失败。

建元五年（369）

桓温兵击前燕，苟池及邓羌奉命援燕。慕容垂击败桓温。

十一月，慕容垂奔秦。

建元六年（370）

正月，王猛夺取了洛阳。

六月，王猛领兵六万伐燕。

十月，潞川之役，王猛歼燕兵十五万。

十一月，秦军攻克邺城，前燕亡。

建元七年（371）

秦、晋争夺寿春，为桓温所败。

三月，苻雅击灭前仇池国。吐谷浑降秦。之后，王统击降鲜卑乞伏部。

建元九年（373）

秦据有东晋梁、益二州。

建元十二年（376）

八月，苟苌击灭前凉。

十月，苻坚、苻洛发动灭代之役，在十二月灭代。前秦统一了北方。

建元十四年（378）

二月，苻丕进攻襄阳。八月彭超进攻淮南。

九月，凉州刺史梁熙遣使西域。十月，西域十余国使臣到达长安。

建元十五年（379）

二月，苻丕攻克襄阳。五月，彭超在淮南全军覆没。

建元十六年（380）

三月，苻洛叛乱，在五月被镇压。七月，苻坚推行军事殖民措施。

建元十七年（381）

西域及海东六十余国使臣来到长安。

建元十九年（383）

正月，吕光西征。

五月，晋将桓冲争夺襄阳，未果。

七月，苻坚发布伐晋总动员令。

十一月，淝水之战，苻坚惨败。

十二月，丁零翟斌自立；慕容垂自立。两人联合，围攻邺城。

建元二十年（384）

正月，慕容垂建后燕。

三月，慕容泓起兵关东，慕容冲起兵平阳。

四月，慕容泓建立西燕。姚苌建立后秦。

五月，东晋进攻梁、益二州。

八月，谢安主持北伐。

建元二十一年（385）

五月，苻坚出奔五将山。

六月，慕容冲占有长安。

七月，苻坚被后秦俘杀。苻丕撤向晋阳。

八月，苻丕即位。

太安元年（385）

九月，吕光据有凉州。

太安二年（386）

正月，拓跋珪复国，国号魏。

八月，苻丕为西燕击溃，在东垣为晋将军冯该俘杀。

十一月，苻登即位。

太初二年（387）

姚苌在杏城歼灭了苻师奴。

太初四年（389）

二月，吕光建立后凉。

八月，姚苌偷袭大界，苻登大势已去。

十月，乞伏国仁建立西秦。

太初八年（393）

苻登内部分裂，势力更衰。

太初九年（394）

七月，姚兴俘杀苻登。苻崇即位。

延初元年（395）

十月，西秦乞伏乾归击杀苻崇，前秦亡。

索　引

X

图书在版编目（CIP）数据

前秦史 / 蒋福亚著. -- 北京：社会科学文献出版
社, 2020.8（2023.12重印）
　（十六国史新编）
　ISBN 978-7-5201-6282-1

Ⅰ. ①前… Ⅱ. ①蒋… Ⅲ. ①中国历史 – 前秦 Ⅳ.
①K238

中国版本图书馆CIP数据核字（2020）第029850号

·十六国史新编·

前秦史

著　　者 / 蒋福亚

出 版 人 / 冀祥德
责任编辑 / 高振华
文稿编辑 / 杨　木
责任印制 / 王京美

出　　版 / 社会科学文献出版社（010）59367143
　　　　　　地址：北京市北三环中路甲29号院华龙大厦　邮编：100029
　　　　　　网址：www.ssap.com.cn
发　　行 / 社会科学文献出版社（010）59367028
印　　装 / 北京盛通印刷股份有限公司

规　　格 / 开　本：889mm×1194mm 1/32
　　　　　　印　张：12.125　字　数：273千字
版　　次 / 2020年8月第1版　2023年12月第3次印刷
书　　号 / ISBN 978-7-5201-6282-1
定　　价 / 78.00元

读者服务电话：4008918866